东北振兴
理论与政策
研究

DONGBEI ZHENXING

LILUN YU ZHENGCE YANJIU

刘海军　主编

辽宁人民出版社

图书在版编目（CIP）数据

东北振兴理论与政策研究 / 刘海军主编 . — 沈阳：
辽宁人民出版社，2023.7
ISBN 978-7-205-10728-4

Ⅰ.①东… Ⅱ.①刘… Ⅲ.①区域经济发展—研究—
东北地区 Ⅳ.① F127.3

中国国家版本馆 CIP 数据核字（2023）第 034894 号

出版发行：辽宁人民出版社
　　　　　地址：沈阳市和平区十一纬路 25 号　邮编：110003
　　　　　http://www.lnpph.com.cn
印　　　刷：辽宁一诺广告印务有限公司
幅面尺寸：170mm×240mm
印　　张：21.75
字　　数：300 千字
出版时间：2023 年 7 月第 1 版
印刷时间：2023 年 7 月第 1 次印刷
责任编辑：郭　健
封面设计：留白文化
版式设计：鼎籍文化
责任校对：郑　佳
书　　号：ISBN 978-7-205-10728-4
定　　价：98.00 元

《东北振兴理论与政策研究》

编委会

主 编

刘海军

副主编

赵 球 高志广 田 琨

编 者

（按姓氏首字母排序）

曹洪滔 李卓谦 李作章 刘 剑

刘 钊 唐晨曦 王 宏 闫 莉

殷于博 张 超 张 宸 张文烨

前　言

实施东北地区等老工业基地振兴战略，是党中央、国务院从全国大局出发作出的重大决策。党的十八大以来，以习近平同志为核心的党中央深入推进东北全面振兴全方位振兴，习近平总书记先后七次到东北考察，为东北振兴遇到的困难找症结、开药方、指方向，特别为东北地区谋定了维护国家国防安全、粮食安全、生态安全、能源安全、产业安全（即"五大安全"）的战略定位。东北地区各级党委政府认真贯彻落实党中央、国务院部署，理清振兴思路，研究振兴举措，推动振兴实践，取得了来之不易的阶段性成果。

中国东北振兴研究院作为新型智库，始终坚持以东北振兴理论和政策研究为特色，自觉为中央和东北地区各级党委政府提供政策咨询。在决策影响力方面，报送的多篇咨政建议得到了中央领导及省部级领导肯定性批示；在社会影响力方面，先后举办东北振兴论坛9场，东北振兴大讲堂23场，东北振兴专家座谈会37次，出版专著36部。其中《东北振兴研究丛书》

被列为国家出版基金项目和"十三五"国家重点图书出版规划项目,并荣获"第一届辽宁省出版政府奖"。

进入"十四五",中国东北振兴研究院紧紧围绕"东北振兴要有新突破"主题,坚持问题导向,聚焦关键领域,选取重点课题,组织专题研究,开展学术交流,形成了一批较高质量的研究成果,并结集出版《东北振兴理论与政策研究》。这些成果,来自对东北振兴理论的长期思考积累,来自对东北振兴实践的经验总结提炼,来自各位智库专家的跟踪研究探索,具有一定的理论启发性和实践指导性。

本书按成果类别和重要领域分为七篇,共收录39篇文章。其中,收录会议综述文章5篇,主要是中国东北振兴研究院主办或承办的"东北振兴专家座谈会""东北亚区域经济合作论坛""东北振兴国际论坛"等的专家观点综述;对外开放方面收录文章8篇,主要是针对打造对外开放新前沿、塑造东北亚经济走廊新格局、深化沈阳与日韩产业合作等方面的研究成果;收录数字经济方面文章5篇,主要是围绕辽宁软件产业发展、以制度创新促进产业数字化,推动制造业数字化赋能转型等方面的分析与建议;收录产业经济方面文章6篇,主要包括支持战略性新兴产业发展的财政政策研究、以工业为特色打造沈阳"设计之都"的对策、东北地区产业结构调整路径等课题成果;收录东北区域经济一体化方面文章5篇,包括加快形成环渤海沿岸新的增长区域、推进东北地区区域科技创新一体化、东北地区城市群协同发展等咨政建议;收录教育服务东北振兴方面文章5篇,包括推进高等教育一体化支撑东北振兴、高校服务东北振兴要突出制度创新、推进高校联盟助力东北高等教育一体化等分析建议；收录其他方面文章5篇，包括京沈高铁对沿线城市经济的影响、辽宁长城多元化文旅发展路径研究等分析文章。本书的内容，印记了东北人民滚石上山、爬坡过坎的足迹，饱含了干部群众扎实苦干、攻坚克难的汗水，是写在东北大地、回答时代之问的文章。本书的出版，便于各级党政干部、理论研究者、振兴实践者更加深入理解振兴理念、振兴战略、振兴方式，更加明确新时代东北振兴为什么突破、突破什么、如何突破等重要问题。

党的二十大全面阐述了中国式现代化的理论体系和实践要求，为推动新时代东北全面振兴取得新突破进一步指明了方向和路径。今年恰好是中央实施东北振兴战略20周年，辽宁省委决定实施全面振兴新突破三年行动，大干三年、奋斗三年，以超常规举措打好打赢新时代"辽沈战役"。中国东北振兴研究院将与各级党委政府一道，振奋精神、鼓足干劲，不负众望、不辱使命，更好发挥新型智库的重要作用，全面提升理论研究、政策谋划、实践探索、对策建议水平，为实现东北振兴新突破多出成果多做贡献。

编者

2023 年 3 月

目 录

对外开放篇 / 037

数字经济篇 / 105

教育服务东北振兴篇 / 247

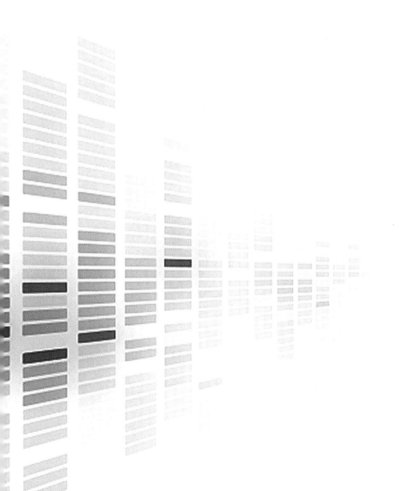

东北振兴理论与政策研究

会议综述篇

"十四五"时期东北振兴的主要突破点

——"'十四五':推动东北振兴取得新突破"专家座谈会观点综述

◎ 张　超①

[内容提要] 2021 年 4 月 1 日，由东北大学、中国（海南）改革发展研究院主办，中国东北振兴研究院承办的"'十四五'：推动东北振兴取得新突破"专家座谈会在东北大学举行。根据现场速记，将与会专家学者发言的主要观点整理如下，以飨读者。

[关　键　词] 十四五　东北振兴　改革工作　对外开放　区域格局

为深入贯彻落实全国两会精神，探讨新发展阶段、新发展理念、新发展格局战略机遇期东北所面临的机遇和挑战，凝聚"十四五"时期东北高质量发展的对策共识，2021 年 4 月 1 日，由东北大学、中国（海南）改革发展研究院主办，中国东北振兴研究院承办的"'十四五'：推动东北振兴取得新突破"专家座谈会在东北大学举行。来自全国政协、国家部委、国家级智库、东北地区高校、科研机构的专家学者，以及来自《辽宁日报》社、新华社等

① 作者单位：东北大学东北振兴研究中心。

媒体的代表共 50 余人出席座谈会。

此次座谈会由中国（海南）改革发展研究院院长、中国东北振兴研究院院长迟福林主持，与会专家围绕"十四五"时期辽宁振兴的形势与要求、辽宁振兴的机遇与挑战、辽宁振兴取得新突破的路径与对策等议题深入研讨。根据现场速记，将与会专家学者发言的主要观点整理如下。

一、"十四五"：东北面临难得的发展机遇

第一，"十三五"以来，东北经济发展取得了重要的进展，要对未来东北振兴树立信心。

全国政协经济委员会副主任、辽宁省政协原主席夏德仁认为，东北振兴战略，从 2003 年开始启动，到现在已经 18 年了。东北振兴有很大的进展，但是振兴的道路十分曲折，爬坡过坎，困难重重，需要我们树立信心，咬牙坚持，克服困难，久久为功。国家发改委原副秘书长范恒山认为，虽然过去 10 年来，东北在发展中面临着一些困难，经济呈现出下行状态，但仍然在曲折中前行、在波动中发展，取得了许多新成就。中国东北振兴研究院副院长李凯认为，"十三五"时期东北地区经济发展不乏亮点，朝阳市从经济落后地区"逆袭"成为振兴前线；东北制药国企改革试点取得成功为东北振兴蹚出了一条新路子；营商环境初步改善，吸引一批大企业投资建厂。国务院发展研究中心对外经济研究部原部长赵晋平认为，东北地区这几年的经济发展进入了一个新的阶段，营商环境的建设也取得了新的进展，2020 年，在疫情的严重冲击下，吉林 GDP 增速 2.4%，高于全国平均水平，吉林工业增加值增速 5.7%，辽宁实际利用外资额增长 13.7%，均远超过全国平均水平。

第二，"十四五"时期，东北既面临严峻挑战，也面临难得的发展机遇。

黑龙江省社会科学院东北亚研究所所长笪志刚认为，"单边主

义""贸易保护主义"严重冲击经济全球化，但以我国发起或以我国为重要参与方的多边经贸合作机制一定程度对冲了"逆全球化"的消极影响。赵晋平认为，区域全面经济伙伴关系（RCEP）成功签订，中日韩 FTA 谈判取得实质进展，给东北营造了良好的外部发展机遇。范恒山认为，新发展理念强调综合性的营商环境，软环境的建设对资源要素流动的影响日趋强烈，给东北地区经济发展带来了严峻挑战；但数字经济手段和共享技术平台加速了资源要素流动速度和广度，这又给东北经济发展带来了难得的机遇。李凯认为，"十四五"时期，东北既面临严峻挑战，也面临难得的发展机遇，机遇与挑战并存，机遇大于挑战。

二、"十四五"：形成东北全面振兴新思路

第一，从维护"五大安全"的战略高度加强政策统筹，实现重点突破。

中银国际研究有限公司董事长曹远征认为，在国际大变局和中国双循环新格局情境下，需要全方位的视角考虑东北在全球、在全国格局中的地位，从维护国防、粮食、生态、能源、产业安全的战略高度，加强政策统筹，实现重点突破。笪志刚认为，东北地区在打造国家向北开放的窗口时，要服务好国家"五大安全"的定位，要处理好发展和安全、发展和开放，以及开放和安全之间的关系。

第二，做强做优比较优势，培育新的竞争优势。

范恒山认为，在经济波动或下行状态下，东北地区的比较优势不仅没有受到削弱，反而有了一定程度的增强。一是农业发展特别是粮食生产基地的地位进一步得到巩固，2020 年粮食产量占全国的 20.43%；二是重要原材料和装备制造业产品的供给质量得到了一定程度的提升。李凯认为，老工业基地遗留下来的重工业基础、优秀的产业工人是东北地区的比较优势，较高的城市化水

平、较好的教育卫生公共资源，以及较强的科研水平也可以转化为战略优势，建议沈阳市做强做大机器人产业。曹远征认为，应该在全球范围内重新考虑东北新优势，重新定位东北的农业优势，将其培育成新的竞争优势。

第三，以绿色化转型发展释放东北振兴新动能。

东北大学原校长、中国东北振兴研究院原院长赵继认为，碳达峰、碳中和是中国经济发展面临的特殊考验和现实问题，绿色制造是未来经济发展的重要方向，需要做好产业的顶层规划和制度安排，建议东北设立低碳生产国家区域创新研究中心，扶持配套产业发展，通过科技赋能和产业融合，建设具有国际竞争力的先进装备制造业基地。范恒山认为，虽然过去一段时间东北推动经济发展的绿色意识显著增强，发展方式的绿色化转型取得一定进展，但东北重工业的产业特征决定了仍存在较大的环保压力。迟福林认为，可依托消费结构升级促进绿色产业发展，适应消费结构绿色转型的大趋势，加快绿色产业发展，走出一条绿色发展的新路子，将为我国实现碳达峰和碳中和打下重要基础。曹远征认为，低碳生产是目前国际规则，中国在低碳方面与发达国家不存在代差，东北地区是减少碳排放的重点地区，建议从低碳的角度形成完整产业体系，例如打造绿色金融、绿色旅游等。

第四，以数字化作为突破口，倒逼东北振兴。

夏德仁认为，数字中国的建设为东北地区真正实现跨越发展、弯道超车创造了一个千载难逢的好机遇。要实现三个"倒逼"，一是通过数字经济发展倒逼经济转型，推动智能制造，构建现代化智能化生产流通体系，并催生新型数字产业发展；二是通过数字社会建设倒逼社会转型，扎扎实实推进智慧城市智慧社区建设，促进社会资源优化和合理配置，提高社会服务水平，促进社会和谐稳定；三是通过数字政府建设倒逼政府改革。笪志刚认为，2025年数字经济的产值将超过60万亿元规模，东北地区必须抓住数字经济的发展机遇，加大在跨境电商、数字贸易等领域的投资。辽宁省政协常委、辽宁社会科学院原院长、研究员姜晓秋认为，要促进东北地区数字经济的发展，一是要构建东北地区联合作战的科创体系，二是要补齐社会领域数字技术和相关数字化转型的工作。赵晋平认为，东北应该将对外贸易和数字经济相互融合形成数字贸易，培育数字贸易国际竞争合作新优势。

三、"十四五"推动东北改革工作取得新突破

第一，国有企业改革方面要有新的突破。

大成企业研究院副院长陈永杰认为，东北的国企效率低于全国平均水平，建议用加减法推进市场主体变革，以效率和效益为目标决定国有资本的流向；用乘除法推进企业质量变革，完善国有企业市场化薪酬分配机制。中国财政科学研究院院长刘尚希认为，东北振兴不力的核心问题是东北国企的市场化改革滞后，资源错配，投入产出比偏低，效率提升缓慢，东北发展要对接好新发展理念，转化成为适合东北的一种新理念，立足新发展阶段和构建新发展格局来推动国资国企的改革。迟福林认为，优化调整国有经济布局，是深化东北国企改革的重大突破口，也是维护国家"五大安全"的重大任务，"十四五"时期，要加大国有资本在国防安全、粮食安全、能源安全和公共服务领域的布局，加大国有资本对战略性、前瞻性行业的投入，充分发挥国有资本在重大基础设施建设中的重要作用。

第二，营商环境建设方面要有重大突破。

夏德仁认为，营商环境建设的突破是决定东北振兴战略成败的关键，要加快政府职能转变，提高行政效率，打造最大程度地吸纳国内外先进生产要素和资源的优良环境。要加快数字政府或电子政务建设，通过推行网上审批和网上服务，扩大非接触服务范围，绕开一些部门的官僚作风，回避权力寻租，使政府服务规范

化、透明化。中国宏观经济研究院教授常修泽认为，东北地区的官本位思想比较严重，要向"人本位"转型。范恒山认为，东北在营商环境的"软环境"建设上与东中部地区存在较大的差距，应以国内外先进地区为榜样，对标最高标准，着力优化"软环境"。中共中央党校（国家行政学院）马克思主义学院院长张占斌认为，优化营商环境，是构建新发展格局、把制度优势转变为治理效能的重要抓手。应该把优化营商环境作为政府推动发展的首要任务，全面依法保护各类市场主体的合法权益，持续努力并切实降低市场主体运行成本，强化基础性制度保障公平竞争的市场环境。

第三，以数字经济和智能制造引领产业结构调整。

夏德仁认为，这次在《中华人民共和国国民经济和社会发展第十四个五年规划和2035年远景目标纲要》中提出了数字中国建设，应当引起各级政府的高度重视，这是一个大战略，是发挥中国的制度优势，打破现有世界格局和大国力量对比，实现现代化强国目标的一个重大战略。常修泽指出，东北地区具有良好的智能制造产业研发能力和发展基础，拥有哈尔滨工业大学、中科院沈阳自动化研究所等国家级创新资源，新松机器人自动化股份有限公司等多家骨干企业，能够代表我国机器人研发和生产的最高水平，建议辽宁发展智能制造产业。

四、"十四五"推动东北对外开放取得新突破

第一，对外开放取得新突破是双循环新发展格局对东北的必然要求。

张占斌认为，开放度低、开放滞后是制约东北经济发展的突出因素，也是东北地区构建以国内大循环为主体、国际国内双循环相互促进新发展格局的突出掣肘。东北要以扩大开放倒逼改革，形成东北经济转型和可持续增长的新动力。夏德仁认为，东北需要通过对外开放促进体制机制转换，要把辽宁沿海经济带开发开放战

略贯彻好，积极融入"一带一路"战略，在欧亚大通道和东北亚经济走廊建设中发挥重要作用。赵晋平认为，在双循环新发展格局下，东北开放型经济发展优势培育应遵循以下路径，一是要推动国内国际市场的融合发展，二是要推动出口和进口的融合发展，三是要推动对外贸易和数字经济的相互融合，四是要推动货物贸易和服务贸易的相互融合，五是要坚持贸易和投资的融合发展。

第二，面向东北亚，推动东北全面振兴。

张占斌认为，东北亚各国是我国重要的贸易合作伙伴，中国经济增长成为拉动东北亚地区，特别是中日韩经济合作的重要驱动力，东北地区在面向东北亚各国的开放中存在比较优势。笪志刚认为，未来东北地区要抢抓地方经济合作的契机，建议构筑东北亚经济圈，把东北定为国际移民特区，解决东北的人口问题，并深化东北地区与东北亚地区的国际人才交流合作。迟福林认为，可依托东北地区独特的地理区位条件，以东北经济一体化为目标加快东北亚基础设施互联互通，加快实现中日韩口岸通关协调合作，探索建立东北亚地方政府间沟通协调机制。李凯认为，应当把握东北亚区域经济合作、我国向北开放战略等机遇，争取在教育、医疗、金融、技术服务等领域开放试点，形成重点面向东北亚的高技术产业和服务业的开放新格局。

五、"十四五"推动东北区域经济格局取得新突破

第一，发挥中心城市和城市群的带动作用。

迟福林认为，东北地区经济同质性强而互补性弱，产业结构趋同问题明显，区域协调机制仍有待进一步完善。要强化政府间协调，消除区域内市场壁垒。可以把东北视为一个整体，就发展规划、产业布局、开放开发、基础设施建设、环境保护等方面加强协调。范恒山认为，中心城市、都市圈、经济带等是东北经济发展的支柱，具有强大的带动功能，应推动这些功能载体发挥引领示范

作用。李凯认为，"十四五"时期，经济增长的动力源会从沿海向中心城市转移，东北地区应该在现有区域战略基础上，突出中心城市战略，进一步明确中心城市增长动力源的发展思路，壮大哈、长、沈、大四个中心城市，形成东北振兴的动力源。要先发展壮大中心城市，再拉动城市群、城市带。

第二，东北经济一体化有利于发挥整体优势。

曹远征认为，东北地区的城市化率较高，城市之间经济联系不够紧密，没有形成错位发展的有效分工，中心城市建设和城市群经济发展明显滞后，阻碍了资源要素跨区域自由流动，进而对东北整体的振兴形势造成不利影响。迟福林认为，加速东北经济一体化，可使东北地区更好地参与双循环，在扩大内需中发挥作用。东北经济一体化与东北亚区域经济合作是一个问题的两个方面，东北经济一体化是东北亚区域经济合作形成的重要前提，实现东北经济一体化可以形成东北的整体优势对接东北亚。

面向东北亚，推动东北全面振兴、全方位振兴

——"东北亚区域经济合作与东北振兴"国际论坛观点综述

◎ 张　超[①]

[内容提要] 2020 年 10 月 24 日，由东北大学、中国（海南）改革发展研究院主办，中国东北振兴研究院承办，辽宁省人民政府国有资产监督管理委员会作为支持单位的"东北亚区域经济合作与东北振兴"国际论坛在沈阳举行。根据现场速记，将与会专家学者发言的主要观点整理如下，以飨读者。

[关 键 词] 东北亚　区域经济合作　东北振兴　对外开放

为进一步贯彻落实习近平总书记在深入推进东北振兴座谈会上的重要讲话精神，贯彻落实中共中央政治局常委会会议上提出的"构建国内国际双循环相互促进新发展格局"的要求，推动东北亚区域经济合作，畅通双循环中的东北振兴与制造业转型升级，2020 年 10 月 24 日，由东北大学、中国（海南）改革发展研

① 作者单位：东北大学东北振兴研究中心。

究院主办，中国东北振兴研究院承办，辽宁省人民政府国有资产监督管理委员会作为支持单位的"东北亚区域经济合作与东北振兴"国际论坛在沈阳举行。来自中央部委、国家级智库、辽沈地区政府相关职能部门领导干部，辽宁省国有企业高级管理人员，东北地区高校、研究机构的专家学者，日本、韩国驻沈阳总领事馆外交官，来自新华社、中新社、辽宁电视台和《辽宁日报》《沈阳日报》等媒体的代表，以及日本、韩国智库专家学者共300余人出席论坛。

此次国际论坛分为"主题论坛"和"圆桌会议"两个环节。上午的主题论坛由东北大学原校长、中国东北振兴研究院原院长赵继主持，与会专家围绕"东北亚区域经济合作与东北振兴"发表了精彩演讲，下午的圆桌会议以"畅通双循环中的东北振兴与制造业转型升级"为主题，由中国（海南）改革发展研究院院长、中国东北振兴研究院院长迟福林主持。根据现场速记，将与会专家学者发言的主要观点整理如下。

一、把握大趋势，抓住东北亚区域经济合作的机遇

经济全球化逆潮以及疫情冲击的双重影响，为东北亚经济合作带来了新机遇。国务院发展研究中心对外经济研究部原部长赵晋平认为，贸易保护主义和新冠疫情叠加影响将世界经济拖入严重衰退，后疫情时代国际经济环境可能更趋复杂、多变和严峻，产业链供应链调整区域化将为中日韩经济合作带来新机遇。

东北亚区域合作领域丰富、前景广阔。韩国中央大学国际关系研究生院特聘教授安忠荣认为，与西方发达国家相比，中日韩三国合作抗疫，在疫情防控方面取得了较大的成果。亚洲开发银行研究院原院长吉野直行认为中日韩三国在基础设施建设、环境保护、中小企业融资、老龄化社会治理等很多领域都可以进行合作，三国通过合作，一方面可以形成良好的地区合作关系，另一

方面也可以促进地区经济增长。日中经济协会专务理事杉田定大认为，如果能够将日本的资金、技术，中国、朝鲜的劳动力，俄罗斯和蒙古国的能源、资源，韩国的生产资料和消费资料相结合，东北亚经济圈将得到巨大的发展。

东北亚区域经济合作能够产生深远影响。中共中央对外联络部原副部长于洪君认为，无论从当前看还是从长远看，中日韩合作潜力巨大。公益财团法人环日本海经济研究所理事长河合正弘指出，中日韩三国经济联系非常密切，中国具有巨大的市场需求，如果区域全面经济伙伴关系（RCEP）能够尽早签署，将对东北亚地区未来的经济合作，特别是中日韩的合作具有重大影响，也会进一步对蒙古国、俄罗斯等国家在内的东北亚区域合作进程产生深远影响。

共同打造供应链与产业链安全。中国国际经济交流中心总经济师陈文玲认为，疫情后全球产业链、供应链面临着重构的风险，未来制造业可能会形成三大板块——亚洲板块、欧洲板块和北美板块，亚洲板块以中日韩为主体。韩国产业经济与贸易研究院原院长金道熏认为，在新冠疫情的影响下，各国开始注重供应链的安全性。中日韩三国由于相互的贸易依赖度较高，在确保区域性供应链安全方面，应建立产业合作联盟共同维护供应链的安全稳定。其中，中日韩自由贸易协定（FTA）的签署是这个联盟中最重要的环节。

二、立足中日韩，推进东北亚区域经济合作

以经济合作为重心推动东北亚区域合作。中国社会科学院学部委员张蕴岭认为，虽然东北亚区域经济合作面临着一些问题，但中日韩之间经济联系非常紧密，有条件深入推进东北亚区域经济合作。在新形势下推动东北亚地区的合作，第一，在以经济合作为重心的基础上拓展合作领域，真正按照三国领导人达成的共识，推

进全方位合作;第二,确保中日韩三国领导人定期会晤机制可持续;第三,面向未来,推动构建中日韩三国新型经济关系。赵晋平建议,一是要加强新型基础设施建设领域的规划和战略对接及合作,促进区域经济稳定和可持续发展;二是要促进"补链型"相互投资,构建安全稳定的区域生产网络,增强区域产业整体的国际竞争新优势;三是要加强数字产品制造和数字服务领域的新技术、新模式研发创新合作;四是要加强中日韩经济合作新模式的顶层设计;五是要旗帜鲜明地践行多边主义政策。

在疫情防控的基础上加强合作。安忠荣建议,东北亚国家应携手合作,一是共享疫情防控数据,共同开发疫苗;二是共同确保东北亚地区的产业链与供应链安全;三是利用数字化手段提高人员出入境的便利性;四是更积极地推动游客自由往来;五是尽快签订中日韩自由贸易协定;六是共同治理环境污染问题。

以绿色复苏的模式开展东北亚经济合作。日本立命馆大学教授周玮生认为,在新冠疫情之后的经济复苏中,通过加强生态保护和生物多样性保护,以全球可持续发展为目标,使社会发展转向更坚韧的模式。周玮生指出,可以通过建立中日韩友好城市合作计划,联手解决遇到的共同问题,推进可持续的城市开发。

三、面向东北亚,推动东北全面振兴、全方位振兴

东北地区在与东北亚国家的合作中具有优势。迟福林认为,面对经济全球化逆潮以及疫情冲击的双重影响,东北地区应利用与东北亚更加接近的地缘条件,在推进区域经济合作进程中打造国内市场与东北亚市场的重要连接点,形成东北扩大开放的新优势。中国东北振兴研究院副院长李凯认为,东北亚各国是我国重要的贸易合作伙伴,东北地区毗邻俄罗斯、朝鲜、蒙古国、日本、韩国五国,位于东北亚的核心地带,东北亚各国是东北地区重要的合作伙伴,东北地区在面向东北亚各国的开放中存在比较优势。

国际环境变化给东北参与东北亚合作带来机遇。于洪君认为，国际大环境剧烈变动和亚太地区形势发展，对东北亚地区的和平发展，对东北地区的全面振兴都是重要的历史机遇。陈文玲认为，对于东北来说，在大变局中面临着前所未有的历史机遇，要抓住机遇重振制造业，创造东北制造业的集成优势。韩国对外经济政策研究院（KIEP）北京代表处首席代表李尚勋认为，中国的"一带一路"倡议与韩国的"新北方政策"在东北地区存在很多交汇点，东北地区可以在地方产业、制度创新、人文交流和人才培养等方面与韩国展开合作。

参与东北亚区域合作，推动东北全面振兴。于洪君建议，东北地区积极贯彻"双循环"发展方针，通过积极参与东北亚区域经济合作，深化并扩大东北三省间的联动发展，携手并肩共同建设黑龙江、辽宁两个自贸区，同时广泛对接京津冀协同发展战略和环渤海湾经济区发展构想，持续营造良好投资环境、营商环境，积极改进人才培养使用体制机制，奋力开创东北振兴新局面，全力打造东北地区新时代中国特色社会主义现代化发展的新格局。迟福林建议，第一，以推进中日韩自贸进程为契机形成东北扩大开放新动力；第二，适应服务贸易发展合作大趋势，务实推进东北地区与日韩在服务业方面的自由贸易进程；第三，适应东北亚合作新趋势，加快推进基础设施一体化进程。辽宁省政协常委、辽宁社会科学院原院长、研究员姜晓秋建议，要提高对外开放水平，把招商引资与招才引智和招院引所相统筹，把加强展会平台建设与强化对制造业的辐射力相统筹。最重要的是通过制造业国企深化改革调动科研人员积极性，让知识、管理和数据参与企业收入分配的制度要求落地，以激发创新动力。李凯建议，"十四五"时期，东北要抓住经济逆全球化、中国向北开放战略、服务贸易开放、北极航道开通等机遇，发挥沿边沿海的优势条件，从新格局、新领域、新机制和新动力四个方面破题，打造东北对外开放新前沿。第一，以大连、哈尔滨和丹东为重点,聚焦南、北、东三个方向,形成全面开放、"深耕东北亚"的国际开放格局;第二,要将对外开放与中心城市战略相结合,形成东北振兴的区域动力源;第三,抓住FTA服务贸易开放的机遇,形成服务业开放新领域;第四,支持东北与东北亚国家开展次区域合作。

四、融入"双循环",推动东北地区制造业转型升级

在开放的格局中推动东北地区制造业转型升级。黑龙江省社会科学院东北亚研究所所长笪志刚认为,东北地区应对双循环能力不足,主要表现为应对中国区域格局竞争能力、应对产业合作升级竞争格局能力、应对产业科技人才竞争格局能力的不足。在面对疫情下产业结构转型升级、数字经济新发展模式的历史机遇时,应该通过深化与东北亚国家的数字经济、共享经济等产业的合作实现东北地区的制造业转型升级。吉林省社会科学院副院长丁晓燕认为,双循环格局对东北地区产业强链、补链、延链是一次重要机遇。针对产业链、供应链重组,应提升东北制造在全国产业链分工的地位;积极参与"国际大循环",强化东北在我国高水平对外开放中的作用。一是要打造好我国向北开放的重要窗口,逐步融入国际产业链;二是要建设东北亚地区合作中心枢纽,推动建立东北亚自贸区网络;三是要推进东北亚区域市场经济规则的先行先试。

构建制造业转型升级开放格局,推动东北区域经济高质量发展。东北大学原校长、中国东北振兴研究院原院长赵继认为,影响东北经济发展的原因,其中一条是东北经济转型相对滞后,制造业优势尚未发挥出来。应以新一轮信息技术和制造业高度融合为目标,以主攻智能制造、推行绿色制造、发展服务型制造为重点,促进制造业发展模式加速变革。一是要促进东北制造业融入以内循环为主的"双循环"大格局;二是要促进东北制造业融入中日韩"自

贸区"大市场；三是要促进东北制造业融入国家"一带一路"大进程，加强与俄罗斯及东北亚地区的合作。

以数字化转型推进新旧动能转化。中国国际经济交流中心副理事长王一鸣认为，当前，新科技革命和产业变革正在重塑产业生态，数字化转型日益成为新动能成长的主要驱动力。加快东北经济数字化转型，提升产业链数字化和现代化水平，以数据流吸引人才流、资金流，释放东北经济的追赶潜能，实现"变道超车"，对东北振兴具有全局性战略意义。面向未来，东北地区要制定数字化转型战略规划，加快推进新型基础设施建设，推动产业互联网发展，加快制造业数字化转型，培育数字化应用场景，加强数字化人才培养和引进，加快培育数据要素市场，优化数字化创新生态，为东北经济高质量发展开辟新路径，注入新动能。

加快构建制造业转型升级的制度环境。国家发展和改革委员会经济体制与管理研究所所长银温泉认为，东北地区制造业具有十分重要的地位，目前转型升级缓慢，产品结构、技术结构比较滞后，表面上看是研发投入占比少、开放不足，但背后深层次的是体制机制原因，制度环境是制造业转型升级的关键。"十四五"时期，要推进四个方面的改革：一是要构建人民满意的服务型政府；二是要构建激发经济活力的制度政策；三是要构建推动创新的制度政策；四是要构建有利于高水平开放的制度政策。

以效率与效益为标准推进东北国有企业改革。大成企业研究院副院长陈永杰认为，效率与效益是衡量国有资本管理水平的最根本、最主要的硬指标，而东北国有企业的整体效率与效益水平低于全国同类指标平均水平。提出五条东北国有企业改革的发展路径，一是树立一个大观念，二是开展一番大调整，三是推行一项大改革，四是改进一项大评价，五是推进一项大公平。

激活各类市场的主体活力，以新发展理念引领制造业的转型升级。鞍钢集团党委常委、总会计师谢峰认为，制造业是国家经济的命脉所系，要把实体经济，特别是制造业做实做优做强，加快转型升级步伐，打造竞争合作新优势，加速融入新发展格局。第一，建议加大区域内的钢企重组整合的政策支持力度，提高产业集中度。第二，建议降低铁矿石资源及其他资源的税负。第三，建议进一步丰富发展资本市场，提高股权市场的活跃度，充分发挥多级资本市场在供给侧结构性改革中的重大作用。

面向东北亚开放
助力东北振兴取得新突破
——2021 "东北亚区域合作论坛"
暨 "东北振兴论坛" 综述（一）

◎ 刘海军①

[内容提要] 2021 年 9 月 28 日，由东北大学、辽宁省人民政府外事办公室、辽宁省人民对外友好协会和中国（海南）改革发展研究院主办，中国东北振兴研究院承办，中日韩合作秘书处作为支持单位的 2021 "东北亚区域合作论坛" 暨 "东北振兴论坛" 在沈阳东北大学成功举办。根据现场速记，将与会专家学者发言的主要观点整理如下，以飨读者。

[关 键 词] 东北亚　东北振兴　对外开放　新突破

为进一步贯彻落实习近平总书记在深入推进东北振兴座谈会上的重要讲话精神，贯彻落实《中华人民共和国国民经济和社会发展第十四个五年规划和 2035 年远景目标纲要》提出的 "推动东北振兴取得新突破" 的要求，2021 年 9 月 28 日，由东北大学、辽宁

---

① 作者单位：东北大学东北振兴研究中心。

省人民政府外事办公室、辽宁省人民对外友好协会和中国（海南）改革发展研究院主办，中国东北振兴研究院承办，中日韩合作秘书处作为支持单位的 2021 "东北亚区域合作论坛"暨"东北振兴论坛"在沈阳东北大学成功举办。来自全国政协、中央和国家部委的领导，国家级智库、东北地区高校、科研机构和日韩相关领域的专家学者，以及来自新华社、中新社、辽宁电视台和《辽宁日报》《沈阳日报》等媒体的代表采取线上线下相结合的方式参与此次论坛。现将专家在论坛期间关于东北亚区域经济合作的发言观点整理如下，以供参考。

一、RCEP 签署给东北亚区域合作带来重大机遇

RCEP 的签署是东亚区域合作重要的里程碑。中日韩合作秘书处秘书长欧渤芊认为，2020 年，RCEP 的签署标志着世界最大自贸区的诞生，将大力提升区域内各国经济的发展、促进贸易合作，更是在单边保护主义抬头、疫情蔓延的情况下，为维护全球贸易自由化和恢复经济发展注入了一剂强心剂。日本国际经济交流财团主席丰田正和认为，RCEP 的市场开放程度高、规则协议广泛，其重要意义之一是中日韩三国通过相互开放市场，来克服新冠肺炎疫情带来的经济衰退并引领世界经济发展。

RCEP 的签署为东北亚区域合作提供了有利的外部环境。韩国中央大学国际关系研究生院特聘教授安忠荣认为，RCEP 统一的原产地规则将有助于促进区域供应链调整，降低跨境交易成本，促进区域内出口和投资。东北财经大学东北亚经济研究院执行院长施锦芳认为，RCEP 实现了将中日韩纳入一个区域经济协定的突破，整合了中日韩所处的东亚生产网络，缓解了外部不稳定因素对东亚地区产业链合作的冲击。

RCEP 背景下东北亚区域合作领域丰富、前景广阔。日本庆应义塾大学经济系名誉教授、亚洲开发银行研究院原院长吉野直行认

为，在 RCEP 签署的大背景下，东北亚区域，尤其是中日韩三国，在基础设施建设、环境保护、中小企业发展等很多领域都可以进行合作。韩国产业经济与贸易研究院原院长金道熏认为，中日韩三国在东亚拥有良好的工业生态系统，应该加强在电池产业的合作。日本立命馆大学教授周玮生认为，中日韩应该加强在老龄化社会治理方面的合作。

二、中日韩三国是东北亚区域合作的重点

中日韩三国是东北亚区域合作的核心支撑，加大中日韩的合作力度，有利于拓展我国外部发展空间。中国国际经济交流中心副理事长王一鸣指出，中日韩是东北亚最主要的经济体，经济总量加在一起接近世界的 1/4，在全球价值链中扮演重要角色，已经形成了事实上的生产网络，而且彼此都是贸易伙伴，贸易依存度非常高，有进一步深化合作的内在需求。施锦芳认为，中日韩三国互为重要贸易伙伴国和重要投资来源，三国产业互补、合作空间巨大。商务部国际贸易经济合作研究院原院长霍建国认为，RCEP 的签署为加强中日韩合作提供了新的契机，在面对外部的限制和打压时，对我国外部发展环境都能够起到相对巩固稳定的作用。

以经济合作为重心推动中日韩合作。中国社会科学院学部委员张蕴岭认为，虽然整体推进东北亚区域合作面临着一些问题，但中日韩之间经济联系非常紧密，可以通过重点经济领域的合作来逐步推动中日韩三国更高层次的制度构建，例如，先进装备制造业、网络经济、数字经济等方面的合作。国务院发展研究中心对外经济部原部长赵晋平建议，一是要在 RCEP 签署的基础上，加快履行程序的进程，尽快实施；二是要借助中日韩自由贸易协定，进一步深化中日韩合作的水平；三是要把 CPTPP 的规则标准作为中日韩自由贸易协定的谈判原则；四是要在经济全球化出现逆流的背景下，加强政策协调，共同反对保护主义，维护东北亚区域生产网络

和产业链长期稳定。

共同维护供应链产业链安全。赵晋平认为，全球供应链在朝着区域化方向布局调整，中日韩三国的对外投资是提升东亚地区供应链中心地位最重要的力量，也是推动东亚地区产业链、供应链优化调整的最重要的力量。加强中日韩三国的合作，可以进一步提升东亚地区供应链中心地位，使得东北亚地区产业链、供应链处于长期安全和稳定。王一鸣认为，要积极推动区域产业链重塑，适应全球产业链区域化的变化趋势，积极推动在更高层次上重构区域产业链，寻求各方共赢的产业链合作方式。中国（海南）改革发展研究院院长、中国东北振兴研究院院长迟福林建议，东北地区要抓住中日韩产业链、供应链区域化重构的重要时间窗口，加强与东北亚各国的产业对接。

三、面向东北亚开放是东北振兴取得新突破的现实选择

东北亚各国是东北地区重要的贸易伙伴，东北地区在与东北亚国家的合作中具有优势。中国东北振兴研究院副院长李凯认为，东北地区位于东北亚的核心地带，毗邻俄罗斯、朝鲜、蒙古国、日本、韩国五国，东北亚各国是东北地区重要的贸易合作伙伴，中国的"一带一路"倡议以及东北各省的开放规划与韩国"新北方政策"、蒙古国"发展之路"、俄罗斯"欧亚经济联盟"等发展战略存在很多交汇点，东北地区在面向东北亚各国的开放中存在比较优势。

东北振兴与东北亚区域合作联系紧密，深化东北亚区域合作对于推动东北全面振兴能起到积极作用。迟福林认为，东北全面振兴取得新突破，有利于促进东北亚区域合作进程；东北亚区域合作取得新进展，有利于形成东北全面振兴的外部动力。面对复杂多变的国际政治经济形势，构建新发展格局的东北全面振兴要与加强同东北亚区域的经贸合作统筹设计、统筹推进。王一鸣认为，RCEP

签署以后关税降低、市场容量过大，东北地区可以成为以中国为最终消费市场的日韩价值链的承接地。

面向东北亚进行扩大开放，是东北提高对外开放水平的现实选择。全国政协经济委员会副主任、辽宁省政协原主席夏德仁认为，东北亚区域人口相当于欧盟的4倍，经济总量占全球的20%以上，是全球最大的市场，是目前全球经济最具有活力、最具有创造性的区域之一，能够为未来东北振兴发展创造良好的外部环境。"十四五"时期"东北振兴取得新突破"要在对外开放方面取得新的突破，从地缘的角度来看，面向东北亚进行对外开放是东北今后提高对外开放水平的现实选择。

四、东北地区面向东北亚扩大开放的政策建议

以大连为龙头建设面向东北亚的开放门户。夏德仁指出，珠三角作为改革开放的排头兵，牵动了我国改革开放的大局，浦东的开发开放也带动了长三角的高速发展，而东北地区暂时还未形成对外开放的新高地。李凯认为，开放政策需要聚焦，要突出重点地区的引领作用。从东北地区的现实来看，东北需要一个开放的标杆城市，起到区域引领作用。大连现在的定位是成为东北亚国际航运中心，建议将大连建设成高度开放的国际化城市，探索建设大连全/半岛自由贸易区，使其在东北对外开放中起到引领作用，成为东北振兴的龙头城市。

抓住RCEP签署的机遇，形成服务业开放新领域。迟福林认为，东北地区经济增长的突出短板是服务业发展滞后。要支持东北地区积极参与中日韩服务贸易合作，把发展服务贸易作为东北参与中日韩自由贸易区建设早期收获的重点，并出台具体政策，以健康、养老、旅游、研发设计、金融等服务业领域为重点，加快推动服务业市场和服务贸易的高水平开放。李凯建议，争取国家对东北亚深度开放，特别是对日韩深度开放的政策支持，尤其是服务业开

放试点的支持，形成重点面向东北亚的服务业开放新格局。

提升对外开放战略在东北振兴中的引领作用。李凯认为，从中国在东北亚区域的核心地位和东北振兴的现实出发，需要提升开放战略在东北振兴中的引领作用，靠重点领域和重点地区的开放，形成像长三角、珠三角等地那样的开放形势，形成东北振兴的新动力。目前的开放战略定位较低，建议实施最高层次的国家开放战略。

以一体化的格局打造东北对外开放新前沿。黑龙江省社会科学院东北亚研究所所长笪志刚认为，在面向东北亚的开放中，东北三省应该通过组团开放，通过高水平的区域一体化合作，实现共同发展。迟福林建议，以东北经济一体化打破区域市场分割、资源分散配置，着力解决区域经济同质性强互补性弱、产业结构趋同等历史遗留问题，形成东北四省区"一盘棋"参与东北亚经贸合作的新格局。

高水平制度创新
助力东北振兴取得新突破
——2021"东北亚区域合作论坛"
暨"东北振兴论坛"综述（二）

◎ 张　超①

[内容提要] 2021 年 9 月 28 日，由东北大学、辽宁省人民政府外事办公室、辽宁省人民对外友好协会和中国（海南）改革发展研究院主办，中国东北振兴研究院承办，中日韩合作秘书处作为支持单位的 2021"东北亚区域合作论坛"暨"东北振兴论坛"在沈阳东北大学成功举办。根据现场速记，将与会专家学者发言的主要观点整理如下，以飨读者。

[关 键 词] 制度创新　东北振兴　新突破

　　为进一步贯彻落实习近平总书记在深入推进东北振兴座谈会上的重要讲话精神，贯彻落实《中华人民共和国国民经济和社会发展第十四个五年规划和 2035 年远景目标纲要》（简称"十四五"规划）提出的"推动东北振兴取得新突破"的要求，2021 年 9 月

---

① 作者单位：东北大学东北振兴研究中心。

28 日，由东北大学、辽宁省人民政府外事办公室、辽宁省人民对外友好协会和中国（海南）改革发展研究院主办，中国东北振兴研究院承办，中日韩合作秘书处作为支持单位的 2021 "东北亚区域合作论坛"暨"东北振兴论坛"在沈阳东北大学成功举办。来自全国政协、中央和国家部委的领导，国家级智库、东北地区高校、科研机构和日韩相关领域的专家学者，以及来自新华社、中新社、辽宁电视台和《辽宁日报》《沈阳日报》等媒体的代表采取线上线下相结合的方式参与此次论坛。现将专家在论坛期间关于东北亚区域经济合作的发言观点整理如下，以供参考。

一、东北地区高质量发展归根结底要靠深化改革

辽宁省人民政府研究室原主任乔军指出，2014 年 7 月初，习近平总书记在中共中央办公厅回访调研报告上作出重要批示，"东北地区的振兴发展，事关我国区域发展总体战略的实现，事关我国工业化、信息化、城镇化、农业现代化的协调发展，事关我国周边和东北亚地区的安全稳定，意义重大，影响深远。辽宁当前遇到的困难和问题，东北地区其他省也存在，这些困难和问题归根结底仍然是体制机制问题，是产业结构、经济结构问题；解决这些困难和问题归根结底还要靠深化改革"。乔军认为，习近平总书记提出两个"归根结底"的重要论断，科学地回答了"十四五"乃至今后时期，事关东北实现全面振兴、全方位振兴一系列带有方向性、根本性、战略性、全局性的重大问题，是贯彻党中央"十四五"规划中"推动东北振兴取得新突破"的根本遵循。

中国东北振兴研究院副院长李凯认为，习近平总书记的这个论断，是对东北问题根源的根本性判断，是思考和解决东北问题的一把钥匙。目前东北遇到的困难和问题的根源，在于经济体制机制原因以及相互交织的结构原因，其中体制转型问题更加突出一些，所以要求东北地区要从深化改革入手，建立起完善的市场经济

体系，使东北地区的振兴发展具有制度保障。

中共中央党校（国家行政学院）马克思主义学院院长张占斌认为，当前，东北地区国有经济比重过高、重化工国有企业偏多、国有经济和国有企业竞争活力不足、民营经济发展不充分、新兴产业发展偏慢等问题和矛盾依然没有缓解。针对东北国有经济和民营经济的发展不平衡、不充分的矛盾，深化国有企业混合所有制改革是东北振兴的重中之重，因此应加快东北地区混合所有制改革的进程，加大东北地区混合所有制改革的力度。

二、制度创新是全面深化改革的关键

乔军认为，"十四五"推动东北振兴取得新突破，要靠高水平的制度创新成果来解决体制机制、深化改革问题，要靠高质量的投资发展项目来解决产业结构、经济结构问题。高水平的制度创新成果用来改革调整优化社会生产关系，高质量的投资发展项目用来激活夯实壮大社会生产力。培育高水平的制度创新成果，是关系东北振兴发展具有战略性、全局性、基础性的重大工程，市场化、法治化、国际化的营商环境，是高质量投资项目落地的前提要件和制度保障，所以，破解当前东北振兴发展战略全局的重大问题，首先要在培育高水平制度创新成果上取得新突破。

张占斌认为，改革是东北振兴的根本出路，要抓住供给侧结构性改革的机会，下大气力推进体制机制创新。东北要振兴必须实现体制机制的创新，特别是国有企业改革要走出新的道路。供给侧改革不仅仅是要求企业来提供更好的产品和服务，也要求政府提供更好的产品和服务，政府提供的产品和服务在很大程度上体现在体制机制上的创新，如更好地在投资、金融、土地、科技、人力资源、社会保障等方面的体制机制上做出创新。

三、培育高水平制度创新成果的政策建议

乔军认为，"十四五"时期东北面临的最大的差距与挑战是思想观念问题和认识问题。破解制约发展战略全局重大问题，要着力培育具有时代特色、高水平的制度创新成果，在培育高水平制度创新成果上取得新突破，以高水平的制度创新促进东北高质量发展。

张占斌建议，应该在东北设立混合所有制改革综合试验区。张占斌认为，推进东北地区的国有企业混合所有制改革，实现国有资本、集体资本、非公有资本等交叉持股、相互融合的混合所有制经济发展，有利于放大辐射东北国有资本功能、保值增值、提高竞争力；有利于各种所有制资本取长补短、相互促进、共同发展，提高"东北域"整体资源的配置效率。东北地区设立混合所有制改革综合试验区，可以有效释放国有经济改革红利。混合所有制改革最大可能地吸引国际国内新的高端生产要素，带动盘活区域内原有中低端生产要素，为国有企业和国有经济发展注入新鲜的"血液"，激活"休眠资源"并提高科技创新能力，推动产业转型升级，并持续提高全要素生产率。

中国社会科学院学部委员张蕴岭认为，东北地区的 GDP 等经济指标跟南方相比不具优势，要根据东北地区的优势，以及未来的发展趋势，构建科学的评价指标体系，制定适合东北特点的发展指数，形成对东北振兴的理论指导，提振新形势下东北振兴的信心。

中国（海南）改革发展研究院院长、中国东北振兴研究院院长迟福林建议，从国家层面强化东北四省区跨区域协调机制，建立多层次的跨省区合作机制。迟福林认为，推进东北经济一体化，需要打破现行行政体制的束缚，建立高规格的跨区域行政协调机制，并由此形成东北地区整体融入东北亚的合力。建议参照粤港澳大湾区的经验，在现行四省区行政首长联席会议机制的基础上，形成由国家发改委牵头、各省区市主要领导参与的高层次协调机制

与高效的工作机制。由东北四省区政府主要领导牵头，工作机构设在各省区发改委，由商务、交通、农业、能源、矿产相关部门参与，在基础互联互通、强化产业互补、促进产业开放等方面形成新的合作机制。

中国宏观经济研究院教授常修泽认为，加入CPTPP对中国各个方面影响都很深，申请加入CPTPP的过程可能时间比较长，在这个进程中应该主动做一些准备工作，建议在辽宁筹建中国申请加入CPTPP进程先行探索区。从地理、历史角度看，辽宁具有地缘优势和与日本交往的历史渊源；从与国际规则"接口"的角度看，在辽宁筹建先行探索区比其他地区更具有典型意义；从现实条件来看，辽宁省体制创新的积极性很高，这是先行探索区必须具备的内在条件。

国务院发展研究中心发展战略和区域经济研究部副部长卓贤建议，提升东北地区全生命周期的营商环境。卓贤认为，国内相关部门非常有必要对各个地区营商环境进行量化评估。从目前一些机构发布的营商环境评估来看，东北似乎并不差。但很多评估方式更多着眼于对前置的准入环节评估，只管"生"，不管"死"。可以考虑用民营企业3年到5年存活率，创新型企业研发和投入与研发成果之间的比例关系等，来反映全生命周期的营商环境改善情况。

吉林大学东北振兴发展研究院副院长刘威认为，东北振兴首先在于思维的突破。东北要想实现突破性发展，必须解放思想，使用非常规手段，选择一种"无中生有"的制度创新、制度设计，不能按部就班地走常规发展道路。制度创新绝不是自己搞出来的，要从顶层或外部植入新制度，推动颠覆性创新，用制度突破来引领人才流动、技术创新和资源配置，通过制度创新来释放技术能量和产业优势，留住人才、用好人才。建议建立人才特区，财税、产业特区，把东北能量发挥出来。

国浩律师事务所创始合伙人、中改院—国浩自由贸易港法律研究院院长李淳认为，法治是最好的营商环境，法治是最好的政策保障，法治是东北全面振兴的必由之路，法治是东北全面振兴的战略选择。东北全面振兴，重在法律保障。建议适时制定"东北振兴法"。

统筹安全与发展
——推动东北振兴新突破

◎ 闫　莉[①]　张　超[②]　殷于博[③]

[内容提要] 2022 年 2 月 18 日，由东北大学与中国（海南）改革发展研究院主办、中国东北振兴研究院承办的"统筹安全与发展——推动东北振兴新突破"专家座谈会在海口召开。根据现场速记，将与会专家学者发言的主要观点整理如下，以飨读者。

[关 键 词] 安全与发展　东北振兴　东北一体化　东北亚

习近平总书记在考察东北时强调，"东北地区是我国重要的工业和农业基地，维护国家国防安全、粮食安全、生态安全、能源安全、产业安全的战略地位十分重要，关乎国家发展大局"。为进一步贯彻落实习近平总书记的重要讲话精神，2022 年 2 月 18 日，由东北大学与中国（海南）改革发展研究院主办、中国东北振兴研究院承办的"统筹安全与发展——推动东北振兴新突破"专家座谈会在海口召开。座谈会由全国政协经济委员会副主任夏德仁主持，来

---

① 作者单位：东北大学工商管理学院。
②③ 作者单位：东北大学东北振兴研究中心。

自辽宁、吉林、黑龙江、四川、海南、中国社科院、中国宏观经济研究院、中国区域经济学会相关部门和科研机构的专家学者通过线上线下相结合的方式参加，积极建言献策。根据现场速记，将与会专家学者发言的主要观点整理如下，以供参考。

一、推进东北经济一体化的新突破

（一）以统筹安全与发展为目标推进东北经济一体化

中国（海南）改革发展研究院院长、中国东北振兴研究院院长迟福林认为，推进东北经济一体化，应以统筹安全与发展为目标，以城市圈为载体，以基础设施一体化为基础，以优化区域产业空间结构为重点，以国有经济布局一体化为关键，以开放布局一体化为引领，合力打造东北经济增长极，形成区域改革发展新布局。四川省社会科学院研究员盛毅认为，东北应加快推动创新一体化，例如，在经济领域，加快推动汽车、造船等产业一体化和资金等要素一体化；在社会领域，加快推动东北地区教育和医疗一体化。

（二）推进东北经济一体化需要点面结合，寻求重点突破

中国区域经济学会副会长肖金成认为，有效解决东北发展的问题应采取整体规划、点上突破的策略。点上突破可在东北三省选择一个点，或者在省级层面各选一个点，比如在东北边疆、俄罗斯远东最大的城市哈巴罗夫斯克对面建设边境城市，集中力量对其进行投入和产业布局。中国社科院学部委员田雪原指出，在东北经济一体化方案下要寻找重点进行突破。例如，设立沈阳直辖市，形成包括抚顺、本溪、辽阳、辽中在内的半小时基础工业经济圈，再加上鞍山、铁岭在内的一小时基础工业经济圈，以集中东北钢铁、其他有色金属、机床和机械制造、飞机、兵器工业等产业，形成以基础工业为根基的新工业中心，发挥振兴东北工业的引领和榜样作用。

（三）推进东北经济一体化要以都市圈为载体实现新突破

盛毅建议，东北振兴布局要有重点，可以借鉴成渝地区的经验，在东北地区加大都市圈的建设。夏德仁指出，应进一步加强沈大哈长四大城市在东北振兴的支撑作用，一要赋予四大城市更加重大的职能和责任；二要进一步增强四大城市对人才、科技、资金的吸纳能力；三要提升四大城市的治理水平。

二、实现东北产业振兴的新突破

（一）抓住扩大内需的主要机遇，在产业发展上寻求新突破

中国城镇化促进会常务副主席郑新立认为，发展是最大的安全，应抓住扩大内需的机遇，通过供给侧结构性改革谋划带动东北振兴的重大项目，比如乡村振兴项目、传统工业数字化项目、现代服务业发展项目、信息基础设施项目等。而化解项目建设融资难的问题，可与沿海地区的企业合资合作，同时抓住资本市场的融资机会。

（二）在挖掘东北传统产业发展潜力上实现新突破

中国东北振兴研究院副院长李凯指出，要将国家安全与东北振兴发展相结合，统筹协调安全与产业发展。东北振兴的出路在于构建起能够支撑区域广泛就业、大规模经济分量、支撑高质量发展和全面振兴的产业结构，以接续传统产业使经济可持续增长。而东北五大安全产业具备基础和资源禀赋优势，可发展的大规模产业包括农业及农产品深加工、军事工业、能源产业、基础工业设备和零部件等。迟福林建议，适应"五大安全"要求，推进东北产业一体化，需要加大国防安全行业布局、优化东北农业产业化布局、协同推进生态型产业发展、统筹区域能源布局、优化以装备制造为核心的产业布局。针对装备制造业，一要放大区域基础产业优势；二要打造一批优势产业集群；三要在"卡脖子"的关键核心技术布局上努力实现创新突破。田雪原建议，第一，以改革更新基础工业为引领，重振东北"共和国工业长子"工业基地雄风。第二，以现代农业为主导，坚定不移地走以提高劳动生产率为主的发展路子，重建东北以商品粮为标志的农业基地。第三，推进可持续发展战略落地生根，加快生态屏障建设，重塑东北生态文明高地。

（三）推动东北地区传统产业向数字化转型实现新突破

郑新立建议，可以通过推动东北装备制造业数字化转型，如汽车、电力设备、化工设备、机床的数字化改造，形成新的长期增长点。吉林大学中国国有经济研究中心研究员纪玉山指出，东北老工业基地在国家安全的战略地位十分重要，必须加快石油化工、汽车、钢铁、造船、军工等传统优势产业的转型升级，其关键是制造技术和生产流程的数字化、网联化和智能化。

三、实现面向东北亚开放的新突破

（一）抓住 RCEP 生效机遇，实现东北振兴与东北亚区域合作的新突破

迟福林建议，在 RCEP 生效的机遇下，一要借助关税减免措施和投资便利化安排，充分利用更加灵活的原产地规则，以装备制造、智能制造等为重点强化与日本、韩国的产业链、供应链合作，构建更加安全稳定的东北亚产业链、供应链；二要加快推进东北参与东北亚的基础设施互联互通，力争未来5—10年建成覆盖东北主要节点城市和口岸城市，联通东北亚各国的国际交通网络体系，以促进东北亚经济走廊建设进程。

（二）抓住中俄合作新机遇，实现中俄东北—远东地区经贸合作的新突破

中国（海南）改革发展研究院副院长张飞指出，争取实现中俄东北—远东地区经贸合作的新突破。一是充分利用现有平台深化中俄东北—远东地区经贸合作；二是发挥东北在中俄能源合作中的重要作用；三是扩大中俄东北—远东地区农业领域合作；四是探索

建立中俄边境自由贸易区；五是持续推进中俄东北—远东地区基础设施互联互通；六是加快中俄东北—远东地区人文交流。中国银行原副行长张燕玲认为，东北地区在创新中俄结算支付方式上机不可失，需抓住有利时机发展中俄结算方式，其中东北的几个边境城市，应成为中俄贸易合作、民间交流的重要基地。

四、实现全面深化改革的新突破

（一）在解放思想、主动作为方面要有新突破

夏德仁指出，要认识到东北振兴是一个长期任务，要多从全局和国家安全战略的角度来认识东北振兴的重大意义和历史使命。李凯认为，发展五大安全产业要解放思想，比如突破土地流转政策、军工产业与地方发展的关系、GDP 统计和税收计算方法等方面的研究。

（二）实现国资国企改革的重大突破

迟福林认为，东北地区全面振兴的重点之一是实现深化国资国企改革的重大突破，形成国企、民企、外资公平竞争的制度安排，实现优化营商环境的新突破。从东北经济一体化的现实需求出发，要优化调整国有经济产业、区域、结构布局，发挥国资国企在促进东北基础设施一体化中的重要作用。夏德仁指出，应双向发力解决好"投资不过山海关"问题，一方面，东北自身应着力优化投资环境；另一方面，国家要加大对东北的资金支持。纪玉山认为，要进一步解放思想，优化投资环境，积极实施对外开放战略，引进国外和域外先进技术和资本，推动重化工业合资、独资企业发展。

（三）推进东北振兴的体制机制创新要有新突破

郑新立建议，东北借鉴北欧经验，进一步推动教育、国有企业、收入分配和社保体系改革。迟福林建议，一是尽快制定东北国企国资战略布局优化调整规划；二是围绕东北经济一体化形成

高水平制度型开放的行动计划；三是尽快形成东北经济一体化高规格、强有力的跨省区协调机制。中改院—国浩自由贸易港法律研究院院长李淳认为，改革与开放是东北振兴的两大引擎，应尽快制定"东北振兴法"，通过立法解决东北振兴的艰巨性、复杂性、长期性等问题。中国宏观经济研究院教授常修泽建议，在东北与海南之间形成更高层次、制度性的经济合作协调，更加重视"候鸟"人士，挖掘潜在的人力资源，加强东北与海南在教育、科技、文化等领域的合作。

对外开放篇

东北振兴理论与政策研究

辽宁打造对外开放新前沿的
目标和途径探讨

◎ 孟继民[①]　闫　莉[②]　张婉玉[③]

[内容提要] 本文基于对中国对外开放特征的辨析，提出建设大连自由贸易港，是打造东北对外开放新前沿，通过开放促进东北振兴发展的关键举措。辽宁需要认真研究和复制海南自由贸易港的政策，立足大连自由贸易港构建东北开放合作新高地，维护国家国防安全、粮食安全、生态安全、能源安全、产业安全，形成国家应对百年未有之大变局的南北战略支撑点。

[关 键 词] 辽宁振兴　对外开放　自由贸易港　对策建议

　　东北振兴需要打造对外开放新前沿，补齐开放合作短板，辽宁应该发挥重要作用。要辨析对外开放的政策性、区域性、梯度性。开放功能区从经济特区、开发区、出口加工区、保税区到自由贸易区，不同时期有不同的对外开放前沿。现在探索建设自由贸易港，成为新时期对外开放最前沿。对外开放的关键是政策开放，东

---

① 作者单位：中国东北振兴研究院。
②③ 作者单位：东北大学工商管理学院。

北特别是辽宁需要积极争取国家政策支持，通过对标海南自由贸易港，筹建大连自由贸易港，形成打造东北对外开放新前沿、加快东北振兴发展的助推器，形成南有海南自由贸易港、北有大连自由贸易港的国家应对百年未有之大变局的南北战略支撑点。

一、中国对外开放的特征辨析

从 1978 年改革开放以来，可以看到对外开放的政策性、区域性、梯度性特征，这是由改革开放初期的发展状况和实施策略决定的。辨析这些特征，对认识、理解和打造对外开放前沿，通过加强开放合作促进辽宁发展振兴，具有重要的现实意义。

对外开放的政策性，表明对外开放本质上是国家政策的开放，是国家投资、贸易、税收、海关、边境政策的开放。在难以全境对外开放的阶段，选择几个战略性区域进行试验，总结经验后逐步推广，是改革开放的成功做法和实施策略。对外开放中的政策开放，包括外商投资、税收优惠、海关监管、涉外人员出入境管理等政策，都是中央的政策权限。例如设立经济特区是经过全国人民代表大会审议通过的，设立海南自由贸易港是经过中共中央、国务院批准，税收政策特别是进出口关税政策是国务院权限，设置口岸和口岸开放运行都需要国家批准。总之，只有国家批准同意的地区才能对外开放，最高程度的开放由最高国家机构批准。

开放的区域性是指中国整体不具备同时对外开放条件时，选择局部地区对外开放，形成适合国际化发展的政策区。作为对外开放的重要标志，1980 年 8 月率先在南方沿海地区设立了深圳等经济特区，特区内对"三资"企业实行"免二减三"、生产型企业所得税按 15% 计征的优惠政策。随后于 1984 年 9 月从大连开始，在沿海和内陆地区先后设立了国家级经济技术开发区，相继设立保税区、边境贸易合作区、出口加工区、苏州工业园区、国家级高新技术产业开发区、国家级新区等。1990 年 4 月国家决定开发浦东，1992年10月国务院批复设立浦东新区，享受经济技术开发区和经济特区的政策。1998年4月，海南省全境设立为经济特区，在2010年5月，在新疆维吾尔自治区设立了喀什经济特区和霍尔果斯经济特区。作为对外开放的新举措，2013年8月国务院批准在上海设立了首个自由贸易试验区，核心是营造一个符合国际惯例的，对投资者有吸引力的国际商业环境。2018年4月宣布在海南省全境建设自由贸易区，2020年6月中共中央、国务院印发《海南自由贸易港建设总体方案》。自由贸易港作为中国自由贸易试验区建设的升级版，尝试取消或最大程度简化入区货物的贸易管制措施，实现不报关、不完税、放开转口贸易，达到对外开放的新水平，成为现在对外开放的新前沿。

自由贸易港是自贸试验区的升级版，与自贸区相比，自由贸易港的"自由"范围更广泛，除了贸易自由外，还包括投资自由、资金流动自由、雇工自由、经营自由、经营人员出入境自由等。在贸易、金融、服务业等领域对接国际贸易投资新规则，形成开放层次更高、力度更大、程度更高的开放新高地，也是中国明示对外开放决心、推动国际化合作、探索未来发展之路的新举措。

开放的梯次性是从东南沿海逐步向北，再由沿海、沿边向内陆逐步开放的制度安排。国家首先在靠近中国香港、中国澳门、中国台湾的南方沿海地区设立了深圳、珠海、厦门和汕头4个经济特区，率先从珠三角地区对外开放。1992年邓小平南方谈话以后，正式开发开放上海浦东新区，标志着国家对外开放的前沿地带扩展到长三角地区。按对外开放的总体布局，辽东半岛对外开放标志着开放拓展到环渤海地区，在内陆省会城市等地区相继建立了国家级经济技术开发区等开放功能区。从沿边、沿江、沿河地区相继向内陆地区开放，逐步形成了全方位、多层次、宽领域的对外开放格局。

二、辽宁打造东北地区对外开放新前沿的具体目标

由于至今还没有在环渤海地区设立经济特区，也没有自由贸易港，从对外开放程度进行辨析，环渤海和东北地区，现在还不是严格意义上的对外开放前沿地带。因为对外开放新前沿是自由贸易港，所以，辽宁打造东北地区对外开放新前沿的目标，就是要积极对标海南自由贸易港，筹建大连自由贸易港。

自由贸易港作为设在一国（地区）境内关外、货物资金人员进出自由、绝大多数商品免征关税的特定区域，是目前全球开放水平最高的特殊经济功能区。当前，世界著名的自由贸易港包括中国香港、新加坡、迪拜等。东北地区还不是对外开放的前沿地带，也间接佐证了东北对外开放滞后的状态，印证了国家梯度开放政策的滞后效应，这也是为什么中央提出东北地区要打造对外开放新前沿的原因。

党的十九大报告提出"深化改革 加快东北等老工业基地振兴""赋予自由贸易试验区更大改革自主权，探索建设自由贸易港"等重要论述，2019 年 8 月 26 日召开的中央财经委员会第五次会议提出，东北地区要打造对外开放新前沿，对西部、中部、东南沿海等地区都没有此要求。这为继续通过改革开放，促进东北振兴，明确了要求、方向和路径，为东北地区特别是辽宁通过建设大连自由贸易港带动振兴，提供了难得机遇和工作抓手。

东北地区打造对外开放新前沿，辽宁责无旁贷，具体任务就是在东北加快建设自由贸易港，辽宁省大连市最具条件。大连在历史上曾三度是国际自由贸易港，处在东北亚经济圈核心区域，又是东北对外开放的门户，可以通过建设自由贸易港打造东北对外开放最前沿。大连市在 2018 年全国两会期间，提交了《关于支持大连建设全国首批自由贸易港的建议》，列举了大连区位优势明显、港口条件优越、开放体系健全、贸易基础雄厚的四大优势。2018 年

省政府工作报告提出，"支持大连探索创建自由贸易港"。辽宁省同年向国务院提出了建设大连自由贸易港的申请。期待大连进一步优化建设方案，迈出建设的实质步伐。

如何落实国家打造对外开放新前沿的要求，建设大连自由贸易港，是利用国家政策红利，通过开放促进东北振兴发展的关键举措。建设大连自由贸易港的方案思路是按照"境内关外、一线放开、二线管住，区内贸易、投资、金融、运输自由"等基本原则，形成全域封闭化、信息化、集约化的监管体系，实施对接国家通行标准的贸易自由化、投资自由化、金融国际化、管理现代化体制机制，形成港内高度自由、改革系统集成、政策资源汇聚、引领效应显著、风险有效防控的综合改革开放平台。通过划定电子围栏，在封闭区域内，实行与海南自由贸易港类似的政策，形成东北的国际贸易、投资、金融、服务的开放前沿。

在党的十九大报告提出"探索建设自由贸易港"之后，多个省份尤其是有港口的省份态度积极，不少地方已经形成了初步方案。除了海南正在建设自由贸易港之外，包括辽宁、上海、浙江、天津、广东、四川、山东等沿海内陆10余个地区申请建设自由贸易港。东北地区通过建设大连自由贸易港，打造对外开放新前沿，是辽宁和大连的责任担当，也是东北地区的希望所在，甚至是东北加快振兴的决定性机会。在筹建大连自由贸易港的同时，要积极发挥辽宁自由贸易试验区、保税区、开发区和边境贸易合作区的作用，发挥好现有政策开放区的作用，利用自由贸易试验区先行先试的优势，继续扩大对外开放，通过开放倒逼改革，推动辽宁振兴发展。注重发挥辽宁自贸区大连片区建设（自由贸易港申办）工作领导小组的作用，加大工作推进力度。

三、加快建设东北开放合作新高地的具体举措

国家区域发展战略部署已经明确，在"十四五"规划时期和

远景目标期，东北振兴要取得新突破，要打造对外开放新前沿，建设开放合作新高地。中国对外开放的政策高地主要集中在探索建设自由贸易港，包括筹建东北的自由贸易港，辽宁特别是大连要有担当和勇气，主动学习对接海南自由贸易港的做法和经验，积极创造条件，不断完善建设大连自由贸易港的方案，及时向国家部委汇报进展和争取支持，以便争取国家尽早批复，尽快进入实施阶段。

一是提高站位形成共识。中国对外开放的新前沿就是建设自由贸易港，打造东北地区对外开放新前沿就是要建设大连自由贸易港，形成东北地区对外开放的新高地。应该充分认识到，梯度对外开放的北上区域已经来到环渤海和东北地区的交会区，改革开放的基本国策与振兴东北的区域战略形成叠加合力，以及打造东北对外开放新前沿政策信号的综合作用，会推动大连自由贸易港建设成为现实，这是辽宁和大连争取国家对外开放政策支持的中心任务。

二是高起点规划高标准建设。要参照海南自由贸易港和上海自贸区的经验，结合东北区域特点，特别是结合大连自身实际，出台探索适于打造对外开放新前沿的开放措施。借鉴国际通行做法，建设货物贸易更自由、人才流动更顺畅、资金来去更自由的大连自由贸易港。做到高起点规划、高水平设计、高标准建设、高速度发展，最终建成贸易自由度领先日韩、服务东北亚合作的对外开放新高地。

三是不等不靠，务实推进开放合作。用好用足国家给予的各项支持政策，利用自贸区先行先试的有利条件，加大政策的自主创新力度，继续发挥保税区、出口加工区、边境贸易合作区、开发区、示范区的开放平台作用，为进一步扩大开放创造条件。加快落实辽宁沿海经济带高质量发展规划，服务东北腹地的对外开放，深度融入"一带一路"建设，更好融入国内国际双循环，通过开放倒逼改革，推动对外合作发展，通过打造东北地区对外开放新前沿，打造对外开放新高地，促进东北振兴取得新突破。

辽宁要务实打造东北对外开放新前沿，构建开放合作新高地，需要认真研究和复制海南自由贸易港的政策，探索在辽宁特别是大连实施的可行性，努力提升开放合作水平。辽宁参照海南自由贸易港推进南海安全发展，探索全新对外开放新途径的作用，立足大连自由贸易港构建东北开放合作新高地，维护国家国防安全、粮食安全、生态安全、能源安全、产业安全的作用，形成国家应对百年未有之大变局的南北战略支撑点，形成海南自由贸易港与大连自由贸易港南北呼应的格局，形成东南亚和东北亚安全稳定、和平发展的局面，为国家长治久安和民族复兴，继续贡献东北力量。

塑造以我国东北为枢纽的
东北亚经济走廊新格局

◎ 刘海军[①]　刘伟奇[②]

[内容提要] 当今世界，"单边主义""贸易保护主义"抬头使经济全球化遭遇逆流。区域经济一体化发展面临严峻挑战，同时，也迎来难得历史机遇。东北亚经济走廊对"一带一路"倡议的构想在东北亚区域的发展中具有重要促进作用，在已经初具规模的基础上，正在积累跃升为"新格局"的必要条件。本文在分析东北亚经济走廊迈向新格局的现实基础上，展望新格局的框架愿景，预判新格局的运作效果，提出构建新格局的对策建议，为塑造以我国东北为枢纽的东北亚经济走廊新格局提出建议参考。

[关 键 词] 东北亚区域经济合作　对外开放　新格局

　　当今，经济全球化浪潮正遭受"单边主义""贸易保护主义"逆流冲击，使得区域经济一体化既面临空前严峻挑战，也面临难得的历史机遇。其中，我国倡议的"一带一路"建设逆势上扬、方兴

---

① 作者单位：东北大学东北振兴研究中心。
② 作者单位：中国东北振兴研究院。

未艾，而东北亚局势总体向好，更展现出勃勃生机，特别是作为国家战略，东北打造东北亚经济合作中心枢纽以及国家对外开放新前沿，促使东北亚经济走廊新格局呼之欲出。

一、迈向新格局的现实基础

回望历史，承载中外众多民族交流的东北亚走廊正是在中国东北辽西走廊的基础上形成的。历经岁月沧桑，特别是"战后"的长足发展，现代意义上的东北亚经济走廊已经初具规模，正在积累跃升为新格局的必要条件。

（一）合作理念充分铺垫

伴随着当代经济全球化、区域经济一体化、特别是东北亚经济合作的纵深推进，产生了若干振聋发聩的真知灼见：习近平总书记提出的"构建人类命运共同体"理念，以及他在第四届东方经济论坛上的致辞——《共享远东发展新机遇 开创东北亚美好新未来》，时任日本首相鸠山由纪夫也曾提出旨在打造可与北美、欧盟并驾齐驱的"世界第三极"——"东亚共同体"构想，而东北亚经济走廊的新格局当然是"东亚共同体"的重要基石。

（二）合作战略高度契合

与"一带一路"倡议相呼应，域内国家纷纷提出各自的区域发展战略，如俄罗斯的"欧亚经济联盟"、蒙古国的"草原之路"、韩国的"新北方政策"等，这些战略与"一带一路"倡议在发展方向、建设领域等方面均具有很好的衔接性。特别是中蒙俄三国签订并实施的《建设中蒙俄经济走廊规划纲要》，以及中俄两国签订并实施的《中俄在俄罗斯远东地区合作发展规划（2018—2024年）》，更是落实中蒙俄三国发展战略对接的时间表和路线图，并开始获得早期收获。

（三）合作水平显著提升

历经几十年的发展，东北亚各国已多互为重要贸易伙伴，一体化也已取得长足进展。其中，我国连续 11 年为俄罗斯第一大贸易伙伴国，也是韩国、蒙古国、朝鲜的第一大贸易伙伴国，是日本的第一大进口国、第一大出口国。中韩 FTA 付诸实施并转入谈判其"升级版"，中日韩 FTA 谈判提速并进入实质磋商阶段，中蒙FTA 谈判也在推进之中。

（四）合作成果不断刷新

图们江国际合作开发项目取得积极进展。中蒙俄经济走廊建设提速，中俄原油管道、东线天然气管道、黑河公路大桥、同江铁路大桥等一批重大跨境基础设施项目如期竣工并投入或即将投入运营。我国国务院批准内蒙古沿边开发开放规划，完成了中蒙边境乌力吉口岸的对外开放，一批边境口岸城市的国家级开发开放试验区建设顺利进行，加大了口岸建设力度，向东北亚开放桥头堡建设迈出重要步伐。

（五）合作机制不断充实

时下，东北亚区域双边合作机制较为普遍，个别的已比较成熟。"小多边"合作机制业已取得长足进展：在"10+3"框架内外设立了中日韩主要领导人会晤机制及其 21 个部长级会议机制和 70多个工作层磋商机制；中俄蒙签署了《建设中蒙俄经济走廊规划纲要》以及口岸合作框架协定、旅游合作协议等。这些成果为形成大多边机制集聚了有利条件。

（六）合作背景深刻演变

从机遇视角看，世界经济、政治"版图"开启巨大的结构性变动：全球经济重心加速向东亚、东北亚转移；东北亚局势趋向缓和，积怨较深国家间呈现关系改善势头；该走廊"北线"——中蒙俄经济走廊实现"开门红"，给"南线"——中日韩朝经济走廊规划实施提供了现实"模板"和"南沿"基础；近期开通的北极东北航道，显著提升该走廊的建设价值。从挑战视角看，"朝核问题"仍面临诸多不确定因素，根本破解半岛"安全困局"尚需时日；相关国家之间的领土纠纷、历史认知争议不时可能烽烟再起。不过，大变局往往催生新格局，东北亚概莫能外。总的看，新格局正蓄势待发。

二、展望新格局的框架愿景

新格局以其发展目标、运行原则、阶段步骤，作为其重要标识以及不断升级的支撑框架。

（一）总体构想

设想以构建、升级纵贯东北亚区域的交通大通道、能源大通道、贸易投资大通道为支撑，重点发展自由贸易、培育合作机制、弘扬共同文化，从经济、社会、环境、生态多维度提升东北亚经济走廊建设发展的档次和水平，使之成为可与欧盟、北美自贸区并驾齐驱的东北亚经济共同体。

（二）基本原则

一是优势互补，合作共赢。秉持"一带一路"建设共商项目投资、共建基础设施、共享合作成果的理念，不断深化域内成员国的互利合作。鼓励相关国家在合作共建中充分发挥比较优势、取长补短，使整体利益实现最大化。

二是统筹规划，循序渐进。该走廊建设系宏大的国际社会系统工程，虽然大势所趋，但又很难一蹴而就，需要域内国家统筹谋划、通力合作，按照谋定的时间表、路线图，滚动规划、逐步实施，以期达到事半功倍效果。

三是重点突破，带动全局。复制"一带一路"建设的成功经验，设想以分阶段的"三大通道"构建、升级作为牵动该走廊转型升级的"牛鼻子"，力求收到"牵一发而动全身"的效果。

四是先易后难，稳步推进。鉴于域内各国广泛存在的差异性，该走廊建设应不失时机地选择合适的区位、合适的项目、合适的产业先行发力，以尽可能多地获得早期收获。

五是求同存异，包容发展。实现该走廊建设的宏伟目标，需在域内六国格局中，推动、倡导尊重彼此核心利益及价值观。鼓励不同文明、文化、体制的相互学习、借鉴、创新，以期实现本区域更具多样性、充满活力的包容发展。

（三）战略步骤

1.近期，设想建成东北亚自由贸易区

在巩固提升东北亚走廊"北线"——中蒙俄经济走廊现代化建设水平的基础上，启动该走廊"南线"——中日韩朝走廊建设，以我国东北为枢纽，实现"北线""南线"重大基础设施的互联互通；在巩固完善域内现有"多双边""小多边""次区域"合作机制基础上，借鉴复制中韩、中日韩、中蒙自贸区建立、谈判经验，建成东北亚自由贸易区。

2.中期，设想建成东北亚关税同盟

全面建成纵贯东北亚的现代化交通、能源和贸易投资大通道；中国东北接近或达到高质量、高标准全面振兴，俄远东、蒙古国、朝鲜等欠发达地区的发展水平显著提升，成为本区域新的经济增长极；六国经济合作协调机制基本定型，建成全域关税同盟。

3.远期，设想建成东北亚经济共同体

全面建成本区域连接欧亚、辐射全球的现代化交通、能源以及贸易投资大通道；六国合作协调机制更趋完善，在全面建成本区域共同市场的基础上，率先形成经济共同体并为构建东亚经济共同体奠定重要基础。

三、预判新格局的运作效果

（一）可望大幅提高贸易便利化、低成本化水平

东北亚区域的贸易、投资自由化带来的效率提高将十分明显。据WTO估计，目前中日韩三方平均最惠国关税水平分别为7.5%、8.5%、14.1%，按照共建FTA标准，还有显著下降空间，

进而大幅降低贸易成本。另据世界银行最新数据，中日韩三国通关便利化全球排名分别仅为 65、56 和 33 位，按照共建 FTA 标准也有很大提升空间。东北亚区域的"大通道"建设，可显著降低国际贸易的物流成本。据预测，仅通过俄罗斯西伯利亚跨国铁路，日韩到欧洲的贸易物流就可比海运节约运费 2/3。

（二）可望有效聚合东北亚区域各国的比较优势

东北亚"六国"可分为"三级世界"：一级，日韩分别为世界级、国际区域级现代化强国，但资源，特别是油气资源匮乏，内需有限；二级，中俄系新兴经济体，资源丰腴、内需广阔，其中俄远东地区堪称"全球唯一未被开发的宝库"；三级，蒙朝虽属欠发达国家，但尤以矿产资源丰富著称于世。足见"六国"比较优势互补性强，若按新格局高端重组，有望成为得天独厚的"黄金组合"。

（三）可望形成全球经济增长的新引擎

这六国除蒙朝经济规模较小外，中日韩俄分别是全球第 2、第 3、第 10、第 13 经济体。2018 年仅这四国 GDP 总和就达到 21.76 万亿美元，超过同期欧盟的 18.77 万亿美元、略低于北美地区的 22.2 万亿美元，占世界的 1/4。由于东北亚区域资本、市场、技术起点低，若按新格局运营，势必成为全球增长最快、带动力最大的区域板块。

（四）可望突破经济增长的"天花板"

第二次世界大战后，东北亚区域多数国家均创造过"经济奇迹"，但如今又都各自面临"发展极限"的挑战。而经济走廊的转型升级可助其突破"发展极限"。据中日韩就共建 FTA 所作的可研报告，达此目标即可使这三国经济增长分别提高 1.1%—2.9%、0.1%—0.5% 和 2.5%—3.1%，而且这与构建共同市场的目标还有很大距离。甚至有学者估计，仅中日达成 FTA，产生的效率收益就可超过万亿美元。

（五）可望优化东北亚区域有关国家的地缘态势

畅通、升级东北亚区域陆海联运大通道，不仅将极大促进六国间贸易、投资便利化，而且也会助力六国沿"一带一路"拓展欧洲、北美乃至全球市场。如，日本将结束"入亚无门"历史，韩国将彻底摆脱"孤岛"困局。特别是"大交通"带来的人员的"大交流""大沟通"，将有助于东北亚区域摆脱"陈年旧账"乃至"战争阴云"的困扰。

（六）可望成为我国新时代东北全面振兴的重大机遇

新格局可显著优化东北发展的外部环境。长期以来东北，特别是吉、黑两省与开放"少缘""半封闭"的地缘态势将根本改观，真正走上开放发展、合作发展的康庄大道；可使东北搭乘东北亚区域发展快车，使其由目前的"恢复性增长"尽快转变为"超常增长"；可"倒逼"东北的改革，促进其微观增强国际竞争力以及宏观构建国际一流的营商环境。总的看，新格局将给东北亚域内外带来巨大的经济效益、社会效益乃至安全效益，前景可期。

四、构建新格局的对策建议

尽管新格局系区域经济发展规律的逻辑结果，但实现新格局离不开域内国家的主动作为、通力合作。其中域内大国还应发挥好倡导、示范以及探索提供"区域公共产品"的作用。

（一）规划实施一批重大跨境合作项目

在交通基础设施方面，畅通由吉林图们到朝鲜罗津、清津的铁路线，完善两地港口设施，扩大我国东北"借港出海"能力；以我国东北为枢纽，推动规划建设本区域高铁网络；促进韩朝铁路、公路联通和现代化改造，使"半岛"通过我国东北接入欧亚大陆桥体系；研究我国即将启动的"烟大"海底隧道，与规划中的中韩海底隧道连接的可行性。在能源基础设施方面，加快我国东北管网、线网的升级改造，为形成东北亚区域现代化能源输送网络提供支撑；

推进中蒙俄天然气管道项目前期研究，研究建设"东北亚超级电网"的可行性。在经济合作方面，借鉴欧盟借助组建煤钢共同体实质推进欧盟发展的经验，选择东北亚区域在全球供需两侧均占有较大份额的钢铁、汽车、能源以及铁路运输领域探索组建共同体。

（二）培育金融支撑体系

充分利用"亚投行""丝路基金"资金渠道，推动建立"东北亚银行"、设立"东北亚走廊建设基金"，以支持东北亚区域共享性基础设施建设，以及鼓励发展可以促进东北亚区域经济一体化的重大产业链、贸易链项目。倡导增加域内国家用本币结算跨境贸易，促进贸易、投资以及资源要素流动的便利化，并为未来可能形成的东北亚区域统一货币作好铺垫。

（三）促进"合作协调机制"转型升级

东北亚区域现有的合作协调机制呈现"多双边""小多边""次区域"合作机制丰富多彩，但"碎片化""宏观调控"缺失的缺陷日益突显的特点。为此，未来应在巩固完善现有合作协调机制的基础上，通过充分的多边沟通，及早制定、实施全域"大多边"合作协调机制，以提高该走廊的建设效率。

（四）支持我国东北构建东北亚合作"制高点"

支持东北在更大范围、更深层次实施体制机制创新，形成国内领先、国际一流的营商环境；支持东北核心城市建设东北亚国际化区域中心城市，形成国际化高端合作交流平台；支持东北主要港口城市建设"自由港"，培育区域航运中心和若干离岸金融、研发、创业中心，形成区域合作支撑点；推动图们江区域深度合作开发，形成东北亚合作样板工程；与俄共建"滨海1号"和"滨海2号"国际交通走廊，加速东北交通网络现代化升级，形成东北亚交通中心枢纽。

（五）支持东北高校与东北亚域内国家高校深度交流与广泛合作

支持东北高校与东北亚域内国家高校创新交流与合作方式，

鼓励建立校际联盟、共享公共课程，扩大教师交流规模与互派留学生规模。借鉴欧洲"博洛尼亚进程"等经验，支持东北与东北亚域内国家高校开展"高教体制""互联互通"试点，推进参与试点国家、地区大学毕业生的毕业证书和成绩互认乃至学历资格互认，允许外国学者使用院学术头衔等，探索建立域内跨国"高等教育区"，形成东北亚高标准、高质量的教育和人才培养交流合作平台，开创东北高等教育开放发展新局面。

深化沈阳市主导产业与
日韩合作的对策研究①

◎ 赵　球② 李卓谦③

[内容提要] 本文首先对沈阳市深化与日韩合作的背景和形势进行梳理判断，分析沈阳与日本、韩国在现有合作基础上，进一步深化合作的可能性，探索可能有所突破的合作领域，针对深化沈阳市主导产业与日韩合作提出了相应的对策建议。

[关　键　词] 沈阳振兴发展　对外开放　东北亚　主导产业

一、沈阳与日韩开放合作的现状

从投资上看，近年来，沈阳市非常重视招商引资工作，尤其在吸引和利用日韩直接投资方面下了很大功夫并取得了一定成绩。截至 2018 年底，沈阳市已累计批准设立韩资企业 4575 家、日资企业 1136 家，实际利用韩资 68.86 亿美元、日资 39.98 亿美

---

① 本文系"2020 年沈阳市哲学社会科学课题"（项目编号：SYSK2021-01-150）资助成果。
② 作者单位：东北大学东北振兴研究中心。
③ 作者单位：东北大学文法学院。

元，在来沈投资的 115 个国家地区中分别居第 2 位和第 4 位。但是，无论从数量还是质量方面，沈阳市在利用日韩直接投资上还有很大的提升空间和挖掘潜力。

从双边经贸关系来看，2018 年，沈阳市与日本、韩国的进出口总额分别为 81.4 亿元、55.31 亿元，在与沈阳有贸易往来的 185 个国家和地区中分别居第 3 位和第 4 位。沈阳的国际旅游游客也主要来自日本和韩国两个国家，2017 年，沈阳市接待外籍旅游人数共 53.86 万人，其中日韩游客 49.88 万人，占比高达 92.6%。此外，"中国沈阳韩国周"已经成为促进沈阳和韩国全面交流与合作的重要平台。

从双边合作关系来看，日本和韩国是沈阳重要的合作对象。从 1980 年起，沈阳市先后与札幌市（日本，1980）、川崎市（日本，1981）、城南市（韩国，1998）、大田市（韩国，2013）、仁川市（韩国，2014）建立了友好城市，与滨松市、佐世保市等建立了友好合作城市关系，在经济、人才培养、文化交流等领域建立了长期稳定的合作关系。近两年，中日韩三国的合作关系进一步加强，2020 年 11 月，包括中日韩在内的 15 国正式签署了 RCEP 协定，2021 年 9 月，中国正式提出申请加入由日本主导的 CPTPP。在沈阳浑南区，万科（中日）产业园、启迪（中韩）科技园正在紧锣密鼓地建设，未来日韩仍将是沈阳乃至中国最重要的合作伙伴。

目前，沈阳与日本和韩国已经在若干领域展开了经济合作，能否在现有合作基础上有更进一步的突破？以及在哪些领域能够深化合作？如何开展合作？这些问题的回答无论在理论上还是在实践上都具有十分重要的意义。

二、沈阳市深化与日韩合作的形势判断

（一）经济"逆全球化"和经济区域化发展为沈阳深化与日韩的合作带来新机遇

经济全球化正遭受由美国主导的"单边主义""贸易保护主义"

逆流冲击，使得后疫情时期产业链会朝着内敛化、区域化的方向调整，给东北亚各国，尤其是中日韩的区域经济合作带来了难得的机遇。日本是世界上经济发展水平最高的国家之一，在汽车、智能制造、精密仪器等多个领域拥有绝对的话语权；韩国在半导体、汽车和造船产业等具有很强的竞争力。沈阳与日韩地理位置相邻，经济互补性强，具有一定的合作基础，可以利用地缘优势把"深耕日韩"作为对外开放的目标，加强与日韩的产业对接，推动地区制造业的转型升级。

（二）"双循环"新发展格局为日韩深度开发中国大市场带来机遇

在中美关系紧张，发达国家都或多或少对中国采取技术封堵的情况下，日本最近一再表示要加大开放力度，积极参与维护地区多边关系，韩国提出的"新北方政策"也表现出要与中国"一带一路"倡议对接。同时中国提出的"双循环"新发展格局实质上是要加大国内市场需求，这为日韩向中国市场扩大投资提供了新机遇，为日韩扩大市场空间、恢复经济增长提供了有利条件。

（三）国家层面的政策支持使沈阳面向日韩的经济合作面临着新机遇

习近平总书记在深入推进东北振兴座谈会上提出了"深度融入共建'一带一路'，建设开放合作高地"的工作要求。2019 年 8 月，习近平总书记又强调指出，"要打造对外开放新前沿"。沈阳地处东北亚核心区域，通过深化与日韩的开放合作，积极融入"东北亚经济圈"，有希望成为新形势背景下全面振兴的重大机遇。

（四）沈阳市深化与日韩合作同时也面临着严峻的挑战

虽然沈阳面向日韩的开放合作出现了一些有利的外部条件，如原有的大区域合作受到重创，东北亚的国际地位可能得到强化等。但沈阳市深化对日韩开放合作仍面临着挑战，如自 2012 年启动以来，中日韩 FTA 已经进行了 16 轮谈判，但到目前为止仍未签署协定；复杂的地缘政治形势使得制度性建设明显滞后，这些问题可能会干扰合作大局。不过，总体看来沈阳与日韩的合作机遇大于挑战。

三、沈阳市深化主导产业与日韩合作的对策建议

（一）以引进日韩大规模产业为抓手，助力沈阳建设国家中心城市

沈阳建设国家中心城市，需要在经济规模上有所突破。建议沈阳市政府将招商政策聚焦于少数几个具有规模的高科技新兴产业，并附之以非常规的招商条件，承接日韩产业转移，通过引入大规模产业壮大经济规模，以此解决沈阳市产业结构转型问题。新能源汽车产业、机器人产业和智能制造产业一定是未来市场规模超万亿的大产业，建议沈阳市抓住机遇，使用优惠政策，以较大的优惠力度吸引日韩相关领域企业在沈阳投资设厂。

（二）机器人产业与日韩合作的政策建议

机器人产业的发展水平最能体现一个国家的高端制造业水平和科技创新能力。日本依靠其精密加工能力和产学研用协同创新效应，在传统制造业实力较强的基础上，培育了发那科（FANUC）、安川电机（Yaskawa）和川崎机器人（Kawasaki）等一大批世界级顶尖机器人制造企业。近年来，在韩国政府政策的支持下，机器人产业，尤其是服务机器人产业方面得到了快速发展，出现了现代（Hyundai Robotics）、罗普伺达（Robostar）等知名企业，占工业机器人全球5%左右的市场份额。

沈阳市在机器人产业领域具备较好的发展基础，中科院沈阳自动化研究所被誉为"中国机器人事业的摇篮"，是我国工业机器人和水下机器人开拓者，拥有新松机器人、中科院沈阳自动化研究所等国内龙头企业。需要紧跟产业发展趋势与国际前沿热点，发挥本地科研和产业优势，紧密结合下游市场需求，加强对机器人产业

创新链前沿领域日韩相关企业的吸引，加快打造沈阳高新区机器人特色产业生态。

（三）新能源汽车产业与日韩合作的政策建议

我国新能源汽车产业正处于快速发展时期，目前已形成长三角、珠三角、京津冀、中三角、成渝西部、东北地区六大产业集群，但沈阳的新能源汽车产业发展缓慢，成熟的产业园区主要有华晨宝马新能源汽车产业园。2019年，沈阳市政府与恒大集团签约，恒大集团将在沈阳投资建设三个新能源汽车生产基地，包括零部件、轮毂和整车三大基地，但项目落成投产仍需时日。

建议沈阳市围绕新能源汽车研发、制造和服务等全产业链环节，以恒大新能源项目为辐射带动，把握传统汽车领域转型新能源汽车机遇，依托临近日韩的区位优势以及区内中科院金属所科研优势，重点发展新能源电池、电控、电机三大领域，招引动力电池领域国内外龙头企业，积极对接日韩等国内外电池前沿地区，引进松下、LG等国际知名动力电池企业。聚焦新能源汽车"两端"，前端优先布局电控、电机、电池以及核心零部件企业，后端加速布局充电桩、电池回收等新能源汽车后市场服务，实现新能源汽车对传统汽车、新材料、新能源、电子信息等产业的跨界融合，形成"新能源汽车产业生态"。

（四）智能制造产业与日韩合作的政策建议

智能制造产业将传统制造业与新一代信息技术紧密结合，使得新一轮科技发展面临巨大变革。日本和韩国依靠在工业设计、标准制定等方面积累的制造业优势，结合互联工业的发展，一直走在全球智能制造产业的前端。近年来，我国已成为全球最大的智能制造市场，智能制造产业也得到了长足进步。对于沈阳而言，把握"制造业+"发展趋势，持续开展制造业与新一代信息技术融合试点、服务型制造等示范，加快制造业智能化转型、服务化转型势在必行。

沈阳与日韩地理位置相邻，经济互补性强，具有较好的合作基础，应该成为与这些国家合作的代表性地区。可考虑利用地缘优势，加强沈阳与日韩在智能制造各环节、各领域加强合作，从基础研究到技术创新再到工程应用等产业全过程，引进先进技术、装备和人才，提升沈阳在智能制造产业的竞争力，推进沈阳的产业结构转型升级。

四、沈阳市深化主导产业与日韩合作的保障措施

（一）加强组织领导保障

凝聚全市共识，统一思想认识，强化相关部门领导意识，成立对外开放行动小组，统筹推动规划实施和政策落地，协调解决工作中的重大问题。积极与省、市有关部门对接，争取更多创新试点政策与相关资源倾斜。

（二）建立国际化营商和居住环境

常规的招商引资办法和营商环境无法在激烈的竞争环境中吸引大企业投资，需要以超常规的办法吸引日韩龙头企业。以引进龙头企业为契机，大力改善营商环境，建立起保证长期发展的机制，为长远发展打下制度基础，使沈阳在科技、教育、公共服务、城市化、地理条件等方面的潜力，转化为发展的动力。依托中日、中韩等中外合作园，建设日本、韩国等异域风情特色商业街。重点围绕服务中日、中韩等合作需要，在公共场所、涉外宾馆、餐厅等场所采用多语种标识。

（三）推动中外合作园建设

加速中韩（启迪）科技园、中日（万科）产业园、中日（沈阳）国际金融科技文化合作园建设，加强与日韩重点地区合作，布局建设离岸创新中心。利用国家和地方各层次对外合作机制，加强多领域往来交流，定期举办推介活动。引导外资企业通过股权转让、增资扩建、合资经营等方式与本地企业合作。

"十四五"时期东北对外开放新前沿构建策略[①]

◎ 赵　球[②]　朱学莉[③]　程苗松[④]

[内容提要] "十三五"期间，东北地区的营商环境和经济发展状况在一定程度上得以改善，但对外开放工作进展缓慢。"十四五"时期，东北面临经济发展低迷、自身体制机制不健全等挑战，应当把握经济区域化发展、中央向北开放战略等机遇，沿东南西北四个方向打造东北对外开放新前沿，"深耕日韩"，以服务业开放为重点，用对外开放重塑东北振兴新格局。

[关 键 词] "十四五"　东北振兴　对外开放　区域发展

　　自 2003 年中央实施振兴东北地区等老工业基地的战略决策以来，东北振兴已经取得明显成效和阶段性成果。然而，东北地区开放程度低、开放工作进展缓慢，是东北全面振兴、全方位振兴的突

① 本文受中央高校基本科研业务费项目"新形势下加快东北亚经济合作进程研究"（项目编号：N2024003-02）资助。
② 作者单位：东北大学东北振兴研究中心。
③ 作者单位：合肥市第四十二中学中铁国际城校区。
④ 作者单位：安徽雨木管理咨询有限公司。

出短板，也是体制机制改革、产业结构调整难以破题的关键所在。全面加大改革力度，推动高层次和高水平的开放，形成全面开放新格局，将东北打造成对外开放新前沿，是促进东北地区高质量经济发展、增强经济活力、拓展开放空间的重要战略任务。从国际国内形势发展态势来看，东北地区面临着以扩大开放带动全面振兴、全方位振兴的重大机遇，同时也面临着贸易保护主义和经济下行压力等挑战。"十四五"时期，需要科学研判国际大势，厘清发展思路，制定出明确的发展重点和路径，力争形成东北对外开放新格局。

一、东北经济发展形势及对外开放存在的问题

长期以来，东北地区都被誉为中国经济的"顶梁柱"，具有相当的经济实力。但从 2014 年开始，东北经济增速排名全国垫底，成为经济增长速度最慢的经济板块。目前，中央各项支持东北振兴的政策力度不断加大，红利不断释放、有利因素不断积聚，振兴效果正在凸显，经济状况呈现出稳中向好的显著态势。

（一）东北经济形势趋稳，营商环境初步改善

2020 年，辽宁、吉林、黑龙江的经济增速分别为 0.6%、2.4%、1%，虽然增速不高，但在 2010—2020 年全国经济增速放缓的形势下，东北经济与全国平均水平的差距持续收窄（见图 1），说明东北经济已经开始步入恢复发展轨道，呈现出总体向好的局面。

历史上东北地区曾经出现过外商投资被"关门打狗"的事件，由于政府处理不当，该事件在国际上造成极大负面影响，导致东北营商环境的国际负面舆论迅速铺开，也极大影响了外商在东北的投资热情。近几年，东北三省陆续出台优化营商环境条例，均对提高市场主体获得感提出了具体要求。东北地区的营商环境得到了初步改善，并受到市场的认可，国内许多大公司纷纷到东北进行投资。

（二）经济体量小，对外开放工作滞后

根据国家统计局"按照地区常规分类方法"，将中国 31 个省

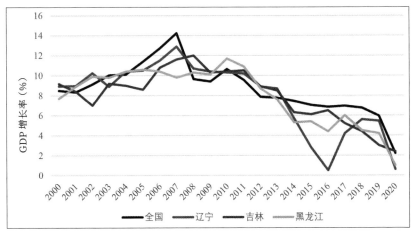

数据来源：国家统计局，经整理计算。

图1　2000—2020年东北三省和全国GDP增长率

市自治区（不包括港澳台）划分为华北、东北、华东、中南、西南和西北6个区域，分别计算各区域板块在全国经济中所占份额。如图2所示，东北地区GDP占全国经济的比重一直在缓慢地、不受阻碍地下滑，由1978年的13.98%下滑到2020年的5.05%，为40

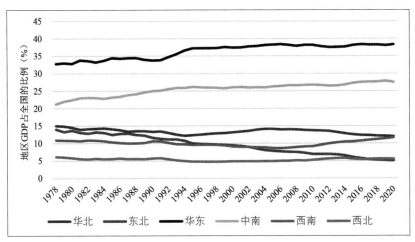

注：由于采取分级核算，各地区国内生产总值相加不等于全国总计，二者有出入。
数据来源：国家统计局，经整理计算。

图2　1978—2020年各地区在全国经济中的地位

余年来最低水平。从各地区经济分量所占全国比重的演化趋势来看，只有东北出现了明显的下滑，这一长期现象值得深思。

虽然改革开放以来东北地区的经济地位持续下滑，但东北地区的开放程度仍与东北在全国的经济地位不匹配，说明东北地区的开放工作存在严重不足。从20世纪80年代开始，东北地区进出口贸易总额占全国进出口总额的比例持续下降（见图3），2020年，东北三省进出口总额为1355.9亿美元，占全国贸易总额的2.91%，与东北地区5.05%的经济分量相比仍有差距，从一定程度上说明东北还存在很大的对外开放空间。

资料来源：国家统计局，经整理计算。

图3 东北地区进出口贸易占全国的比例

对外贸易依存度的计算方法是进出口贸易总额占GDP的比重，是反映一国或地区对外开放程度的重要指标，同时也能够反映对外开放对经济增长的贡献程度。通过比较东北地区对外贸易依存度和全国平均水平（见图4），可以发现在2001—2020年间，东北三省对外贸易依存度始终低于全国平均水平10—20个百分点，说明东北地区的对外贸易与全国平均水平存在较大差距，东北地区的

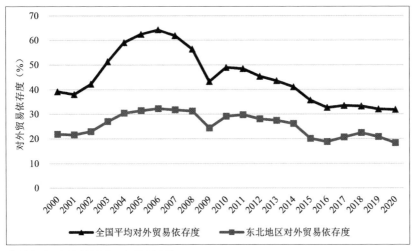

资料来源：国家统计局，经整理计算。

图4　2001—2020年全国和东北地区对外贸易依存度

经济增长主要依靠投资拉动。

综合以上分析可知，虽然东北地区的经济形势趋稳，营商环境在一定程度上得以改善，但目前东北振兴的基础仍然不稳，对外开放工作存在严重不足。东北地区的对外开放工作是东北振兴需要解决的核心问题之一，从国家战略和全局高度考虑，中国向北开放的战略即推动东北地区面向东北亚深度开放，可有效配置周边市场资源，充分吸纳相邻优质要素集聚，这是国家整体开放战略的重要组成部分，也将对东北全面振兴、全方位振兴产生长远影响和不可估量的推动作用。

二、"十四五"时期东北地区对外开放面临的背景

"十四五"时期，东北地区对外开放所面临的世界政治格局、经济格局发生了深刻的大变革、大调整，现行的国际秩序和多边体系备受冲击。总体来看，内外部形势变化对东北地区的对外开放格局发展有利，但也面临着东北自身开放不足等诸多挑战。

（一）经济"逆全球化"和经济区域化发展的机遇

经济一体化是当代世界经济发展的基本趋势，本质是以投资、贸易、金融、技术、人才的自由活动与合理配置，来推动生产力的快速发展。经济一体化表现在两个方面：一是经济全球化，二是经济区域化。在过去 20 年中，经济全球化与经济区域化以其各自独特的方式推动着世界经济和各国经济的发展。

当前，疫情在全球的蔓延重创全球经济增长，冲击经济全球化走势，且经济全球化正遭受"单边主义""贸易保护主义"逆流冲击，使得经济区域化发展面临着难得的历史机遇，同时也对我国调整重大产业布局提出了新要求。疫情后逆全球化的趋势会进一步加剧，全球产业链会朝着内敛化、本地化、区域化的方向发展，强化自身或者区域化的完整产业链循环是未来的调整方向。东北地区毗邻俄罗斯、朝鲜、蒙古国、日本、韩国五国，位于东北亚的核心地带，这一形势变化为东北亚区域经济合作带来了良好的双边和多边合作机遇。

（二）"一带一路"的强化和东北地区以开放促改革、促振兴的强烈愿望

"一带一路"的建设强化了中国向北开放的战略，为东北地区打造对外开放新前沿，尤其是向东北亚深度开放打下良好的基础。近年来，东北亚形势出现了有利变化，包括朝鲜半岛局势的缓和、中日韩合作愿望增强，韩国的"新北方政策"、俄罗斯的"欧亚联盟"释放出将经济发展规划与中国"一带一路"倡议对接的积极信号，日本表达出对"一带一路"倡议的积极评价，蒙古国的"草原之路"与"一带一路"倡议在发展方向、建设领域方面均具有很好的衔接性，使区域合作有望取得新的突破，为东北对外开放提供了重大机遇。

2018 年 9 月 12 日，习近平总书记在俄罗斯符拉迪沃斯托克举办的第四届东方经济论坛的致辞中，提出了构建"东北亚经济圈"

的倡议；9 月 28 日，在沈阳召开的深入推进东北振兴座谈会上，习近平总书记就东北全面振兴、全方位振兴也提出了"深度融入共建'一带一路'，建设开放合作高地"的工作要求。2019 年 8 月 26 日，习近平总书记主持召开中央财经委员会第五次会议，会议强调，"东北地区要主动调整经济结构，推进产业多元化发展，加快国有企业改革，打造对外开放新前沿"。东北三省地处东北亚的地理中枢，具有建设面向东北亚开放合作高地的天然责任。习近平总书记的讲话精神为东北地区的开放工作指明了方向，即打造对外开放新前沿，建设开放合作高地，积极融入"东北亚经济圈"，这些有望成为新形势背景下全面振兴的重大机遇。

（三）世界经济下行风险增大的挑战

近年来，世界上逆全球化的浪潮暗流涌动，特别是美国所推行的保护主义、单边主义，不仅对中国打贸易战，对其盟友也是不断地采取施压的关税手段。受美国发起贸易摩擦及金融动荡等因素的影响，全球经济增长下行风险加大，2020 年，全球经济增速降至 10 年来最低水平，未来经济走势的期望不容乐观。国内面临的经济下行压力持续加大，地方经济分化明显，主要表现为地方投资消费、外贸的指标下滑较快，发展动力减弱。这样的经济下行既有中美贸易战的影响，又有国内因素、周期性因素的影响，更重要的是结构性、体制性因素，这些因素也将直接影响到未来东北对外开放的形势。

（四）东北地区的对外开放工作存在严重短板

东北地区对外开放方面的不足主要体现在两个方面：一是贸易规模小，对经济增长的拉动作用受限；二是贸易规模不增反减，存在贸易逆差。2003—2020 年间全国进出口总额年均增长率为 12.37%，而东北地区年均增长率仅为 8.32%，导致东北地区对外贸易规模与全国的差距越来越大。其中，2015 年、2016 年和 2019 年，东北地区的贸易规模增长率分别为 -24.2%、-10.5% 和 -6.5%，这样的结果导致东北地区 2019 年的贸易规模不及 2011 年的规模。从 2011 年净出口转负开始贸易逆差逐年增加，出口竞争力逐年减弱，2018 年净出口额达 -453.5 亿美元。

三、"十四五"时期东北对外开放新前沿的构建策略

"十四五"时期，我国对外开放要"形成全方位、多层次、宽领域的全面开放新格局"，就必须补齐"向北开放"的短板。向北开放主要是指向东北亚开放，这是东北需要承担的全局性任务。有一个问题需要说明，"向北开放"是站在"北京"的角度来考虑的，或者相对于东南沿海的开放来分析的。如果站在东北的角度来看，东北毗邻俄罗斯、朝鲜、蒙古国、日本、韩国五国，位于东北亚的核心地带，向北开放包括东、南、西、北四个方向。

以南北为重点构建东北地区扩大开放的四个方向。借助辽宁沿海经济带可扩大对日本、韩国的合作，借助黑龙江可扩大对俄罗斯、蒙古国的贸易。要牢牢抓住"一南一北"两个国际化大城市，向南开放要充分发挥大连东北亚国际航运中心的港口资源优势，向北开放要突出哈尔滨省会城市的区位辐射作用。将中央"向北开放"的战略与东北地区向"东、南、西、北"四个方向开放的布局相结合，把握东北地区的资源优势、区位优势和产业基础，通过扩大向日本、韩国、俄罗斯、蒙古国、朝鲜五国的深层次开放，加强与京、津、冀、蒙四地的经济合作。

（一）将大连作为东北对外开放的高地，带动辽宁沿海经济带形成对外开放的新前沿

东北需要一个开放的标杆城市，就像长三角的上海一样，起到区域引领作用。大连区位优势明显，是哈大铁路和沈大高速公路的终端，是中国东北的海陆空交通枢纽，是东北地区面向世界、转身向海的门户。随着北极夏季航道的开通，大连不冻港的地理位置和战略意义也进一步提升。大连应该成为东北开放的龙头城市，甚

至有望进阶为"东北版的上海"。

大连现在的定位是成为东北亚国际航运中心，建议要积极探索成为类似自由贸易港的国际化开放城市。2019年9月26日，辽宁省出台了《关于加快推进东北亚经贸合作打造对外开放新前沿的意见》，强调指出，借鉴国际成熟自由贸易港发展经验，探索建设大连自由贸易港，打造中日韩自贸区地方经贸合作示范区。应该强化这一举措，将大连建设成服务业开放的国际化城市，积极探索建设大连自由贸易港，争取在服务业开放领域实现突破，以此引领辽宁沿海经济带成为面向东北亚地区开放的高地。

（二）以哈尔滨为重点，将黑龙江建设成为对俄罗斯开放的新前沿

自中蒙俄经济走廊提出以来，黑龙江省在对俄开放方面取得了丰硕成果。在以往合作的基础上，"十四五"期间应进一步加强与俄罗斯在能源、军工、现代农业等领域的合作，支持中国企业在俄投资建设天然气田、有色金属矿山等境外资源基地；发挥东北地区在农机装备制造和农业科技等产业的技术优势，与俄罗斯远东地区地广人稀、土地肥沃等资源优势有机结合，在农业领域开展密切合作。

黑龙江自贸区包括哈尔滨、黑河和绥芬河三个片区，其中哈尔滨是中国北方重要的中心城市，具有相当的经济实力，是黑龙江自贸区的核心，而且具有对俄罗斯开放的历史传统，应将其建设成为中俄战略合作及面向东北亚开放合作的新高地。

（三）依托"一带一路"建设和中蒙俄经济走廊，加强同蒙古国、俄罗斯的深度合作

在对接"一带一路"北线的建设时，国家发展和改革委员会规划的中蒙俄经济走廊有两条路线，第一条是东北通道，第二条是华北通道。东北通道的路线为东北地区—满洲里—俄罗斯和蒙古国，华北通道的路线为京津冀地区—呼和浩特—二连浩特—蒙古国—俄罗斯。

黑龙江省抓住了中蒙俄经济走廊（东北通道）的建设机遇，在对蒙俄的开放中取得了非凡成就。中蒙俄经济走廊（华北通道）的开通为加强环渤海地区和俄罗斯、蒙古国的交流合作提供了便捷条件。"十四五"时期，东北地区要依托中蒙俄经济走廊，积极对接蒙古国"草原之路"和俄罗斯"欧亚联盟"战略，引导企业开展基础设施和国际产能合作，深化与蒙古国和俄罗斯的合作。

（四）以丹东为重点，规划沿鸭绿江、图们江流域口岸城市的对外开放

辽、吉两省和朝鲜有 1400 多千米边境线，加上黑龙江东部沿边地区，有丹东、集安、图们、珲春、绥芬河、抚远等 17 个边境口岸，是我国同日本、韩国、朝鲜、俄罗斯进行贸易往来的前沿地带。尤其是辽宁、吉林两省东部，将是朝鲜弃核开放最直接、最优先的受益者，具有非常大的发展潜力。如果朝鲜弃核对外开放，丹东面临着得天独厚的优势，可借朝鲜开放之机，优先发展丹东，从而使整个东北东部地区经济活跃起来。

"十四五"时期，应为未来发展前景做好铺垫工作。可考虑将自贸区的优惠政策向口岸城市扩展，特别是将沿鸭绿江、图们江的口岸城市打造成"准自贸区"。依托对朝口岸城市建设"出口加工区""跨境经济合作园区"，利用朝鲜的劳动力优势和国内服装、软件服务等消费品工业的规模、技术和人才优势，将这些准自贸区打造成面向朝鲜、韩国的服装加工产业基地和软件服务外包产业基地。

（五）形成全面开放、"深耕东北亚"的国际开放格局

新冠肺炎疫情给全球经济和产业链调整带来深刻的影响，同时使得我国调整重大产业布局面临着难得的历史机遇。在我国形成以国内大循环为主体、国内国际双循环相互促进的新发展格局过程中，东北地区具有建设面向东北亚开放合作高地的天然责任，同时这也是东北亚区域经济合作的优先发展方向。

"十四五"时期，东北地区要在"深耕"上下功夫。东北与东北亚尤其是日韩地理位置相邻，经济互补性强，具有较好的合作基础，应该成为与这些国家合作的代表性地区。可考虑利用地缘优势，加强东北三省与日韩装备制造业研究机构、企业合作，引进先进技术、装备和人才，提升东北地区在制造业和生产性服务业的竞争力，推进东北地区的产业结构转型升级。例如，推动日韩知名汽车制造企业投资建设新能源整车工厂，设立核心零部件设计、研发、制造等基地。

（六）形成服务业开放新领域

无论从发展欧美发达国家的经验看，还是从我国东部沿海发达省份发展的实践看，服务业特别是高端服务业都是经济增长的主要动力和支撑点。2019 年，我国服务业增加值占 GDP 比重为 53.9%，低于美国的 77.4%（2017 年）、日本的 69.3%（2018 年），说明在未来 10—20 年内，我国服务业发展至少还有 15—20个百分点的空间，有希望成为新的经济增长点。展望未来的发展趋势，东北地区下一轮最大的开放领域和产业增长点都将是服务业。在"十四五"期间，东北要努力形成服务业新的开放领域，使其成为东北产业结构调整转型的新动力。争取国家对深度开放，特别是对日韩深度开放的政策支持，尤其是服务业开放试点的支持。形成重点面向东北亚，深耕日韩，高技术领域和服务业开放新格局。争取在教育、医疗、金融、技术服务等领域实现突破，把服务业开放的基点放在大连，将大连建设成服务业开放的国际化城市。

（七）将对外开放与区域发展战略相结合，形成东北振兴的区域动力源

目前东北地区的区域发展战略多而分散，宜进一步整合，集中资源和精力，形成重点突破的态势。建议在现有区域发展战略

的基础上，突出中心城市战略，进一步明确中心城市引领的发展思路，壮大哈、长、沈、大4个中心城市，形成东北振兴的动力源。"十四五"时期，东北若能够利用开放的契机，使4个中心城市发展壮大起来（例如能够进入万亿俱乐部），则东北地区就有了和全国其他区域竞争的能力，就具有了吸引人才、资本、产业的条件。在中心城市发展过程中，逐渐带动城市群、城市带的发展，东北问题的解决就有了前景。建议进一步加强开放战略与区域战略的结合，为开放工作找到落脚点。例如支持沈阳建设大规模中心城市，将大连打造成引领东北的高水平开放城市和国际化服务业开放城市等。

（八）建设国际化一流的营商环境

制度的缺陷和短板是一个国家和地区发展最大的风险和挑战。就东北而言，经济制度转型的成败是东北振兴的关键，也是对外开放战略的基本保障。"十四五"时期，要将营商环境建设看成制度转型的突破口，要以高水平开放倒逼全面深化改革，通过市场化的改革来释放活力，用市场化改革的思路和办法来破解当前遇到的问题，为东北地区长远发展打下制度基础。具体内容包括政府商事环境建设、市场主体建设和要素市场化流动等方面。争取建设一个与高水平开放相适应、与人们的期待相适应、与东北全面振兴相适应的制度环境。

聚焦打造东北开放新前沿，统筹发展辽宁沿海经济带

◎ 孟继民[①]　殷于博[②]　王虹澄[③]

[内容提要] "十三五"期间，辽宁沿海经济带充分发展，但是，对外开放工作进展缓慢，并未充分发挥大连的龙头作用。在"十四五"和二〇三五年远景目标期，辽宁沿海经济带应当强化沿海产业互动及产业链的相互配套，优化沿海港口功能，促进沿海经济带高质量发展，把辽宁沿海经济带放在全国以及东北亚的范围，进行规划布局和谋划发展，以打造对外开放新前沿重塑东北振兴新格局。

[关 键 词] 辽宁沿海经济带　对外开放　滨海旅游

在辽宁省"十四五"和二〇三五年远景目标期，辽宁沿海经济带的发展要更好地发挥大连的龙头作用，对标海南自贸港，打造东北对外开放新前沿。沿海六市通过发展海洋经济、滨海旅游、优化港口功能、强化产业链配套，统筹沿海各市的联动发展。通过建

---

① 作者单位：中国东北振兴研究院。
② 作者单位：东北大学东北振兴研究中心。
③ 作者单位：辽宁报刊传媒集团《共产党员》编辑中心。

设服务东北的沿海宜居带，设立沿海飞地经济区，以及打造沿海城镇珍珠链，促进辽宁沿海经济带实现高质量发展，推动东北振兴取得新突破。

一、辽宁沿海经济带要打造成为东北对外开放新前沿

东北振兴需要打造对外开放新前沿，大连要在辽宁沿海经济带发展乃至东北振兴中成为开放龙头。鉴于对外开放的区域性、梯度性和政策性，从经济特区、出口加工区、保税区到自由贸易区，现在建设自由贸易港成为对外开放的最前沿。由于对外开放属于国家政策安排，东北特别是辽宁，扩大开放需要得到国家政策允许，争取国家支持建设大连自由贸易港，打造东北对外开放新前沿，构筑东北对外开放新高地。通过发挥对外开放先导区的作用，深度融入"一带一路"建设，用好用足对外开放政策，用对外开放倒逼改革，服务东北腹地发展，使对外开放成为促进东北振兴的助推器。

（一）大连成为东北地区对外开放的排头兵

辽宁沿海经济带分布着辽宁自贸区大连片区和营口片区、综合保税区、出口加工区、各类开发区，有辽宁港口群，在辽宁乃至东北对外开放中发挥了积极作用。但是，东北一直没有经济特区和自由贸易港。

东北经济发展缓慢的原因之一是东北对外合作相对滞后，为了补齐对外开放短板，中央财经委员会第五次会议提出，东北地区要打造对外开放新前沿，对西部、中部、东南沿海等地区都没有此要求。这为继续通过改革开放，促进东北振兴，明确了要求、方向和路径。鉴于对外开放具有区域性、梯度性和政策性的突出特征，建设海南自由贸易港，达到了对外开放的新高度，成为现在对外开放的新前沿。东北地区打造对外开放新前沿，就是要对标海南自贸港，积极申请在东北建设自由贸易港。

要在东北加快建设自由贸易港，大连市最具条件。大连历史上曾是国际自由贸易港，处在东北亚经济圈核心区域，又是东北对外开放的门户，可以通过建设自由贸易港打造东北对外开放最前沿。辽宁省已经向国务院提交了建设大连自由贸易港的申请。建设大连自由贸易港，是东北加快振兴的决定性机会，对维护东北亚安全意义重大。从海南自贸港推进南海安全发展的作用，立足大连自贸港推动东北亚和平发展和国家五大安全的作用，形成国家应对百年未有之大变局的南北战略支撑点，推动形成东南亚和东北亚安全稳定、和平发展的局面，为国家长治久安和民族复兴继续贡献东北力量。

（二）加快建设大连自由贸易港的具体建议

在"十四五"规划时期和远景目标期，东北振兴要有新突破，要打造对外开放新前沿，要建设东北的自由贸易港，对标海南自贸港的做法和经验，争取尽快进入实施阶段。同时，积极发挥辽宁自由贸易试验区、综合保税区、出口加工区、经济技术开发区和边境贸易合作区的作用，加快融入国内国际双循环。

一是提高站位形成共识。中国对外开放的新前沿就是建设自由贸易港，打造东北地区对外开放新前沿就是要建设东北的大连自由贸易港，形成东北地区对外开放的新高地，形成改革开放基本国策与振兴东北区域战略共同推动的合力。二是高起点规划高标准建设。要参照海南自贸港和上海自贸区的经验，结合东北区域特点，做到高起点规划、高水平设计、高标准建设、高速度发展，最终建成领先日韩、服务东北亚的对外开放的新高地。三是不等不靠务实推进。用好用足国家给予的各项支持政策，利用各类开放先导区，特别是自由贸易试验区先行先试的有利条件，加大政策创新的力度，及时跟进海南自贸港的政策和做法，务实推进大连自由贸易港建设。

二、强化沿海特色产业对沿海经济带的联动支撑作用

《辽宁省国民经济和社会发展第十四个五年规划和二〇三五年远景目标纲要》对辽宁沿海经济带的产业进行了部署,《辽宁沿海经济带高质量发展规划》对沿海经济带进行了详细的规划,但是,两个规划对沿海特色产业中的海洋产业,特别是滨海旅游业,对于沿海经济带的联动支撑作用的论述不足。通过借鉴青岛沿海经济发展的模式和做法,要强化沿海产业互动及产业链的相互配套,优化沿海港口功能,促进沿海经济带高质量发展。

要尊重市场经济规律,体现沿海经济特点,实现有效市场和有为政府的结合,构建辽宁沿海经济带发展布局。应进一步强化大连—营口发展主轴作用,强化盘锦—锦州—葫芦岛渤海沿岸经济联动,强化大连—丹东黄海沿岸及主要岛屿发展,形成一核一轴两翼协调发展的总体格局,深度融入"一带一路"建设,加快融入国内国际双循环,通过产业延链、强链、补链,推进沿海开放先导区、产业聚集区、城市功能区的链条化发展,推进经济带的产业链配套,促进特色经济的差异化发展,形成低碳绿色高质量的发展模式。

(一)辽宁沿海经济带需要通过海洋经济带实现联动

辽宁沿海经济带的基本特征和突出特点是沿海,是基于沿海资源开发利用形成的经济带。需要着力发展海洋经济,在保护好海洋环境的同时,要向海洋要产业,要收入,要就业,要经济发展。海洋蕴藏着丰富的资源,应开发利用海洋资源形成海洋产业,进而形成海洋经济。辽宁沿海各市通过共同开发沿海资源,发展沿海经济,实现产业链配套,通过港口整合优化功能,特别是通过滨海大道发展滨海旅游,实现良性互动,促进经济带一体化发展。

辽宁省海洋区位优势明显,海洋资源丰富,发展海洋经济带

对东北振兴发展和东北亚门户开放具有重要作用，在促进全国区域协调发展和东北再振兴中具有重要意义。辽宁沿岸的渤海和黄海，以及远洋，为辽宁乃至东北发展海洋产业提供了基础，也为提升和壮大海洋经济创造了条件。

辽宁海洋生物资源、矿产资源极为丰富，有助于将海洋渔业、海洋交通运输、海洋船舶修造、滨海旅游、海洋盐业、海洋化工、海洋生物制药、海洋油气等产业发展成辽宁主要海洋产业，助力辽宁成为海洋经济大省。辽宁需要加快构建开放、协同、高效的海洋产业发展联动机制。通过产业链配套推动经济协作，政府引导形成发展合力，提升辽宁海洋经济的创新力和竞争力。

辽宁沿海经济带要成为辽宁特色食品产业带。辽宁有许多特色食品，如大连的海参、鲍鱼和大樱桃，营口的海蜇，丹东的草莓，盘锦的河蟹、大米，等等，都是具有特色的地方食品，具有很大的发展潜力。沿海各市可以组团开拓市场，提高沿海食品的市场占有率，在打造辽宁食品产业大省的过程中，注重发挥辽宁沿海特色食品的重要作用。

（二）辽宁特色滨海旅游带要成为发展沿海经济的纽带

辽宁沿海旅游业潜力巨大，建设旅游项目，完善旅游设施，加强沿海各市旅游线路联动，升级辽宁滨海大道，谋划建设沿海旅游项目，增加沿海自驾游设施和线路，增加旅游收入，是拉动辽宁沿海投资、繁荣经济、提高收入的重要发展领域，更是辽宁沿海各市实现经济互动的重要领域。

滨海旅游业是海洋经济发展的支柱产业之一。从全国海洋经济的结构来看，2019 年，滨海旅游业增加值占主要海洋产业增加值的比重达 47%。尽管辽宁滨海旅游业的比重低于全国水平，但是其发展潜力仍然很大。对于辽宁沿海经济带而言，可以充分利用海洋资源、发展滨海旅游业对于沿海六市经济的拉动作用，实现经济协调发展。

辽宁具有拓宽旅游业的得天独厚的优势，围绕"滨海旅游+自然观光"打造多样化、个性化、充满创造力及区域特色的旅游新业态、新市场，形成东北亚休闲旅游目的地。辽宁滨海大道东起丹东境内的虎山长城，西至葫芦岛市绥中县，连接辽宁沿海 6 个市 130 多个旅游景点，被誉为中国沿海里程最长、最美的滨海大道。以滨海大道为纽带，整合全省优势文旅资源，深入推进辽宁沿海城市间的文化旅游区域合作。促进滨海旅游资源整合，打造精品旅游线路，密切与省内、东北和环渤海地区旅游合作，推进旅游一体化发展。

以大连为龙头，发挥丹东、锦州、营口、盘锦、葫芦岛等沿海六市文化和旅游资源优势，开发高质量避暑旅居、滨海休闲、海岛度假、沿海湿地系列旅游产品，丰富海洋服务业态。辽宁沿海六市均有特色的旅游资源，通过旅游线路可以把各市的特色旅游景点串联起来，实现良性互动。通过滨海大道自驾游、辽宁沿海精品线路自助游，促进沿海经济一体化。通过旅游搭台，经济唱戏，共创沿海经济带的旅游品牌，同时促进各市的人员往来，增加互动交流，使辽宁沿海经济带真正成为各市互动的纽带。

三、辽宁沿海服务东北腹地，着力建设东北沿海经济带

辽东半岛黄海沿岸及环渤海东北岸不仅是辽宁的沿海，更是东北地区特有的沿海，辽宁沿海经济带不仅是辽宁的经济带，更是东北的经济带。从东北振兴的角度来看，东北是一个整体，辽宁沿海经济带是东北唯一的、服务东北腹地的、对东北振兴发展有重要影响的经济带，甚至应该把辽宁沿海经济带放在全国以及东北亚的范围，进行规划布局和谋划发展，起码要把辽宁沿海经济带打造成为东北沿海经济带。

（一）辽宁沿海经济带要建设成为东北滨海宜居带

根据第七次全国人口普查数据，10 年间，东北外流人口超过

1101 万人，流向是东北之外的其他地区，主要是南方地区。鉴于东北寒冷地区人口南下趋势仍将继续，应该考虑把辽宁沿海经济带作为吸纳东北南下人口的目的地，通过打造沿海宜居带，把东北南下人口留在辽宁沿海经济带，使其成为东北的沿海经济带。

沿海经济带城市要提供优惠条件，吸纳东北腹地人口到辽宁沿海城市。通过户口互认、购房优惠、购房入户口、子女入托入学享受本地居民待遇、社保医保异地办理，助力形成人口聚集。

辽宁沿海经济带各市已经在打造宜居城市。大连是"联合国人居奖城市"，连续五次获得中国文明城市称号。丹东建设开放创新型幸福宜居城市，营口打造现代化海滨新城，盘锦建成宜居宜业城乡融合的现代生态文明城市，锦州积极打造实力锦州、法治锦州、生态锦州、文明锦州、幸福锦州，葫芦岛打造以工业、港口、旅游为主体的滨海宜居城市。

建设宜居城市，进行城市更新，需要城市基础设施加大投资，增加城市公共设施投资，需要产业转型升级，创造更多的就业和创业机会，吸引更多的人才、人力和人口，实现城市规模和档次的升级，实现经济规模和发展质量的提升。

（二）辽宁沿海经济带要建设成为东北飞地经济带

东北经济一体化一直是振兴东北的一个重要命题，也是实现东北振兴的一个重要手段和标志，更是国家和区域大市场形成过程中东北发展的一个趋势。通过在辽宁沿海地区设立东北经济飞地，把东北腹地适合在沿海发展的项目，把东北腹地重化工项目，通过飞地政策，在辽宁沿海地区落地，形成发展合力，共享发展成果，形成东北经济的联动互利机制。

在国际上，大型石化基地都集中在沿海地区。欧洲的鹿特丹临港工业区，新加坡裕廊工业区，美国休斯敦石化产业集群，日本的东京湾、伊势湾、大阪湾和濑户内海地区，韩国釜山港东南沿海工业区。国内的大型石化基地也主要集中在沿海地区。广州沿海石化产业基地，宁波—舟山港石化产业基地，沪宁杭工业基地，在环渤海西岸，以及山东半岛沿岸，也聚集了重化工产业。辽宁沿海石化基地，包括大连、营口、盘锦、锦州、葫芦岛等一系列工业城市，主要以石化、钢铁、海洋装备、发电装备等重工业为主。

辽宁沿海经济带拥有约2000平方千米的低产或废弃盐田、盐碱地、荒滩和1000多平方千米可利用的滩涂，适合进行产业开发。东北腹地的一些设施、工厂和建筑物，都建在黑土地上。随着东北腹地人口南下趋势的延续，可以将占有的黑土地进行复垦，逐步恢复和扩大黑土地面积，腾出更多的黑土地，用于粮食生产，有利于减轻东北生态压力，助力维护粮食安全和生态安全。

为了更好地顺应和有序应对人口及项目的南下趋势，辽宁沿海城市与东北腹地城市建立协调发展机制，对政府协作的转移项目和企业，享受政府的支持政策，对迁移企业在迁入地产生的税收，实行五五分成。参照京津冀协同发展外迁企业的税收分成，明确分享税种、分享比例及计算办法，形成互利互惠的联动机制，推动东北经济一体化。

在实施振兴东北战略的背景下，设立辽宁沿海飞地经济区，主要是针对东北人才、项目和企业的无序外流问题，稳住东北经济的基本盘。要设立和顺利实施飞地经济区，不仅需要东北各省区达成共识，更需要国家支持和引导，需要国务院振兴东北领导小组牵头，形成推进的体制机制，作为新时期推进振兴发展的新举措，真正把辽宁沿海经济带建设上升为国家战略。

（三）辽宁沿海经济带要建成东北滨海城镇珍珠链

辽宁沿海经济带位于辽宁省南部沿海地区，北接以沈阳都市圈为中心的东北内陆地区，南望山东半岛蓝色经济区，东临朝鲜半岛，西连京津冀城市群，有希望和潜力建设成为东北滨海城市群，形成东北城镇珍珠链。

辽宁沿海经济带位于我国东北地区，毗邻渤海和黄海，包括大连、丹东、锦州、营口、盘锦、葫芦岛 6 个沿海城市所辖行政区域，陆域面积 5.65 万平方千米，海岸线长 2920 千米，海域面积约 6.8 万平方千米。2019 年末，常住人口约 1761.6 万人。作为辽宁沿海经济的载体，辽宁沿海经济带不能局限于工业带，要结合国家城市更新计划和落实国家乡村振兴战略，完善城镇基础设施，通过辽宁沿海经济带把沿海城镇明珠串联起来，形成辽宁沿海璀璨的珍珠链。

发达经济体的许多沿海地带，都成了发达的经济区和城市群，也成就了沿海经济带和沿海的城镇链。无论是美国的西海岸，还是日本、韩国、新加坡的许多沿海地带，以及中国的东南沿海地带，都聚集了世界上著名的经济带，并形成了城镇珍珠链。

辽宁沿海经济带的发展实质上是辽宁沿海城市的发展，无论是过程还是结果，都是沿海经济带城镇规模的扩大、城市建设水平的提升、城市群的形成。"十四五"时期及远景目标期是国家发展的重要时期，也是东北振兴的重要时期，需要辽宁带动沿海城市的发展，通过发展经济增强各市的综合实力，推动辽宁沿海经济带实现高质量发展。

以东北海陆大通道建设
助推东北振兴的实施方略①

◎ 曹洪滔②　赵天添③

[内容提要] 东北海陆大通道是依托东北地区港口及腹地运输资源的优势而建立的复合型物流体系。畅通东北海陆大通道对于推动东北地区经济一体化、促进新时代东北全面振兴、全方位振兴具有重要的战略意义。要精准把握推进东北海陆大通道建设的关键时机，推动基础设施建设方面的"硬联通"与规则标准方面的"软联通"共同发展、相互协作；增强枢纽港口与交通网络的支撑作用，深度挖掘并充分提升各港口优势，不断加大交通网络建设力度；充分激发中欧班列对畅通东北海陆大通道的重要价值，构建运贸一体、协调有序的发展模式，打造立足东北、面向世界的多式联运物流体系，从而为东北经济的高质量发展注入充沛力量，推动新时代东北全面振兴、全方位振兴不断取得新突破。

[关 键 词] 东北海陆大通道　东北振兴　经济一体化　实施方略

---

① 本文受中央高校基本科研业务费项目"以东北海陆大通道建设助推东北经济一体化取得新突破研究"（项目编号：N2224003-03）资助。
②③ 作者单位：东北大学马克思主义学院。

作为深入贯彻落实习近平总书记关于东北振兴的重要讲话和指示批示精神的重要举措，加快东北海陆大通道建设有利于增进东北"三省一区"之间的贸易合作，提升东北地区的对外开放力度，推动东北地区进一步融入"一带一路"倡议的战略实践，加速东北经济一体化进程并推动东北振兴取得新突破。当前，深入推进东北海陆大通道建设，要统筹规划、精准切入、持续发力，充分把握新时代赋予东北海陆大通道建设的新机遇和新要求，持续优化东北海陆大通道建设的实施方略。要深入推动"软""硬"联通共同发展，不断增强枢纽港口和交通网络的支撑作用，充分发挥中欧班列对推进东北海陆大通道建设的重要效用，打造体系完整、设施先进、交通便捷、物流高效、贸易繁荣的海陆大通道，为推动东北经济一体化、实现东北地区全面振兴和全方位振兴提供强大动力。

一、推动"软""硬"联通共同发展，为东北海陆大通道建设巩固基础、提供支撑

东北海陆大通道建设亟须在加强"软""硬"联通方面持续发力。要不断加强基础设施建设方面的"硬联通"，提升交通基础设施体系的现代化程度，为东北海陆大通道建设巩固基础、把握方向；不断提升运营方式、规则标准、体制机制等方面的"软联通"，提升规则、制度层面的开放力度，为东北海陆大通道建设提供支撑与动力，从而进一步释放东北地区物流运输的综合优势，推动东北海陆大通道在运输能力、技术水平、服务质量等方面不断取得新飞跃，为加快实现东北振兴增添推动力。

（一）推动基础设施体系现代化，加强"硬联通"

一是增强运输通道建设，提升通道运能运力。不断加强基础设施建设，充分提升对东北地区各口岸的开放力度，增强各口岸的物流运行效率；加强对外开放大通道建设，建立健全综合立体交通运输体系，持续扩大综合交通运输网络；依据国际货运量及货运种

类的变化，结合客户实际需求，大力开发多条贯通国内、通达国外的运输线路，创建具有容量大、效率高、安全性强等特点的骨干通道，不断缩短全程运输时间、提高运送货物总量，进而提升货运收益；引进国内外先进的设施设备，提升东北地区中欧班列基础设施设备水平，扩大集装箱场站整体面积，增强货运物流承载力，整体提升物流体系的现代化水平。

二是加强大型集装箱调度管理中心建设。应积极学习国内外有关集装箱调度管理的先进制度及技术，加大对先进仪器设备的研发及应用，并定期对各类设备进行检测和保养；对到发、装卸、调度等日常工作区的设置要科学合理，以便提高工作质量和效率；完善集装箱调度管理中心的服务体系，提高管理中心的责任意识。由此，推动东北地区集装箱运输能力大幅提高，使东北地区集装箱运输业务更加规范、高效，为构建开放便利、效率极高且富有活力的跨境贸易营商环境提供支持，进而推动东北海陆大通道的建设进程，为东北实现全面振兴、全方位振兴助力。

三是推进物流基础设施设备的整体升级。提高各口岸吊装场地基础设施的现代化程度，提升工作整体运行效率；安排专人定时对设备进行检测，确保各项基础设施设备能够安全稳定运行，并充分提高集装箱的货物存放能力，为货物顺利通关提供充足空间；结合通道运输的实际需求，对监管场所进行科学改造与扩容，提升各港口监管设施设备的覆盖率，并对监管所需的各项设备仪器升级改造，使其现代化、智能化程度不断提升，构建物流监管新体系、新模式。

（二）推动规则标准智慧化，提升"软联通"

一是不断改善运营组织方式，优化物流运行模式，完善集疏运体系。在实际运输过程中，以保证货物质量为前提，增强货物装、运、卸的速度，不断精简、优化通关流程，提升通关的便利化程度，最大限度地减少通关时间，使通道整体运行效率得到最大程度的提高。

二是推动物流开放化、信息化发展。学习国内外先进的管理制度，不断加大制度完善与创新力度，为推进东北海陆大通道发展注入不竭动力；加大对外开放合作力度，加深东北地区与其他国家的贸易往来，与日本、韩国、俄罗斯等国家在产业发展、经济贸易等方面展开深层次、全方位的合作，共建资源共享、优势互补的经济发展方式和发展格局，为各自的发展带来新机遇与新动力。

三是主管部门要提升工作能力、强化问题意识、增强服务意识。各部门要深入了解通道运输的实际状况，及时发现运输过程中存在的漏洞、阻碍及潜在隐患，有针对性地作出调整和改进；各部门要建立体系完整、运行有效的协调与合作机制，针对不同问题及时与运输工作人员、各市口岸管理办公室负责人或货物接收者等进行主动沟通与协调，进而推动物流贸易的健康发展；在运输、调度、报关等方面加强衔接，提升每个窗口的服务质量与速度，进一步提高口岸的过货效率，打造国内乃至国际一流的物流服务体系。

二、增强枢纽港口和交通网络的支撑作用，为东北海陆大通道建设补充能量、提质增效

推进东北海陆大通道建设，亟须充分挖掘并提升区域内港口的优势，推动港口功能实现新突破，充分激发港口的蓬勃活力，加大港口的规模化、智能化、现代化建设力度，并深度扩展港口腹地；要持续加强交通网络建设力度，高效推进干线铁路建设，优化综合立体交通网络布局，推动交通网络向更加智能化、数字化、系统化的方向发展，从而为东北海陆大通道建设增添强劲动力，并为东北振兴赋能提速。

（一）充分挖掘并提升各港口优势

一是提高港口功能，激发港口活力。要依据各个港口水域陆域条件、运输设备、集疏运能力等因素的不同，明确不同港口的各

自优势，找准各港区的功能定位和发展方向，大力促进专业型、智慧型码头建设；深度了解大型进出口货物的集散需求，充分结合产业发展方向，合理调整并持续优化大通道沿线货运枢纽的整体布局，改善货物运输综合基地的基础设施条件，并不断提高大型集装箱的存放、分拨与运输等功能。

二是提升港口建设的规模化、智能化、现代化水平。要加强对东北地区港口的整体建设及发展前景的全面规划与科学调整，加快推进港口公共航道建设进程，提高港区集装箱码头自动化建设力度，大力提升港口的货运吞吐能力和集疏运能力，推动港口的作业效率与服务能力实现大幅提升。吸引日本、韩国及东南亚国家的货物在东北地区各港口进行集聚与转运，为东北海陆大通道充分聚集物流、贸易、产业等资源增添强大吸引力。

三是深度扩展港口腹地，扩大物流辐射范围。在推进东北海陆大通道建设过程中，要以敏锐的战略眼光不断为港口开拓新的战略腹地。要着力增强揽货体系建设，优化异地揽货网络布局，加强东北地区与其他地区的交流合作，在巩固已有货种货源的基础上拓展其他货源市场；深度推进海铁联运建设，制定并完善相关发展规划，建设海铁联运大型示范项目，加强"无水港"基础设施建设并提高其综合服务水平，强化运输组织管理力度，加快物流服务的现代化发展进程，从而进一步推动东北海陆大通道建设。

（二）持续加强交通网络建设力度

一是加快干线铁路建设进程，增强铁路通道综合运输能力。推进干线铁路扩能改造项目的进程，依据实际需要增设多条铁路通道并完善铁路网络整体布局，最大程度地填充东北地区与其他地区之间铁路网的空白；不断提高货物运输速度，使配送总时长得到大幅减少，提高物流整体运行效率。大力推进铁路电气化改造，在降低能源消耗量、减少运输成本、提高运行安全指数的同时，使铁路运输能力得到极大提升。

二是优化综合立体交通网络的整体布局。对干支交通网络的整体布局进行全面考察并科学规划，增强通道内高速公路与普通干线公路的建设力度，为促进沿线货物大量汇集提供现代化、智能化的集疏运服务。加强港口集疏运系统建设力度，不断完善集疏运体系中线路规划、运输方式和服务质量等因素，为港口的现代化发展提供强大支撑，使广大腹地与港口之间的联系更为密切。构建以海港和空港带头，高快速铁路和高速公路为主要运输方式，辅以干线铁路、普通公路与客货枢纽的干支结合、畅通无阻的综合立体交通网络。

三是加强交通网络的智能化、数字化、系统化建设力度。在智能数据的运行下，不断优化运力管理，有效加强不同列车之间的交接互通，充分缓解铁路网络运行不畅、高度拥堵等不良情况，使运营更加流畅、工作更加便捷。加快物流系统信息网络一体化进程，使相关管理部门能够在物流运行的过程中完整地参与运输管理与监督，进而充分提升物流的运行效率，提高客户的满意度。

三、激发中欧班列对项目建设的重要价值，为东北海陆大通道建设增添效益、提供活力

作为推动东北海陆大通道建设的重要抓手，中欧班列运力强、时速快、运行质量高，能够有效优化东北地区的产业发展格局，对于推进东北海陆大通道建设、促进东北地区经济高质量发展具有极高价值。要审时度势、把握时机，充分调动各种积极因素，构建运贸一体、协调有序的发展模式，加强立足东北、面向世界的多式联运体系建设，打造产业品质高端、运营效率高效、运行网络先进、服务态度优质的中欧班列品牌，充分激发东北海陆大通道建设的活力，推动东北地区经济高质量发展。

（一）构建运贸一体、协调有序的发展模式

一是优化班列线路布局，夯实班列发展基础。在稳定当前发

运状况、巩固现有运行优势的基础上，深入挖掘沿线各地潜在的区位优势，结合国际市场的需求变化及货运的实际状况，不断发掘中欧班列的新节点、新线路，充分扩大集装箱场站面积，提高装卸转运及安检设备的总体水平，夯实班列运行基础，不断增强中欧班列网络信息化程度。如此，既能加强对客户需求的精准对接，为客户提供最便捷、最优质的线路选择，又能在班列实际运行的过程中降低我方物流成本、提高运营效率。要对各个线路进行日常化的监管督查，及时了解平台公司的发运需求，在保证安全性、合法性的基础上力求能运尽运。

二是完善运营组织模式，增强整体服务能力。完善一站式运营服务体系，建立健全"专业人士精准对接、信息技术交流共享、工作事项协同办理"的标准化服务流程，充分提升客户的满意度和信任度。深度改善中欧班列的装卸、调度、服务、报价等流程，在中欧班列实际运行时，陆港要与铁路部门提前做好协调，尽可能地减免站场基础服务费用，最大程度地保障市场主体的基本利益，以高度的责任感、使命感与时代感不断增强中欧班列高质量发展势头。

三是拓展产业优势，推动中外贸易蓬勃发展。提高中欧班列元素在东北地区各省产业规划中的占比，打造完备健全、联系紧密且稳定高效的产业链，为贸易流通注入源源不断的生机活力，带动东北地区产业融合发展。要持续加大对外开放和招商引资的力度，营造积极、健康、法治的营商环境，推动中欧班列在对外开放战略和"一带一路"建设中发挥更大的作用。加大中欧班列与海外电商、海外仓等新业态的合作力度，不断延伸相关产业链条，持续扩大市场，使东北地区各类特色产品借助中欧班列的发展更好地"走出去"，充分扩大销量。

（二）完善立足东北、面向世界的多式联运体系

一是全面提升多式联运整体运行效率。汲取全国乃至世界有

关多式联运建设的优秀经验，简化货物进出口通关流程，使货物通关更加便捷高效；在保证安全的前提下，提高交通工具衔接的流畅性和契合度，使物流体系各个环节之间的默契度大幅提升，增强海陆大通道多式联运体系的综合服务质量，实现运载工具智慧化、运载方式现代化、运载流程规范化，着力提高东北地区多式联运能力。

二是大力发展多条国际多式联运通道，全力争取班列计划指标。可充分发挥辽宁位于东北亚核心地带、拥有众多港口与口岸且经济承载力较强等优势，打造以沈阳为枢纽，基于东北，覆盖全国并辐射至日本、韩国、俄罗斯、东南亚等国家及地区的多式联运体系；不断推进东亚至中亚国际商品车多式联运通道的建设，以极高的运输效率、卓越的运输品质、优质的服务态度打造东北海陆大通道班列运输示范工程。

三是不断完善以"海铁公"为主要运输资源的智能联运体系。大力促进海铁、公铁、海铁公等联运体系的完善与发展，推动铁路、港口、航运等企业发挥各自优势，以相互促进、共同发展为宗旨展开多层次的合资合作；加大重要枢纽节点和港口集疏运体系的建设力度，构建充分融入东北亚经济圈的海陆大通道，依托通道建设使商流、资金流和信息流充分汇集于我国东北；建立并完善沿海集装箱转运中心，全面提高冷藏集装箱多式联运技术，建立健全相关专业装备上线应用的体系和制度，鼓励冷藏集装箱等相关装备的推广应用。

以高水平对外开放为抓手
推动东北全面振兴的对策研究①

◎ 赵　球②

[内容提要] 高水平对外开放是东北全面振兴取得新突破的重要抓手，面向东北亚进行扩大开放，是提高东北对外开放水平的现实选择。为提高东北对外开放水平，可以从加强与日韩重点产业合作、依托中蒙俄经济走廊深化同俄罗斯合作、以统筹发展与安全为目标加强产业链供应链合作、以一体化的格局打造东北对外开放新前沿等方面展开突破。

[关 键 词] 东北振兴　对外开放　东北亚　发展与安全

一、高水平对外开放是东北全面振兴的重大机遇

党的二十大报告提出，要"优化区域开放布局，巩固东部沿海地区开放先导地位，提高中西部和东北地区开放水平"。面向东北亚进行扩大开放，打造东北对外开放新前沿，是提高东北对外开放水平的现实选择。在高水平对外开放过程中探索新的经济发展模

───────────────

① 本文受中央高校基本科研业务费项目"RCEP背景下东北扩大对东北亚开放的对策研究"（项目编号：N2224003-04）资助。

② 作者单位：东北大学东北振兴研究中心。

式与动能，是东北全面振兴取得新突破的重要机遇。

东北地区东、北、西三面与朝鲜、俄罗斯、蒙古国相邻，是和韩国、日本进行贸易最便捷、时间最短、贸易方式最灵活的区域。黑龙江省隔黑龙江和乌苏里江与俄罗斯相望，辽、吉两省和朝鲜有 1400 多公里边境线，具有丹东、集安、图们、珲春、绥芬河、抚远等 17 个边境口岸，是我国同俄、日、韩、朝进行贸易往来的前沿地带。东北三省地处东北亚的地理中枢，具有建设面向东北亚开放合作高地的天然责任。打造对外开放新前沿，建设开放合作高地，积极融入"东北亚经济圈"，有希望成为新形势背景下东北全面振兴的重大机遇。

二、东北提高对外开放水平的形势分析

（一）高水平对外开放是东北全面振兴取得新突破的重要抓手

改革开放四十多年来，中国创造了世界瞩目的经济奇迹，对外开放红利是中国经济成功的重要原因。从 2003 年实施东北地区等老工业基地振兴的战略决策以来，东北老工业基地振兴已经取得明显成效和阶段性成果。在此期间，对外开放也扮演了重要角色，使得东北可以借助两个市场、两种资源，以开放促改革、促振兴，努力拓展新空间寻找新动力，打造新的经济增长点。

党的二十大报告提出"推动东北全面振兴取得新突破"。"新突破"需要做的工作有很多，高水平对外开放是其中一项重点。加快提高对外开放水平与区域协调发展，更大规模地引进外资、技术和管理经验，调整和优化产业结构，做到南北贯通、东西促进，内外互动，可有效配置周边市场资源，充分吸纳相连优质要素集聚，迅速抢抓市场先机，其长远影响和推动作用将不可估量。

（二）面向东北亚进行扩大开放，是提高东北对外开放水平的现实选择

东北亚各国是东北地区重要的贸易伙伴，东北地区在与东

北亚国家的合作中具有优势。近年来，东北亚形势出现了有利变化，包括朝鲜半岛局势的缓和、中日韩合作愿望增强，韩国的"新北方政策"、俄罗斯的"欧亚联盟"释放出将经济发展规划与中国"一带一路"倡议对接的积极信号，日本表达出对"一带一路"倡议的积极评价，蒙古国的"草原之路"与"一带一路"倡议在发展方向、建设领域方面均具有很好的衔接性，使区域合作有望取得新的突破，为东北对外开放提供了重大机遇。RCEP的签署为东北亚区域合作提供了有利的外部环境，东北亚区域合作的领域将更加丰富，前景将更加广阔。

从现实情况来看，面对十分复杂的国际形势，东北应更加主动地对外开放，更加积极地参与全球化，在加强东北亚区域合作中赢得东北振兴的新机遇。第一，东北亚各国目前是全球发展潜力较大的区域，近几年在世界经济中保持领先地位；第二，东北亚区域的经济互补性较好；第三，东北亚国家之间的文化认同感较强。

三、推动东北对外开放取得新突破的对策建议

党的二十大报告提出，要"优化区域开放布局，巩固东部沿海地区开放先导地位，提高中西部和东北地区开放水平"。东北应抓住历史机遇，深度融入共建"一带一路"，高水平参与东北亚区域合作，全力打造对外开放新前沿。

（一）深耕日韩，加强与东北亚国家重点产业合作

东北与东北亚尤其是日韩地理位置相邻，经济互补性强，中日韩三国在长期贸易投资合作关系过程中形成了较为完整的产业链供应链，已经形成了事实上的生产网络，而且彼此都是贸易伙伴，贸易依存度非常高，有进一步深化合作的内在需求。而且日本、韩国在东北各大城市都做了大量投资，具有很好的合作基础，加大中日韩的合作力度，有利于拓展我国外部发展空间。

在经济全球化出现逆流的背景下，要维护东北亚区域生产网

络和产业链长期稳定。建议充分利用好 RCEP 相关条款，深耕与日韩合作。东北地区要利用好 RCEP 协定中关于关税减让和贸易投资便利化条款，更要最大化利用原产地区域积累规则和金融服务条款。

建议推动日韩知名汽车制造企业在辽宁沿海地区投资建设新能源整车工厂，设立核心零部件设计、研发、制造等基地。加强与日韩装备制造业研究机构、企业合作，引进先进技术、装备和人才。鼓励日韩人工智能、电子信息等领域的高端技术企业在东北投资，推动智能芯片设计、研发、制造等全领域合作。借助日韩在医药、医疗、医养等方面的产业优势，推动东北三省重点医药企业、医院、高校以及相应产业园区进行深度合作。

（二）大力推动东北与日韩数字经济领域合作

深化东北与日韩的数字经济合作。首先，要探索建立区域性的数据跨境流动示范区，可以在政策上、技术上探索依托现有的电子商务综合示范区做一些示范性工作。其次，要拓宽区域内数字产业的合作，比如日韩的优势产业、信息化服务外包，可以通过依托平台做一些承接性的工作。最后，要围绕打造区域性的数字产业链建立一个常态化机制。一是从技术方面探索组建一些区域内的企业技术联盟，推动数据技术、数据传输标准一体化；二是在语言研发技术上，从语言智能识别、语义翻译方面做一些联合攻关；三是推出数字化合作项目，把东北与日韩之间的数字经济合作推向一个新的阶段。

（三）依托中蒙俄经济走廊深化同蒙古国、俄罗斯合作

国家发改委规划的中蒙俄经济走廊有两条路线。东北通道从东北地区到满洲里，再到俄罗斯和蒙古国；华北通道从京津冀地区到呼和浩特、二连浩特，再到蒙古国和俄罗斯。东北地区可依托中蒙俄经济走廊，积极对接蒙古"草原之路"和俄罗斯"欧亚联盟"战略，引导企业开展基础设施和国际产能合作，深化与蒙古国和俄罗斯的合作。

对俄除边境贸易合作外，建议加强与俄能源、现代农业、金融和军工合作。支持在俄罗斯、在黑龙江投资建设天然气田、有色金属矿山等境外资源基地；密切与俄军工产业和企业的交流合作。同时，将中国及东北在农业科技、育种、农机装备制造等产业的优势，与俄罗斯远东地区有耕地、土地和水资源的优势相结合，深度开展农业合作。哈尔滨市具有开放传统和经济实力，应将其建设成为对俄罗斯开放的新高地。

（四）以统筹发展与安全为目标加强产业链供应链合作

在新冠病毒感染冲击以及地缘政治冲突等各种因素的影响下，各国高度关注产业链、供应链重组问题。中日韩三国在长期的贸易投资合作关系中，已经形成了较为完整的产业链、供应链。建议加强中日韩三国的合作，使得东北亚地区产业链供应链长期安全稳定。东北地区要抓住中日韩产业链、供应链区域化重构的时间窗口，加强与东北亚各国的产业对接。

（五）以一体化的格局打造东北对外开放新前沿

没有一体化的力量，就很难形成区域发展的合力。在面向东北亚的开放中，东北三省应该通过组团开放，通过高水平的区域一体化合作，实现共同发展。以东北经济一体化打破区域市场分割、资源分散配置，着力解决区域经济同质性强互补性弱、产业结构趋同等历史遗留问题，形成东北四省区"一盘棋"参与东北亚经贸合作的新格局。建议以哈长沈大四个副省级城市为依托打造东北亚经济走廊，将这四个城市建设成为东北亚重要的国际性城市。

建议将大连作为东北对外开放的高地，带动辽宁沿海经济带形成对外开放的新前沿。大连区位优势明显，是哈大铁路和沈大高速公路的终端，是中国东北的海陆空交通枢纽，是东北地区面向世界、转身向海的门户。就像长三角的上海一样，大连能够起到引领区域开放发展的作用。随着北极夏季航道的开通，大连不冻港的地理位置和战略意义也进一步提升。

（六）建议国家大力支持东北与东北亚国家开展次区域合作

建议国家在东北开放问题上加以政策支持，鼓励东北地区立足于自身地缘特点，加强与东北亚周边国家的次区域合作，探索对外开放的新形式。在中蒙、中朝、中俄重点边境区域及其口岸进行次区域合作，组建中外合作产业园区。鼓励有条件的城市（如大连、丹东等），按照自由贸易港的方向，探索东北开放的新领域，鼓励高端服务业、生产型服务业的开放试点。

RCEP 背景下东北扩大对外开放的
对策研究[①]

◎ 赵　球[②]　于洪波[③]

[内容提要] 2022 年 1 月 1 日，RCEP 正式生效，标志着亚洲地区的区域合作进入新阶段，为东北地区深度融入东北亚经济圈创造了新的条件。抓住 RCEP 正式生效的机遇，用好 RCEP 相关政策，扩大东北对东北亚的开放水平，在加快东北亚区域合作进程中有利于形成东北振兴新动力。本文梳理了 RCEP 条款和相关政策，分析了 RCEP 框架下东北扩大对东北亚开放的机遇与挑战，提出了东北扩大对外开放的对策建议。

[关 键 词] 东北振兴　对外开放　区域经济合作　东北亚

一、RCEP 国家与中国贸易的特点分析

我国一直是 RCEP 国家重要的贸易伙伴。近 20 年来，我国与

---

① 本文受中央高校基本科研业务费项目"RCEP 背景下东北扩大对东北亚开放的对策研究"（项目编号：N2224003-04）资助。
② 作者单位：东北大学东北振兴研究中心。
③ 作者单位：东北大学马克思主义学院。

日本、韩国、新加坡、印度尼西亚、泰国、马来西亚、菲律宾等RCEP国家的贸易额占这些国家对外贸易总额的比例持续呈上升趋势（见图1—图7），在一些国家的比例已接近四分之一。尤其是2013年以来，RCEP国家占我国进出口总额的比例持续上升，2020年占比高达31.66%，2021年受疫情影响占比略有下降，但也占到30%以上（见图8）。

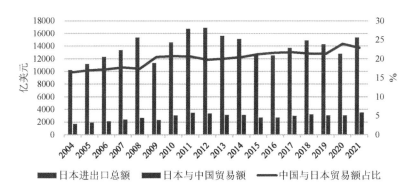

数据来源：日本财务省。

图1 中国在日本的贸易地位

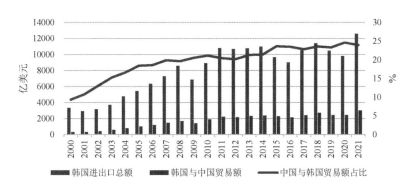

数据来源：韩国央行，韩国国际贸易协会。

图2 中国在韩国的贸易地位

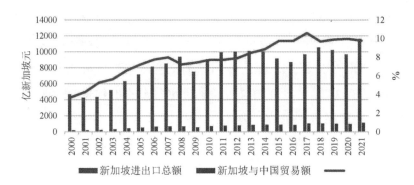

数据来源：新加坡统计局。

图3 中国在新加坡的贸易地位

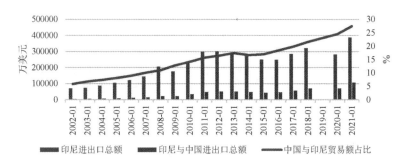

数据来源：印尼统计局。

图4 中国在印度尼西亚的贸易地位

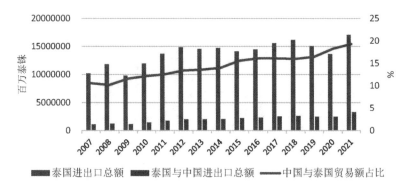

数据来源：泰国海关。

图5 中国在泰国的贸易地位

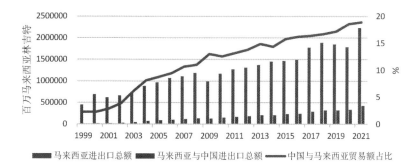

数据来源：马来西亚央行。

图6 中国在马来西亚的贸易地位

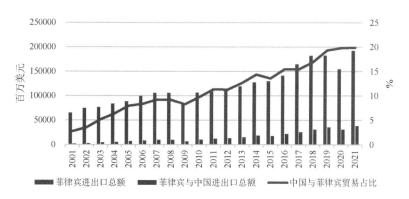

数据来源：菲律宾央行。

图7 中国在菲律宾的贸易地位

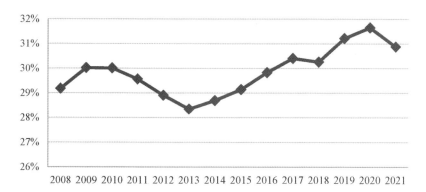

数据来源：国家统计局。

图8 RCEP国家占我国进出口总额的比例

二、RCEP 生效为东北对外开放带来的机遇分析

2022 年 1 月 1 日，全球最大的自由贸易协定即区域全面经济伙伴关系协定（RCEP）正式生效，标志着亚洲地区的区域合作进入新阶段。2022 年 1 月 25 日，商务部等 6 部门联合印发《关于高质量实施〈区域全面经济伙伴关系协定〉（RCEP）的指导意见》（以下简称《指导意见》）。《指导意见》的目标是全面落实协定规定的市场开放承诺和规则，引导地方、产业和企业适应区域市场更加开放的环境、更加充分的竞争，更好把握 RCEP 带来的机遇，促进经济高质量发展。引导鼓励企业以 RCEP 实施为契机，进一步提升贸易和投资发展水平，扩大国际合作，提升质量标准，促进产业升级，增强参与国际市场竞争力。

RCEP 正式生效对处于新一轮开放发展和振兴发展的东北地区带来了难得的机遇，对东北融入全球化时代大潮、开放发展区域大势、高质量发展国内格局带来了重要的推动意义。RCEP 生效使得 RCEP 成员国的合作层级得到全面提升，区域内自由贸易程度大幅度提高，有力地推进成员国之间货物贸易、服务贸易和数字贸易等领域的畅通发展，这将为东北地区深化与日韩合作提供重要的契机。

在货物贸易领域，中国货物贸易已经上升为全球最大的货物贸易国家。东北地区与 RCEP 国家具有良好的合作基础，且产业结构具有互补性，在农业、轻工纺织、农产品和食品、石油及化工产品、汽车、机械设备等行业均具有深度合作的潜力。RCEP 中的原产地累积规则为东北地区更深层次、更大范围上参与区域价值链整合提供了有利契机。

在服务贸易领域，当前阶段东北地区聚焦服务贸易方面的发展将成为新的突破口。RCEP 的生效在一定程度上反映了服务贸易规则重构和自由化的方向，中国与其他成员国之间的经济联系对中国整体，尤其是东北地区，会带来巨大的机遇。深化东北地区与日

本、韩国经贸合作是推动东北振兴发展取得新突破的重要路径。

在数字经济领域，RCEP 背景下，数字经济可以作为东北地区与日韩合作重要的发力点。中日韩数字发展目前面临诸多挑战，如"芯片荒""数据跨境阻碍""电子关税两难"等，这些挑战在下一步中日韩合作当中都需要进行深入考虑。数字经济、数字贸易、电子商务这些领域不受地域范围的限制，东北地区可以利用 RCEP 框架下服务贸易发展的机会，先热身发展数字贸易，再适应加入 CPTPP 更高标准的有关数字贸易规则的要求。

三、RCEP 背景下东北扩大对外开放的对策建议

（一）充分估计"关税减让"与"原产地累计规则"的政策效应

RCEP 生效后，区域内 90% 以上的货物贸易最终将实现零关税，这将大幅降低区域内货物贸易成本和商品价格。对东北而言，降低关税这一最直接的政策将形成东北振兴新动力。以吉林与日本的外贸为例，2020 年吉林省与日本进出口总额达到 130.2 亿元，包括汽车零部件、有机化学品、农副产品、机械设备等应缴纳进口关税为 6.3 亿元。在 RCEP 关税减让条款下，同等货值的进口关税将降低至 1 亿元，不到此前的 16%。

东北地区企业对关税减让和原产地累计规则的需求较大。RCEP 的原产地累计规则使区域内企业可以获得成员国间的优惠关税和更低非关税壁垒的保障，东北企业对此也有较大需求。例如，2022 年，大连海关和沈阳海关累计签发出口 RCEP 原产地证书 2.01 万份，享惠货值达 58 亿元，为辽宁省内企业带来关税减让优惠 4200 余万元。2022 年，大连海关和沈阳海关共验放来自 RCEP 成员国的进口享惠货物 10 亿元，税款减让 2000 余万元。

（二）深耕日韩，用好 RCEP 关税减让与原产地累计规则，打造面向东北亚开放新前沿

RCEP 的生效将更加有利于深化、拓展东北地区与日韩两国间

的经贸合作，RCEP 将成为推动东北地区与日韩两国间经贸关系发展的最佳平台，东北应立足对日韩合作优势，推进对中日韩地方合作新突破。

第一，在东北地区积极布局面向日本的产业链供应链，支持东北企业扩大日本集成电路、半导体、医疗器械等新增"零关税"产品进口。推进中日韩东北亚区域地方城市的联盟合作，瞄准支柱和新型产业，做好精准对接。建议支持东北地区加快研究并出台对与 RCEP 成员国的关税减让互换的统一指南。

第二，针对韩国等已具有自贸安排且关税减让幅度较小的成员国，加快建立区域性原材料采购交易市场与生产设备、中间产品交易大市场。一是要打造系列平台，全面加强经贸合作；二是要创建综合合作示范区，实现打造面向东北亚对外开放新前沿的新突破；三是要对标 RCEP 高标准规则，打造优良的外经贸发展生态圈。

第三，利用关税减让的政策，以"补链延链强链"为导向，支持东北各省分别或者统一编制以面向日韩为重点的 RCEP 招商引资项目库，加快引进一批引领性、标志性大项目，并尽快转化成为实物工作量。

（三）大力推动东北与日韩数字经济领域合作

在 RCEP 框架下，深度推进东北与日韩在 5G、AI、大数据、物联网等数字技术领域的合作与交流。利用好 RCEP 协定中有关数字经济和电子商务条款，推动中小企业创新创业合作。在做好相关准备工作的同时，以东北制造业数字化为重点，推动中日韩尽快签署数字贸易领域的相关协议。首先，要探索建立区域性的数据跨境流动示范区，可以在政策上、技术上探索依托现有的电子商务综合示范区做一些示范性工作。其次，要拓宽区域内数字产业的合作，比如日韩的优势产业、信息化服务外包，可以通过依托辽宁窗口做一些承接性的工作。最后，要围绕打造区域性的数字产业链建立常态化机制。一是从技术方面探索组建一些区域内的企业技术联盟，推动数据技术、数据传输标准一体化；二是在语言研发技术上，从语言智能识别、语义翻译方面做一些联合攻关；三是推出数字化合作项目，把东北跟日韩之间的数字经济合作推向一个新的阶段。

（四）加快推进东北与东北亚旅游、健康等领域合作

东北地区应大力推进与东北亚国家，尤其是日本、韩国在护理养老相关领域合作。第一，利用 RCEP 中对人员流动便利化承诺，引进日本养老护理服务方面的专门人才，可考虑在东北地区构建"养老护理服务高级人才实训基地"，培养养老护理服务高端人才，使其成为东北三省服务贸易新增长点。

第二，利用养老护理器具、医疗器械等产品的优惠关税税率，扩大相关产品的贸易。东北三省可利用装备制造业优势，通过加工贸易，扩大相关产品出口，提高东北企业国际竞争力。日韩在养老护理、医疗领域掌握全球先进技术，东北地区可扩大对此类产品的进口投入使用以带动提高医疗及养老护理水平。

此外，可以借鉴 APEC 商务旅行卡的成熟模式，设立中日韩岛屿旅游卡发展计划，在人员免签、免税购物、景点设计等方面实现更大便利。与日韩合作在东北地区建立动漫游戏、影视文学等多个主题的跨境产业园，合作开展文化娱乐产品的研发、设计、推广等。在东北地区，如长白山等地，建立中日大健康产业联盟，合力发展智慧医疗健康产业。以东北为重要试点区域，积极促进中国与日本医疗健康服务标准、监管规则的对接，提升我国医疗健康产业发展质量。

（五）用好用活东北地区各类经贸合作平台，加快推进制度型开放

第一，大连建设自由贸易港是打造面向东北亚对外开放新前沿、履行"五大安全"历史使命和实现东北振兴发展的需要。建议

大连充分发挥自贸试验区先行先试的优势，以加快推进政府职能转变，为自由贸易港建设提供体制机制支持；全面推进贸易便利化、自由化，以此推动国际贸易转型升级，为大连自由贸易港建设提供物质支持；进一步推动投资便利化、自由化，为大连自由贸易港建设提供资本支持；进一步放宽自然人移动的自由，为大连自由贸易港建设提供人才支持。

第二，支持和鼓励东北地区积极申建中日韩地方经贸合作示范区。创新示范区的开放政策、运营管理模式、体制机制等；以示范区为平台有效吸引日韩企业投资，培育先进制造业企业和现代服务业企业；在示范区举办日韩消费品进口博览会，扩大日韩日用消费品、医养健康、养老护理、美容服装等优质消费品进口。

第三，支持设立中国（吉林）自贸试验区，形成东北自由贸易试验区完整格局。加快辽宁、黑龙江自贸试验区新一轮改革试验，加强东北亚区域开放合作方式创新，激发东北亚区域开放合作的内生动力。

第四，在 RCEP 框架下，加快东北地区相关法律和机制环境建设，保障外商投资的合法权益，推动东北地区利用外资高质量发展。借鉴 RCEP 投资负面清单，制定单独的东北自贸试验区外商投资准入负面清单，为外国投资者在东北地区投资创造更加稳定、开放、透明和便利的投资环境。用好 RCEP 政策，以日韩为重点对 RCEP 成员国进行全链条、集群式精准招商，推动产业集聚与结构升级。

数字经济篇

东北振兴理论与政策研究

数字经济时代实现辽宁软件
发展新突破的路径分析

◎ 孟继民[①] 李 倩[②] 闫 莉[③]

[内容提要] 全球进入了数字化时代，数字经济已成为世界各国推动经济发展质量变革、效率变革、动力变革的重要驱动力。我国也将发展数字经济作为拓展经济发展新空间和构筑国家发展新优势的重大举措。辽宁正在全面建设"数字辽宁、智造强省"，大力发展数字经济，持续推动数字产业化、产业数字化、治理数字化、数据资产化，加快智慧工业、智慧服务业、智慧农业建设步伐，打造数字政府、数字城市、数字乡村、数字社会，推动辽宁"数字蝶变"，为辽宁软件产业发展提供更多新机遇，带动辽宁应用软件、工业软件、基础软件的升级和推广，使数字经济成为拉动全省软件产业发展取得新突破的有效途径。

[关 键 词] 数字经济 辽宁软件 核心产业 新突破

---

① 作者单位：中国东北振兴研究院。
② 作者单位：辽宁省先进装备制造业基地建设工程中心。
③ 作者单位：东北大学东北振兴研究中心。

近代以来，人类历史相继经历了三次大的技术革命，推动人类社会相继进入"蒸汽时代""电气时代""信息时代""数字时代"，由此带来全球经济的飞跃性发展及世界格局的重塑。发展数字经济是把握新一轮科技革命和产业变革新机遇的战略选择，是党中央、国务院的战略部署。习近平总书记强调，数字经济发展速度之快、辐射范围之广、影响程度之深前所未有，正在成为重组全球要素资源、重塑全球经济结构、改变全球竞争格局的关键力量。要站在统筹中华民族伟大复兴战略全局和世界百年未有之大变局的高度，不断做强做优做大我国数字经济。

数字经济健康发展，有利于推动构建新发展格局，有利于完善现代经济体系，有利于推动构筑国家竞争新优势，已成为拉动经济增长的重要引擎和产业升级的重大突破口。我国已经把发展数字经济上升为国家战略。2017 年 3 月，国务院政府工作报告首次提及数字经济，表明数字经济得到政府的关注。2020 年 10 月，党的十九届五中全会提出，发展数字经济，推进数字产业化和产业数字化，推动数字经济和实体经济深度融合，打造具有国际竞争力的数字产业集群。2021 年 3 月 12 日，《中华人民共和国国民经济和社会发展第十四个五年规划和 2035 年远景目标纲要》发布，在社会发展主要目标中，"数字经济核心产业增加值占 GDP 比重"首次成为体现创新驱动的指标。到 2025 年，数字经济核心产业增加值占 GDP 比重将达到 10%，成为国民经济的支柱产业。

当前，随着新一代信息技术的创新发展，软件已经成为信息技术之魂、网络安全之盾、经济转型之擎、数字社会之基，也是数字经济发展的核心。国务院印发的《"十四五"数字经济发展规划》将软件和信息技术服务业规模增长定为"十四五"期间数字经济发展的主要指标。数字经济作为人类发展过程中的新经济模式，渗透到社会经济的各个领域，为软件产业提供了广阔的发展空间，构建了产业发展的新生态，加速了传统产业转型升级，助力软件产业在新兴技术与传统产业的融合中找到新增长点。

一、顺应时代发展趋势，加快融入数字时代

当今时代，数字技术、数字经济是世界科技革命和产业变革的产物，是全球化时代国际竞争重点领域，是未来发展的制高点。数字化转型促使人类社会发生着空前的重大变化，对世界经济、政治格局和科技发展产生深远影响。因此，迎接数字时代，激活数据要素潜能，推进数字强国建设，为辽宁加快建设数字经济、数字社会、数字政府，创造了有利条件。

数字化时代是推动数字经济发展的关键时期。人类社会进入数字化时代，便进入了发展的关键时期，数字经济成为主导的经济形态。数字经济的独特之处在于它是以新一代信息技术为基础，以大数据开发和应用为核心，将数据资源作为生产资料，融入产业创新和升级的各个环节。信息技术与经济社会的交汇融合，特别是物联网产业的发展，引发数据迅猛增长，大数据已成为社会基础性战略资源，蕴藏着巨大潜力和能量。数据资源与产业的交汇融合，促使社会生产力发生新的飞跃。目前，全省已经建成行业数据中心134个，并形成了一批以大连软件园、沈阳国际软件园等为代表的特色信息产业园区，积极打造软件和信息服务业产业集群，带动辽沈地区创新数字经济产业发展。

数字化时代的人工智能成为重要的发展领域。近年来，由于新一代信息技术的助推，人工智能作为当前数字技术发展的最前沿领域，且有望为数字经济的发展带来新的技术红利，成为全球经济增长的新引擎。当前，世界主要国家已经开始主动布局人工智能，积极推动人工智能及相关前沿技术的研究，深入发掘人工智能的应用场景，引导人工智能在经济和社会中的发展。我国也于2017年7月印发了《新一代人工智能发展规划》，标志着人工智能正式上升为国家发展战略。且随着人工智能相关技术和产业领域的

长足进步，其影响力逐步从专业领域扩散到了大众化领域，使得其驱动数字经济发展的能力日益明显。

辽宁在人工智能领域的发展取得了一定突破，一批高校院所在机器人学、控制科学与工程、知识科学与工程、自然语言处理、智能导航等方向坚持开展前瞻性基础研究工作，建设了一批国家级和省级研发平台，具备了较强的科研力量和人才培养能力；一批重点骨干企业在大数据与云计算、知识图谱、计算机视觉、机器翻译、数据挖掘、智能机器人、数字化车间等方向取得了系列突破，并在智能制造、智能交通、智慧城市、医疗健康、知识服务等领域开展了应用，获得了广泛关注与认可。

数字化时代的产业组织呈现平台化特征。平台作为价值创造和价值汇聚的核心，成为协调和配置资源的基本经济组织。辽宁省商贸、生活、交通、工业等垂直细分领域平台企业发展迅猛，先后形成"再生资源产业数字化平台""民爆行业工业互联网平台""食品全产业链质控溯源智慧平台"等专耕细分行业的平台，促进了细分行业的发展。同时，东软集团等传统IT巨头向平台转型，应用既有资源和技术优势，打造"互联网安全威胁情报与主动防御平台""辽宁省输配电工业互联网平台"等服务行业的平台，构建更为互联、智能的生态系统。另一方面，辽宁省传统制造企业也开启平台化转型，先后建成工业互联网平台33个，为客户提供精准的大数据分析、预测、运营支持及商业模式创新服务。

二、大力发展数字经济，推动辽宁全面转型升级

通常情况下，数字经济可以被理解为一种以数据资源为关键生产要素的新经济形态，其以现代信息网络作为重要载体，融合应用信息通信技术，推动全要素数字化转型，促进公平与效率更加统一，提升经济的竞争能力。通过推进数字产业化、产业数字化、治理数字化、数据资产化，赋能政府、城市、社会、经济转型升

级，助力东北特别是辽宁振兴发展实现新突破。

一是推动数字产业化，促进数字经济核心产业的发展。面对全球数字化时代，把握数字技术发展趋势，大力发展软件产业、做强集成电路产业、发展人工智能产业、做大新兴数字产业，形成多点支撑、多业并举、多元发展的新格局。辽宁软件产业依托大连软件园、沈阳国际软件园等形成的软件产业集群，重点推进基础软件、新型工业软件、新型应用软件、网络安全软件的研发与应用，促进软件产业高质量发展。完善集成电路产业链，实现"强链、补链"，增强集成电路装备及关键零部件配套能力，积极发展集成电路材料特色产业，扶持集成电路设计业，实现集成电路产业重点突破、整体提升。人工智能产业推进机器学习、人工神经网络、自然语言理解、智能控制与决策等关键技术研发和产业化，加快研发智能终端的核心零部件、产品、设备，推进人工智能产品在装备、电子、轻工、建材等领域应用示范。新兴数字产业围绕物联网、新一代信息网络通信、区块链等新兴产业，加强分类培育引导，推动发展一批融合性创新成果和行业解决方案。

二是推动产业数字化，加快传统产业的转型升级。加快辽宁数字经济基础设施建设，利用数字技术对传统工业、农业、服务业进行数字化、网络化、智能化改造升级。加强重点城市重点产业应用示范，培育开放合作的数字经济生态系统，为数字经济发展奠定坚实的基础。扩大省内数字经济领域开放，吸引国内、国外优质项目落地，加快实现辽宁省数字经济国内国际"双循环"发展格局。加快工业数字化转型，优化工业互联网、产业互联网布局，促进企业"上云用数赋智"。实施制造装备、生产线、车间、工厂的智能化改造和产品智能化升级，建设一批智能工厂、智能车间和智能生产线，拓展智慧化生产、网络化协同、大规模定制、服务化延伸等创新应用场景，促进辽宁工业提质增效。加快农业数字化转型，以乡村振兴为契机，以数字化赋能辽宁农业现代化，建设智慧农业云、农产品质量安全追溯、农产品电商等平台，提升农业农村数字化、网络化、智能化水平。加快服务业数字化转型，促进生产性和生活性服务业升级，提高服务效率、质量和竞争力，引导和支持研发设计、科技金融、文化旅游的数字化，发展电商及主播经济，发展现代服务业。

三是推动治理数字化，加速智慧辽宁建设进程。加快建设智慧高效的数字政府、数字城市、数字社会，用数字化治理倒逼政务改革，加快推进政务流程再造、业务协同，实施"一网通办""一网统管""一网协同"，促进政府管理服务标准化、规范化、透明化，实现政府治理体系和治理能力现代化。建设智慧便民的数字社会，推进公共服务能力提升，加快新型智慧城市和数字乡村建设，提高数字社会治理水平。发展智慧化公共服务，推动教育、医疗、文旅等各类社会场景数字化，打造智慧共享、共治的新型服务。建设新型智慧城市，构建城市大脑，以提升居民幸福感为根本目标，全面提升城市综合"智慧"水平。建设数字乡村，夯实乡村数字化基础，繁荣乡村网络文化，加快推进农村现代化建设。

四是推动数据资产化，加快数字辽宁建设步伐。数据作为资产已成为数字经济的重要生产要素。充分发挥海量数据和场景优势，推进数据资源化、资产化、资本化进程，充分释放数据要素倍增效应，强化数据应用创新与价值实现。统筹布局新型基础设施建设，完善数字基础支持体系，有序推进基础设施数字化改造，加强5G基站、大数据中心、公共平台建设，增强"星火·链网"服务能力。推进数据资产确权，优化数据资源配置，促进数字生态发展，以数字化转型驱动生产方式、生活方式变革，为数字辽宁和智慧辽宁建设提供强有力支撑。

大数据已经成为生产资料，云计算已经成为生产力，互联网正在塑造新型生产关系。因此，实体经济数字化转型是大势所趋。近年来，辽宁大力发展数字经济，加速推进数字化转型，并取得了一定成效。一是数字经济加速向传统产业渗透，O2O、分享经济等新模式、新业态持续涌现。2020 年，全省实现网上零售总额 1426.4 亿元，沈阳、大连、葫芦岛 3 个市成为国家级电子商务示范城市，大连、沈阳、抚顺、营口、盘锦 5 个市获批国家级跨境电子商务综合试验区，位居全国前列。二是传统产业数字化、网络化、智能化转型步伐加快，推动新旧动能接续转换，6 个工业互联网标识解析二级节点上线运行，规模以上工业企业数字化研发工具普及率和关键工序数控化率分别达到 75% 和 51.8%，上云企业已突破 5 万家，2021 年，辽宁省工业增加值增长 1.8%。三是政府和城市治理数字化卓有成效，辽宁已先后建成全省一体化在线政务服务、治安综合业务应用、互联网＋监管等政务平台，"一网通办"实办率达到 46.7%。居民已经形成互联网生活方式，实物商品网上零售额增长率达 18.1%。

三、带动辽宁软件产业发展，扩大数字经济核心产业规模

软件产业是数字经济时代驱动发展的基础性、先导性产业，具有创新活跃、引领带动作用强的特点。近年来，辽宁大力发展数字经济，催生软件产业发展新业态，带动产业创新发展，产业规模不断扩大。2020 年，实现软件产业营业收入 1857 亿元，规模以上企业 1757 家，从业人员 22 万人。产业创新能力持续提升，拥有国家级工程研究中心、重点实验室、企业技术中心共 73 个，企业平均研发经费支出占营业收入达到 5% 以上。产业竞争力逐步增强，软件外包全国领先，沈阳、大连被列入全国 31 个服务外包示范城市，软件出口前三名企业均出自辽宁。

"十四五"期间，辽宁要紧随数字发展大势，不断壮大数字经济核心产业，提升软件产业发展能级。不断优化产业布局，打造一批特色鲜明的产业集聚区，培育一批具有国际竞争力的企业。持续提升产业创新能力，突破一批关键核心技术，形成一批具有自主

知识产权的标志性产品。充分发挥"软件赋能"作用，运用新一代信息技术，带动传统产业转型升级。支持沈阳、大连创建软件名城，积极发展区域特色产业，构筑"双城引领，多点突破"的产业发展格局。

一是发展新型工业软件，促进制造业转型升级跃上新台阶。积极推动工业软件产品的自主研发及应用，重点发展工业互联网，打造自主可控的工业软件生态。提升工业软件产品供给能力，重点支持基于新一代信息技术的研发设计、经营管理、生产控制以及嵌入式等工业软件产品的研发。加快推进工业技术软件化，建立工业通用的基础算法库、数据库和标准零部件库等通用基础资源平台，助力工业技术、工艺经验、制造方法等知识显性化、数据化和工具化。聚焦工业大数据的采集、整理、分析、应用，围绕数据存储、分析、可视化工具等开发相应的软件产品。推动工业软件国产化应用，围绕装备、石化、冶金等重点行业推进研发设计协同、工业大数据分析等场景应用示范。

二是发展新兴应用软件，为软件产业发展注入新活力。加快培育云计算、大数据、5G、工业互联网等领域具有国际竞争力的软件技术和产品。面向交通、医疗、金融等重点行业领域需求，加快车联网、北斗导航、智慧医疗等应用软件技术研发。积极争取国家大数据产业发展应用试点，建设辐射东北的大数据中心，加大行业信息数据深度挖掘和利用，提升数据治理能力。加快构建自主软件生态，逐步扩大新兴软件在重点行业领域的规模化应用示范。巩固软件外包业务优势地位，重点发展以研发服务、工程技术等为代表的高端生产性服务外包业务，打造软件高价值外包名片。

三是发展信息技术应用创新，推动软件产业进入新赛道。推动软硬件企业、科研院所、专业服务机构等共同参与建立适配服务体系，开展软件、硬件、应用和服务的一体化适配。推动软件企业建立产品全生命周期质量保障体系，开展信息技术应用创新软件的测试，促进技术创新和产品迭代。持续推进自主研发的信创产品市场化应用，鼓励在工业、通信、交通等重点行业领域开展应用试点示范并逐步推广。加大网络安全软件研发力度，重点发展态势感知、数据加密等网络安全新技术，在数据安全、可信计算、工控安全等领域形成一批自主可控的软件产品和解决方案。培育信创产业园区、基地，推动产业集聚。

四是提升软件公共服务能力，营造软件产业发展新生态。持续做大做强沈阳国际软件园、大连软件园等产业园区和孵化器，发挥其集聚、培育和带动作用，使其成为产业、技术和人才聚集的有效载体。面向软件产业共性需求，打造各具特色的公共服务平台，为产业提供软件测试、认证评估、人才培养等公共技术服务。充分发挥行业协会、产业联盟等行业组织的服务支撑和桥梁纽带作用，促进产业协同创新发展。支持重点高校、科研院所、行业领军企业等参与或主导国际、国内及行业标准制修订，推进国际、国内先进标准的行业应用，以标准引领产业高质量发展。加强软件知识产权和品牌培育，促进企业形成专利、软件著作权等知识产权，开展价值评估并促进成果转化，强化知识产权创造、保护、协同与运用。

综上，数字经济已成为构建现代化经济体系、促进经济转型升级最具基础性和革命性的力量，对推动高质量发展具有战略意义。为了"十四五"能够开好局、起好步，辽宁省委省政府加快"数字辽宁、智造强省"建设，突出数字引领，强化产业融合，掀起数字经济发展新高潮。新使命呼唤新作为，辽宁需要用数字力量打通"双循环"的"任督二脉"，加速"数字蝶变"进程。软件产业作为国家战略性、基础性和先导性支柱产业，更应紧紧抓住这一千载难逢的历史机遇，稳步迈入量增质优的新阶段，走出具有辽宁特色的数字化之路，以全新姿态奔向数字经济时代，在数字大潮中彰显辽宁"新力量"。

以制度创新促进人力资本与
民营企业互动，助力产业数字化转型[①]

◎ 郁培丽[②]　王臻佳[③]　黄训江[④]

[**内容提要**] 实现产业数字化转型，人力资本与中小民营企业创新互动十分关键，亟待以制度创新进行推动。本文以产业创新生态系统价值引领与多主体互动为理论基础，分析东北地区中小民营企业发展形成的技术需求，因缺少先进知识与技能型人力资本积极的供给响应所引发的问题，从人力资本与民营企业创新价值协同、创新主体互动以及主体间数据互动等方面，提出了制度创新方向及政策着力点。

[**关 键 词**] 制度创新　人力资本　民营经济　创新生态　产业数字化

数字经济发展日益深化，新技术、新产业、新业态、新模式层出不穷，产业信息化、智能化、数字化转型升级趋势增强，对先进知识与技术型人才需求进一步加大，与此同时，企业，特别是中

---

① 本文受 2017 年度中央高校基本科研业务费项目"东北地区创新创业与民营经济振兴举措研究"（项目编号：N162410003-5）资助。
②③④ 作者单位：东北大学工商管理学院。

小民营企业面临人才饥渴问题十分突出，尤其在应对数字化转型的先进知识与技能型人才短缺方面问题十分突出，是中小民营企业呼声最高的问题，是制约中小民营企业发展最大的瓶颈。因此，制度环境成为各地区人才竞争焦点，建设高质量制度环境吸引人才，促进产业数字化转型升级，成为东北老工业基地全面振兴、全方位振兴的关键。

一、制度创新促进人力资本与民营企业创新价值协同

数字技术催生产业创新生态系统，产业核心焦点企业、上游供应商、下游互补企业、高校以及科研院所等主体，在共同的创新价值引领下，创新互动、能力互补、资源共享，形成产业价值共创网络。当区域内企业创新价值取向与高校及科研院所等公共研发组织的创新价值主张存在差异时，严重影响区域产业生态创新成效，甚至影响产业创新生态系统的生成。针对辽宁西部锦州、盘锦、朝阳、阜新、葫芦岛等城市的企业转型升级技术需求调查显示，在被调查的 121 户企业中，传统装备制造业占 38%、轻工占18%、冶金占 16%、石化占 16%、建材占 3%、医药占 3%、电子占 6%，绝大多数为传统产业。这些企业，特别是中小民营企业，对产业成熟技术数字化转型、现场生产体系技术改造、产品工艺技术改进以及产品设计技术提高等方面有较强的、急迫的技术需求。然而，由于企业内部创新能力薄弱，且缺乏与产业生态其他主体间创新互动，这些技术需求长期得不到创新供给响应。地区内的高校及科研院所专业创新队伍每年虽完成可观的科研项目，但在响应中小民营企业技术需求方面缺少实际行动，由此形成了地区产业创新生态系统主体间的创新价值取向错位，中小民营企业获得与先进知识和技能型人才合作的机会十分有限。

以东北地区民营化程度最高、民营经济最活跃的城市营口为例。2021 年，民营经济占比历史性突破 81%，民营经济成为营口

经济的最大特色和优势。"十四五"时期，营口市将建设成为辽宁省民营经济标杆城市，争创国家民营经济示范城市，实现民营高新技术企业和科技型中小企业数量双倍增长，非公经济占地区生产总值比重力争达到85%。在2021年8月开展的营口市民营企业创新发展专项调研中，走访了30余户中小民营企业，反映最为强烈的问题是企业亟待数字化转型，而数字化技术创新合作无门，与高校、科研院所难以建立创新合作关系。产业生态不同主体的创新价值取向缺乏协同，导致东北区域难以形成多主体协同发展的产业创新生态系统，极大影响了产业集群化、规模化、高质量发展，中小民营企业发展缺乏必要的产业创新生态制度环境支撑。

发挥东北地区高校及科研院所科技资源存量优势，盘活地区人力资本，积极探索制度创新，加大制度供给。首先，进一步认清中小民营企业创新创业发展是东北老工业基地全面振兴、全方位振兴的重要市场主体，是东北地区数字经济发展战略的生力军，在事关促进人力资本服务中小民营企业创新创业发展制度创新中进一步解放思想。其次，建设中小民营企业科技服务平台，链接中小民营企业科技服务需求与科研机构科技服务供给，同时对各地"科技大市场"中小民营企业科技服务给予专项补贴。再次，借鉴挂职科技副县长、驻村扶贫工作队、机关事业单位派驻村党支部书记等制度创新经验，探索科技人员对接产业链、产业园区、产业集群，开展中小民营企业科技服务新模式。最后，认清数字经济范式下，中小民营企业创新创业代表地区未来产业升级方向的新特点，"专精特新"民营企业依据环境变化对产品进行与时俱进改进，在核心业务基础上进行相邻业务领域拓展，并且加速国际化。其发展决定地区产业创新生态市场竞争地位，并且引领地区产业创新生态系统创新方向，有必要出台组合政策，实施专业科技人员服务中小民营企业创新发展专项行动，更大程度上认可专业科技人员服务中小民营企业的服务价值、服务成果、服务行动，在对专业科技人员工作业绩考核、创新成果评价、职级晋升评聘等工作中，认可并鼓励专业科技人员面向中小民营企业开展科技服务，促进地区人力资本与中小民营企业创新价值协同。

二、制度创新促进人才资本与中小民营企业主体互动

东北地区工业化基础与工业化程度较高，产业创新生态系统中的高校、科研院所、研发机构等公共研发组织的创新支撑能力较强，是东北地区先进知识与技能型人才重要汇聚平台。先进知识与技能型人力资本对中小民营企业数字经济知识吸收效率的提高十分关键，对数字技术应用及其匹配市场需求程度作用突出。然而，东北地区人力资本与区域经济发展匹配度水平偏低，辽宁 0.611、吉林 0.690、黑龙江 0.725，均低于国内领先地区北京 0.894 的水平，激发数字经济先进知识与技能型人才创新活力，提高地区人力资本在区域经济发展中的更大作用十分紧迫。建设区域高质量制度环境，打造先进知识与技能型人才服务中小企业民营企业互动平台，挖掘地区内几百家科技服务机构以及大中型企业人力资本潜力，以政府提供中小企业科技服务资金担保为牵动，调动科技人员服务中小企业的积极性。

一方面，科技人才大多聚集于大型国有企业或体制内的高校、科研机构等组织，另一方面，东北地区产业创新生态系统重要创新主体的中小民营企业与这些科技人才缺乏互动。如何鼓励体制内科技人员每年为中小民营企业工作一定时长、帮助中小民营企业解决一定技术难题、取得一定技术成果等，是东北地区制度创新的重要方向。设立地区科技人才中小企业科技服务奖励基金，出台科技人才与中小企业合作创新补贴政策，加大科技人才与中小民营企业合作创新成果保护，促进科技人才与中小民营企业创新互动，是区域制度环境发挥重要调节作用，消除科技人才隶属关系与中小民营企业人才需求错配的现实途径。

东北地区市场经济成熟度提升潜力较大，创新创业制度质量提升有赖于数字经济深化发展，特别是经济制度、法律制度、竞争制度等方面，中小民营企业数字化转型需求为制度创新提供重要指向。中小民营企业数字化转型，严重依赖数字化产品设计、数字化资源配置算法建模、数字化运行系统开发等技术，这些数字化新型技术服务明显不受地理限制，为体制内科技人员服务中小民营企业创造了有利条件。鼓励科技人员数字化技术创新创业，提供初始创业资本金补助，提供停薪留职创业过渡期基本生活费制度安排，提供社保医保等人事隶属关系及待遇长期保留制度安排，提供中小民营企业数字技术服务购买专项补贴等，营造日益优化的地区创新创业制度环境。

三、制度创新促进人力资本与中小民营企业数据互动

伴随产业数字化转型持续深化，制造、金融、贸易、医疗等众多产业的头部企业突破原有的企业内部优化、自我提升的局限性，转向全局优化、产业赋能、协同创新的数字化战略，协同云厂商、专业咨询服务机构、软件服务商和系统集成商等，形成面向垂直领域的产业云平台、产业一体化供应链平台、工业互联网平台、产业大数据中心等。为此，我国"十四五"时期重点推进"上云用数赋智"行动，助力数据赋能全产业链协同转型，这一进程为东北中小民营企业链接产业生态实现数字化转型提供重大机遇与挑战。

长期以来，东北地区产业创新投入不足，以辽宁为例，"十三五"时期，全省 R&D 投入强度一直维持在 1.55% 左右，低于全国平均水平近 0.5 个百分点。进入"十四五"时期，东北市场主体数量显著增长，至 2022 年一季度，辽宁省市场主体总量突破450 万，吉林和黑龙江省市场主体总量均突破 300 万，其中绝大部分是中小民营企业。在实施"上云用数赋智"行动中，通过政府购

买服务、专项补助等方式，激励产业链头部企业数据平台面向产业链中小民营企业提供优惠服务，推进供应链要素数据化、数据要素供应链化，借助产业链头部企业人力资本优势，促进中小民营企业参与产业链数据协同。

东北区域中小民营企业创新创业发展，对数字产品和服务形成强劲需求。国内外数据云服务提供商阿里巴巴、华为、腾讯、浪潮、西门子、微软等，纷纷布局东北市场，发挥其网络、计算和存储以及 IT 架构优势，与本地企业合作开发产业特定场景数据系统，将加速东北本地企业将数据资源从本地部署向云和混合数据中心的转移。区域内中小民营企业作为产业创新生态系统主体，明确数字化创新战略，增强产业链数字化参与度、嵌入度以及互补度，实现中小民营企业与产业链头部企业数据互动、与产业生态利益相关者数据互动、产业数据服务提供商数据互动。地方政府加快产业数字化共性和关键技术突破，完善数字基础设施，征集并挑选出具备雄厚技术基础、创新能力的企业，实施数字孪生专项创新计划，并普惠服务中小民营企业；协助数据服务提供商免费提供数字化基础业务服务，在增值服务中按使用效果合理收取租金以补偿基础业务投入；加大对数字化转型共性技术与关键技术开发平台、开源社区、共性解决方案、基础软硬件等支持力度，鼓励相关代码、标准、平台开源发展等，是新时期东北地区制度创新的重要着力点。

与此同时，以分布式计算系统为基础，大规模预训练模型在众多人工智能（AI）任务中展现出前所未有的性能水平，结合东北丰富产业应用场景，数据量将飞速增长，数据头部企业 AI 大模型成为规模化产业创新基础。以此为基础，面向差异化、个性化需求，借助本地众多中小民营企业，开拓区域终端 AI 模型应用市场，赋能传统产业数字化、智能化转型，在东北地区法律、医疗、教育等领域不断拓展应用，将极大促进东北地区法律制度创新、经济制度创新、市场制度创新。

数字化转型促进
辽宁省制造业产品质量提升①

◎ 郁培丽②　陈桂云③　王臻佳④

[内容提要] 2021 年 4 月 1 日，由东北大学、中国（海南）改革发展研究院主办，中国东北振兴研究院承办的"'十四五'：推动东北振兴取得新突破"专家座谈会在东北大学举行。根据现场速记，将与会专家学者发言的主要观点整理如下，以飨读者。

[关 键 词] 十四五　东北振兴　改革工作　对外开放　区域格局

数字技术颠覆全球产业链，新冠疫情加快全球产业链重塑，中国适时进行供给侧结构性改革与需求侧改革，明确我国产业"双循环"新发展格局，继《质量振兴纲要（1996—2010 年）》《质量发展纲要（2011—2020 年）》编制《质量强国建设纲要（2021—2030）》。党的十九大明确提出实施质量强国战略，《中共中央　国务院关于开展质量提升行动的指导意见》发布，特别是党的十九届

---

① 本文受 2017 年度中央高校基本科研业务费项目"东北地区创新创业与民营经济振兴举措研究"（项目编号：N162410003-5）资助。
② ③ ④ 作者单位：东北大学工商管理学院。

三中全会通过《中共中央关于制定国民经济和社会发展第十四个五年规划和二〇三五年远景目标的建议》明确提出，"十四五"时期经济社会发展要以推动高质量发展为主题，强调以提高发展质量和效益为中心，将质量强国战略放在更加突出的位置，开展质量提升行动，加强全面质量监管，全面提升质量水平，加快培育国际竞争新优势，为实现"两个一百年"奋斗目标奠定质量基础。利用数字技术新一轮科技革命机会窗口，开展质量提升行动，建设质量强省，加快产业技术追赶，促进辽宁省"经济结构变迁"。在此背景下，辽宁省"十四五"时期全力打造数字辽宁，助力产业数字化转型升级，促进制造业产品质量提升。

近年来，辽宁严守质量安全阵地，构筑坚实稳定的质量支撑体系，近三年制造业产品质量合格率保持在96%以上，分别超出全国平均水平3.85、3.59及2.23个百分点，产品质量保持高位运行的良好态势。在实施"双循环"新发展格局以及建设全国统一大市场新形势下，进一步提升制造业产品质量，放大辽宁省制造业优势，仍面临严峻挑战。根据《辽宁省制造业产品质量合格率统计调查分析报告（2019）》，2019年，辽宁省产品质量合格率测算值为96.09%，较2018年的97.52%下降1.43个百分点。2019年，辽宁省抽查了38种1544批次工业生产资料产品，抽查合格率为92.9%，较2018年降低了4.8个百分点。2019年度辽宁省制造业竞争力指数为86.13，较2018年度提升0.16个百分点，较全国平均水平（84.75）高出1.38个百分点。2019年辽宁省长质量奖评选出金奖获奖企业3家，银奖获奖企业7家，全部为制造业企业。其中民营企业占比30%，传统制造业占比90%，仅1家企业是新兴数字科技企业，见表1。

总体上看，辽宁制造业产品质量竞争力处于中等水平，以数字化转型促进制造业产品质量提升潜力较大，以制造业产品质量提升助推制造业创新能力实现大的飞跃是辽宁省质量强省战略重点。

表1 2019年辽宁"省长质量奖"获奖名单一览表

级别	序号	企业名称	所属地区
金奖	1	大连华锐重工集团股份有限公司	大连
	2	国网辽宁电力有限公司	沈阳
	3	本钢板材股份有限公司	本溪
银奖	4	北方华锦化学工业集团有限公司	盘锦
	5	东北制药集团股份有限公司	沈阳
	6	大杨集团有限责任公司	大连
	7	辽宁禾丰牧业股份有限公司	沈阳
	8	中国第一重型机械集团大连加氢反应器制造有限公司	大连
	9	辽宁红沿河核电有限公司	大连
	10	辽宁中蓝电子科技有限公司	盘锦

一、数字化转型催生产业质量创新

辽宁质量强省战略实施成效评价研究发现，辽宁省绝大部分制造企业质量管理理念与方法，仍停留在传统质量管理实践探索阶段，总体呈现以质量控制为主导的质量管理。中小企业多进行以质量检验为特征的质量控制，处于被动"符合性"质量管理阶段。多数大中企业实施以统计检验为特征的质量控制，能够进行预防性的生产过程控制质量管理。少数产业链头部企业实施较为先进的以全面质量管理为特征的质量控制，实现贯穿于产品质量产生、形成、实现的全过程、全员、全攻全守型质量管理，而借助信息技术、数字技术开展产业质量创新的行动十分薄弱。

20世纪80年代以来，跨国公司逐步认识到产品设计质量创新在产品全生命周期中的重要地位，开展质量管理新技术、新理论和新方法探索，质量功能展开(QFD)、解决创造性问题的TRIZ创新方法以及田口方法等相继应用于产品的研发、设计，合理有效地利用它们实现产品质量的源流管理，从而使企业不断开发和生产出满足顾客需求、价格低、质量好和有创新的产品，质量创新概念兴起。质量创新是指企业的集体学习能力和集体知识，尤其是如何协调各种生产技能及如何将多种技术、市场趋势和开发活动相结合的知识。由于技术创新和管理创新的目的最终要体现在提高质量、增加效益之上，所以质量创新是当前辽宁省制造型企业创新的核心内容。

质量管理与创新呈正相关，有助于运营和市场绩效，使企业具有竞争力。特别是制造型企业必须关注从产品营销、市场需求到产品设计与开发、生产准备、采购、生产制造、设备维护与保养、销售和售后服务等产品形成全过程的质量创新。随着数字技术整合、重塑产业链发展，产业上下游多主体特别是用户参与产业生态、全面质量管理、全员质量管理研究日益转向产业生态层面，质量创新被提升到关乎企业生存的高度，质量创新成为产业整合创新发展的先决条件之一。并且，质量创新可以更加有针对性地提升辽宁制造业企业用户效能、用户体验、用户价值等。

进入 21 世纪，质量创新日益借助信息技术、数字技术、网络技术以响应产业发展新环境，特别强调用户参与质量创新，质量管理的价值及其在提升企业竞争优势、创新能力方面的作用更加受到重视，全球领先的制造企业对质量、成本和流程的控制逐渐减少，更多转向了服务质量、客户满意度、六西格玛、精益经营和创新等，质量、技术发展和创新等因素对制造业的竞争力具有日益强烈而持续的影响。实现质量管理向质量创新升级，是辽宁制造业产品质量效益、质量竞争力、质量创新力提升的重要途径。

二、数字化转型创新企业质量效益型商业模式

以云计算、大数据、物联网、人工智能、5G 为代表的新一代信息技术融合发展，成为新一轮科技革命、工业革命、产业革命的

主要内在驱动力，也是辽宁省制造业产业转型升级的强大动能。产业数字化转型基础是企业数字化。数字化的本质特征是使世界具有了可计算性，把可计算特征纳入制造过程当中，突破了制造业物理世界的算力约束、空间约束以及时间约束，可实现精准、实时、并行质量控制。从业务视角、经营者视角、用户视角来定义数字化转型为："在数字经济时代，企业经营者将其经营领域内的价值创造（含用户体验提升、商业模式创新、业务增长、组织 / 流程效率提升、风险控制加强等）核心诉求，诉诸新一代网络化、数字化、智能化技术，从而提升其竞争力和实现业务成功的科学、系统化工程。"强调了数字化转型的核心本质是业务转型升级、提升企业竞争力、价值创造以及长期系统科学的工程。为辽宁省制造业企业确立全新的数字化质量效益型经营模式指明了方向。

做好数字化转型的战略部署、战术落地以及数字化驱动这三项科学、系统、长期的工程性工作，对于辽宁省制造业数字化转型创新质量效益型商业模式十分关键。战略部署上，要秉承"业务导向、价值导向、用户导向、良性发展、适度超前"五原则，承接和拟定基于企业发展、业务战略的数字化转型战略。其中，业务和价值导向是一切数字化转型的根本出发点。战术落地，建议着重依据"3—1—1"的行动框架推进。"3"是指业务数字化、数字化基础设施、数字化文化和组织三大方面，其中业务数字化又包括营销、研发、生产、服务、供应链、风控、运营 7 大方向；两个"1"是指数字化创新和数字化生态。企业数字化转型失败率高达 80%。数字化转型的成败关键因素是是否违背了业务和价值导向这两个根本出发点，搞运动式、"快餐式"变革，大搞技术平台建设，科技业务两张皮。失败的原因还在于企业没有弄清楚衡量企业数字化转型成功的标准。革新出新的营销模式、商业模式、质量效益模式，是辽宁省制造业企业数字化转型的核心目标。

创新质量效益型商业模式是辽宁省制造业企业数字化转型重

要切入点。辽宁省制造业产业基础雄厚，有明显技术优势，处于亟待解决产业知识转化为市场知识、技术优势转化为市场优势、制造效益转化为质量效益的重要战略转折期。同时，辽宁制造业企业面向国家重大战略需求，处于自主创新能力提升、业务发展升级、培育产业核心领导者的重要历史关口。从辽宁制造型企业组织能力、水平以及企业的经营情况等综合来看，数字化转型催生质量效益型商业模式是当前辽宁省制造业企业经营的阶段性重要战略行动。

数字化转型创新质量效益型商业模式，是一个复杂的产业创新演进过程，审慎地看待和分析企业文化、组织、人员、制造系统以及转型风险十分必要。与此同时，数字化转型助推质量效益型商业模式实施的远景规划、产业链协同、技术支持等方面的问题，均应以业务运营和数字化技术的综合视野来加以判断，并需要进一步明确优先级问题是什么，问题解决的代价和预期收益等。围绕质量、创新、发展深化数字型改革是辽宁省制造业升级必然趋势，企业需要重视并驾驭数字技术的三项关键主题工作，即面向数字化转型的"新科技、新安全、新生态"。

三、数字化转型促进产业链质量协同创新

辽宁制造业有一定体量优势，历经几十年持续改革以及东北振兴创新发展，具有较好的制造韧性。应借助全国统一大市场建设新契机，深度融入全国制造网络体系，构建以辽宁制造业头部企业为核心焦点主体的产业创新生态系统，促进辽宁省制造业产业链上下游企业多主体共生互动、利益关联、价值共创的产业生态。应以制造业企业数字化转型，整合企业业务流程与产业链生态，形成企业经营体系智能化闭环，重构以企业生产经营全过程可度量、可追溯、可预测、可复制等为特征的全新经营体系，重塑制造业企业经营价值目标、经营理念、利润来源、成本结构、伙伴关系、核心资源等，提升辽宁省制造企业产品质量、经营质量、市场竞争力。

辽宁省部分制造业头部企业已成为全球供应链网络的"超级节点"。借助产业创新生态系统及其核心焦点企业的视角，能进一步明确产业链核心企业。在此基础上，以企业数字化转型助推产业链中小企业与核心焦点企业交织融合，提升辽宁省制造业市场竞争力。与此同时，不断深化产业链核心焦点企业的供应链联系层级与网络链路，更多地带动辽宁省产业主体生力军，培育辽宁省独有的供应商，带动成千上万家产业主体参与其中，进行产业价值共创。做出一定成效，吸引更多产业上下游合作伙伴落户辽宁省。这对于辽宁省制造业产业生态的维护，有着巨大的促进作用。

构建辽宁省制造业产业新生态，融合各界优势，合力创新，领先发展，以先赢带动共赢。建立数字化转型的常识性思维，规避误区。数字化转型的核心目的，是通过更精准、更高效的资源配置，提升组织对于客户要求和外界变化的响应能力，最终目的，是更好地服务客户，构建更健康的商业生态，并实现产业生态系统企业质量协同创新。以产业领导者质量价值为导引，使产业生态核心焦点企业成为行业性和社会化质量标准管理者，形成全新产业质量创新生态系统。产业生态系统中的中小企业，应广泛链接质量标准、质量要求、质量技术，成为产业生态系统中的专业化合作伙伴，并向专、精、特、新方向发展，努力发展成为产业生态细分市场隐形冠军企业。

加快推动辽宁省装备制造业
数字化转型的对策研究①

◎闫　莉②　吴　森③

[内容提要] 制造业数字化转型是建设制造强国的重要途径。装备制造业是辽宁省的重要支柱产业，加快推动装备制造业数字化转型，对于落实国家战略、推动东北振兴具有重要意义。本文主要根据对辽宁省装备制造业企业的实地调研情况，梳理分析企业在数字化转型过程中面临的实际问题，针对产业园区建设、工业互联网平台建设、中小企业数字化转型等方面提出相关对策建议。

[关 键 词] 装备制造业　数字化转型　数字技术赋能

一、加快装备制造业数字化转型的重要意义

（一）落实国家战略的重要举措

习近平总书记在党的二十大报告中强调，要"建设现代化产业体系，坚持把发展经济的着力点放在实体经济上，推进新型工

---

① 本文受辽宁省 2022 年决策咨询和新型智库专项研究课题"关于辽宁省加快建设具有国际影响力的先进装备制造业基地的对策研究"资助。
②③ 作者单位：东北大学工商管理学院。

业化"。党的十八大以来，党中央高度重视实体经济特别是工业、制造业发展，作出了建设"制造强国"的重大战略决策。《中华人民共和国国民经济和社会发展第十四个五年规划和二〇三五年远景目标纲要》提出促进数字技术与实体经济深度融合，赋能传统产业转型升级。2021 年 12 月，工业和信息化部、国家发展和改革委员会等八部门联合印发了《"十四五"智能制造发展规划》，提出到 2025 年，70% 的规模以上制造业企业基本实现数字化网络化。作为共和国工业的奠基地，辽宁装备制造业门类齐全，实力雄厚，在国家产业布局中占有重要地位，加快推动装备制造业数字化转型，深化"两化"融合，是辽宁更好地肩负起国家战略使命与责任的重要举措。

（二）推动辽宁取得振兴新突破的根本要求

《辽宁省国民经济和社会发展第十四个五年规划和二〇三五年远景目标纲要》提出"通过五年努力，新时代辽宁全面振兴全方位振兴取得新突破"，其中包括做好结构调整"三篇大文章"，在产业结构、经济结构调整上取得新突破。2022 年 1 月，辽宁省在《政府工作报告》中提出以工业振兴引领辽宁全面振兴。装备制造业是辽宁三大支柱产业之一，加快推进数字赋能，推动装备制造业向高端化、智能化、绿色化、服务化转型升级，引领辽宁工业经济高质量发展，是推动辽宁全面振兴取得新突破的根本要求。

（三）建设世界级先进装备制造业基地的重要抓手

《辽宁省在深入推进结构调整"三篇大文章"三年行动方案中（2022—2024）》提出，加快建设具有国际影响力的先进装备制造业基地。《辽宁省先进装备制造业"十四五"发展规划》明确提出"到 2025 年，辽宁省装备制造业产业结构明显改善，基本实现数字化、智能化转型升级，产业基础高级化和产业链现代化水平大幅提升"。辽宁传统离散型制造业向智能制造业转型存在诸多挑战，尤其是大型装备制造业数字化转型、"两化"融合所涉及的环节颇多，任务艰巨。把握发展机遇，加快推动装备制造业数字化转型，是辽宁建设具有国际影响力的先进装备制造业基地的重要抓手。

二、现状与存在的问题

（一）辽宁省制造业数字化发展现状

在工业互联网建设方面，近年来，辽宁省出台了《辽宁省工业互联网创新发展三年行动计划（2020—2022）》等系列政策文件，设立省级专项资金，支持工业互联网发展。截至2022年10月，已建成开通5G基站6.7万个，全国排名第14位。工业互联网标识解析二级节点已实现全省覆盖，上线运行32个，数量居全国第二位。工业企业上云2.5万户，重点培育的省级工业互联网平台50个，服务工业企业1.27万户、连接工业设备超过80万台，7个平台入选工业和信息化部工业互联网试点示范项目。2020年8月，国内首个"星火·链网"骨干节点在营口落户，2022年，"星火·链网"超级节点在沈阳正式上线。在产业园区建设方面，辽宁拥有沈阳中德装备园、大连湾临海装备制造业聚集区、盘锦辽东湾新区等19个国家新型工业化产业示范基地。大连金普新区园区工业互联网平台正在建设。沈抚示范区已入驻120余家数字经济企业，腾讯云（辽宁）工业互联网平台、西门子数字化赋能中心等相继落地。在数字化应用场景方面，2021年，辽宁发布1453个应用场景需求，解决企业工业产品全生命周期的各个环节面临的数字化改造痛点；2022年，辽宁按照细分领域、下沉到生产环节，梳理应用场景超过3000个，建成了700多个数字化典型应用场景，推动数字技术在企业的普及应用。在产业数字化转型企业典型方面，辽宁涌现出三一重工、大连光洋科技集团、沈鼓集团、大连冰山集团、中车大连机车车辆有限公司等一批数字化转型领军企业，发布了11个"5G+工业互联网"创新应用示范项目。2个智能工厂、6 个智能化应用场景入选工信部智能制造试点示范。

（二）装备制造业数字化转型存在的问题

（1）企业尚未形成数字化协同发展效应。一是企业普遍缺乏清晰的数字化转型战略规划。大多数企业对于数字化转型工作缺少清晰的战略目标、实施路径和具体方案，尚未从长远发展的角度进行全局性、系统性谋划，尚未把数字化转型当作企业发展战略。二是企业内部数字化转型尚未实现全过程全范围覆盖。当前，装备制造业企业的数字化转型多数停留在单一业务领域，对生产、管理、销售实施全过程数字化覆盖的企业数量极少，数字技术在行业场景、业务场景、管理场景中尚未实现均衡全面应用。三是企业间未形成协同推进数字化转型发展的生态。装备制造企业目前还未形成以核心企业为头雁的规模化产业集群，产业链上下游企业对协同推进数字化转型、智能化改造的认识不足、理解不够，限制了数字化生态体系构建。多数企业尤其是中小企业对于跨领域、跨行业的数字化转型认识不足，对于如何利用工业互联网平台、大数据等新一代信息技术，深入挖掘与其他企业的合作方向与路径尚不明确。

（2）企业数据资源流通存在壁垒。一方面，企业内部的数据流通存在壁垒。多数企业的内部生产、管理、营销等各个环节采用不同的软硬件平台信息系统，数据分散，ERP（企业资源计划）、MES（生产制造信息）、CRM（顾客管理信息）、第三方市场检测等系统间技术不同，数据口径不一致，无法实现信息集于一体化的平台管理，数字孪生系统构建缓慢，数据要素价值未被充分有效激活。另一方面，产业链上下游企业间的信息难以真正共享和流通。目前，辽宁省正加快推动工业企业"上云"，但是，包括头部企业、大型企业在内的多数企业，对平台上的数据信息并不能准确深入挖掘利用，对于省内能与其配套的上下游企业了解有限，信息不对称、不完全现象普遍存在。同时，与江苏、广东等地区相比，辽宁的工业互联网平台建设仍有差距。例如，截至 2022 年 8

月，江苏共有 86 家省级重点工业互联网平台，面向全国服务企业约 81 万家，连接设备约 1380 万台，汇聚工业 APP 约 9500 个。相比而言，辽宁的工业互联网平台建设速度与服务水平仍有差距。

（3）中小企业数字化转型缓慢。一是中小企业对数字化转型的必要性和必然性缺乏认识。多数中小企业认为数字化转型需要投入大量的资金与精力，短期内却看不到明显效益，认为数字化转型存在沉没成本过大的风险，对数字化转型抱有观望心态，不想转、不急转、不敢转。二是中小企业对于数字化转型的内涵理解不够。多数中小企业将"信息化"与"数字化"概念等同，对于数字化转型所涉及的组织变革、经营理念转变、业务流程重塑等方面的认知不够，对数字化转型的战略性价值没有概念。三是中小企业数字化转型基础薄弱。数字化转型需要对软件、硬件系统升级并进行维护，中小企业对高额的资金投入望而却步；中小企业数字原生程度低，转型需求复杂繁重，数字化服务商对与中小企业合作顾虑较多；高级数字化人才引进困难，现有员工缺乏数字化相关知识及实践，大企业对数字化人才的虹吸效应加剧了中小企业人才短缺困境。5G 布局滞后，设备和数据全部上云的企业少，对于大数据与物联网技术的价值及应用缺乏深入理解。

（4）数字化转型人才结构性短缺。一是工厂生产一线人才短缺加断层。传统制造业工厂内大多数工人文化知识水平较低，对数字化、智能化设备的学习和应用需要较长时间才能适应，而高校毕业生由于环境、薪资、对行业和岗位的认知偏差等，不愿到工厂一线车间工作，即使前期通过校企合作项目进厂，但是绝大多数在工厂一线工作不超过 1 年就选择离岗。二是复合型数字化人才招引难、培育难。当前，懂数字化技术、懂业务经营、懂管理决策的复合型数字化人才对于制造业企业数字化转型至关重要，而该类型人才本就凤毛麟角，辽宁装备制造业行业对复合型数字化人才需求较大，但无论是从外部招引，还是从内部员工培养，都面临着很大的困难。三是高端数字化人才流失严重。当前，几乎所有制造业行业的企业都急需高端数字化人才，在江浙地区人才政策、企业高额薪酬、工作环境、个人发展规划等叠加因素的驱动下，辽宁装备制造业行业的高端数字化人才"孔雀东南飞"现象较为突出。

三、对策与建议

（一）强化智力支撑，赋能企业数字化转型

一是成立辽宁省装备制造业数字化转型企业大学。政府牵头，聘请行业企业专家、专业咨询机构人员等担任"专业教师"，对不同行业、不同规模的企业进行分级，开展常态化的数字化转型教学与培训，促进企业对数字化转型形成系统性的认知。二是举办装备制造业数字化转型发展论坛、研讨会、沙龙等活动，聘请国内外知名专家参与，促进全行业进一步转变观念。三是组建辽宁省装备制造业数字化转型专家"智囊"团队。聘请专家学者、龙头企业等，定期开展装备制造业数字化转型实地调研、讨论，形成相关报告，为数字化转型工作提供智力支持。四是加强数字化人才培育。支持企业依托国家、省级重点人才工程加快集聚数字技术领域高层次人才。开展数字化人才职业技能培训专项行动，打造工厂、车间"数字工匠"，培育懂数据、懂运营的复合型人才。深化校企合作、产教融合，促进教育链、人才链与产业链有机衔接，奠定数字化转型人才基础。

（二）加快数智赋能，推动产业园区数字协同

一是强化智慧产业园区建设。根据现有装备制造业产业区域布局，加快建设数智赋能的新一代产业园区，强化园区对产业链上下游企业的集聚效应，着力引进和培育聚集行业需求的数字化服务商；推动现有产业园区数字化转型，强化"5G+工业互联网平台+数智园区"建设，赋能产业集群数字化转型发展；引导省内国家级、省级产业园区开展"互联网+先进制造业"特色产业基地建

设，发挥标杆产业园区的引领带动作用。二是探索虚拟现实产业园建设。虚拟现实产业园区是依托于互联网、打破物理边界、跨越地域而形成的企业集群。2022年11月1日，工业和信息化部、教育部等五部门联合印发了《虚拟现实与行业应用融合发展行动计划（2022—2026年）》，提出到2026年，虚拟现实在经济社会重要行业领域实现规模化应用。辽宁要把握机遇，推动"VR+数字孪生技术"在装备制造业场景中的应用，建设装备制造业虚拟现实产业集群，支持沈阳、大连建设虚拟现实制造业创新中心，开展虚拟现实产业园区或产业基地的试点建设工作。

（三）优化完善工业互联网平台，深入推进数据互联互通

一是完善工业互联网平台体系。加快建设企业、行业、区域等多层次平台，推动综合型、特色型、专业型平台建设，强化产业链协同平台建设。加快培育省级行业工业互联网平台，打造国家级"双跨"工业互联网平台。二是提升平台服务能力。完善平台监测分析体系，提升核心算法能力，推进工业数据、知识图谱与智能算法的创新应用，完善设备级、企业级、产业链级的解决方案，以更灵活的方式对中小企业提供多样服务。三是加强资源引入与技术供给。加强与国家级核心支撑机构合作，支持国家级双跨平台在辽宁设立分院（分公司）或驻辽机构。推动"5G+工业互联网平台""数字孪生+工业互联网平台""区块链+工业互联网平台"深度融合发展，充分挖掘发挥"星火·链网"超级节点（沈阳）对装备制造业数字化转型的推动作用。四是持续开展试点示范项目建设。培育工业互联网行业应用标杆，打造一批省级、国家级工业互联网平台试点示范项目。

（四）全方位多举措推动中小企业数字化转型

一是加快推进中小企业上云用云。制定相关政策，支持中小企业加快"5G+工业互联网"建设与应用，引导中小企业将生产制造、运营管理、销售服务等核心业务系统上云，推动设备与产品上

云，引导中小企业深入学习利用云上资源和服务。二是提升公共服务平台服务能力。建设中小企业细分行业服务平台，支持第三方数字化转型服务商聚焦行业内中小企业数字化转型问题，为中小企业提供小型化、快速化、轻量化、精准化解决方案。三是强化示范引领。鼓励专精特新"小巨人"企业发挥示范引领作用，支持龙头企业带动产业链供应链上下游中小企业协同数字化转型，引导"灯塔工厂"释放"灯塔效应"，打造一批数字化转型"小灯塔"企业。四是多方式提供资金支持。鼓励龙头企业产业基金、社会资本参与设立中小企业数字化转型发展基金，鼓励国有银行运用知识产权质押贷、商标专利权质押贷等方式为中小企业提供信贷资金，围绕中小企业数字化转型设立专项贴息贷款项目，设立中小企业数字化转型标杆示范奖励等。

强化政府引导，加快制造业数字化赋能转型

◎ 王幼学[①]

[内容提要] 本文首先梳理了近年来辽宁省制造业数字化转型取得的成绩，并以沈抚改革创新示范区为例，介绍了推进数字经济产业集聚式发展的具体做法，并指出制造业数字化转型存在的问题，最后提出强化政府积极引导，加快辽宁省制造业数字化转型的对策建议。

[关 键 词] 制造产业　数字经济　数字化转型　辽宁振兴

制造业是国民经济命脉所系，是立国之本、强国之基。建设制造强国，建设现代化产业体系，推进新型工业化，促进数字经济和实体经济深度融合……党的二十大报告就制造业发展的一系列重要部署，为各地推进以数字经济为核心的智能制造进一步指明了方向、提供了根本遵循。

---

① 作者单位：中国东北振兴研究院。

一、辽宁省制造业数字化赋能转型取得的成绩

近年来，辽宁深入贯彻落实习近平总书记关于东北、辽宁振兴发展的重要讲话和指示精神，在制造业数字化转型的浪潮中催动发展"蝶变"。截至目前，辽宁已开通5G基站6.7万个，国内首个"星火·链网"骨干节点在营口建成，沈阳超级节点上线试运行；共上线工业互联网标识解析二级节点32个，数据位居全国第二位，接入企业2263家、标识注册量2.47亿，实现了全省14个地市全覆盖；实现上云企业超过10万户，其中工业企业2.5万户；已有省级互联网平台50个，包括鞍钢"精钢云"等5个跨行业跨领域平台，以及禾丰食品"丰云"等专业型和行业级平台，大连英特"仿真云"等7个平台入选工业和信息化部试点示范。中国工业互联网研究院辽宁分院、国家工业互联网大数据中心辽宁分中心等创新平台在辽落地。截至2022年6月，辽宁省关键工序数控化率达到59.3%、数字化研发设计工具普及率达到76%，首次高于全国平均水平，较2019年分别提高了11.3和11个百分点；服务型制造企业比例、ERP普及率、智能制造就绪率等9项指标，同比增速高于全国平均水平。三年来，全省通过智能化改造，企业生产效率平均提升21.2%，运营成本平均降低15.6%。2022年11月，2022全球工业互联网大会在沈阳召开，大会继续以"赋能高质量、打造新动能"为主题，推动工业化和信息化在更大范围、更深程度、更高水平上实现融合发展。同时，这也是一次深化与国内外头部企业合作，强化政府赋能引导，进一步加快制造业数字化转型对接交流合作的盛会。

辽宁数字化转型所取得的显著成效，与省内各主要产业园区数字经济创新发展是分不开的。沈抚改革创新示范区（以下简称"沈抚示范区"）近年来的具体工作实践表明，要不断强化政府对制造企业数字化赋能的引导，不断推动数字经济与实体经济深度融

合，进而推动振兴发展取得新突破具有重要的现实意义。

沈抚示范区位于沈阳、抚顺城际连接处，2018年9月国务院批复了"建设方案"，2020年4月中央编办批复了机构，为省委、省政府正厅级派出机构，是全国唯一的国家级改革创新示范区。沈抚示范区的使命是改革和创新，并随着研究和实践的逐步深入不断推出制度性创新成果，在辽宁乃至东北可复制可推广可示范，为东北全面振兴取得新突破趟出一条具有地方特色的新路子。近年来，沈抚示范区按照国务院批复要求，积极落实省委、省政府"数字辽宁，智造强省"战略，全面做好结构调整"三篇大文章"，强化政府引导，用数字经济为"老字号"制造企业赋能，即推进数字经济产业集聚式发展，并利用华为等IT企业的人工智能技术和产品改造提升传统制造业，促使这些实体制造企业进一步加快转型升级，在原有基础上再添数字的"翅膀"，活力更足、动力更强、效益更好。

（一）强化数字经济自上而下统筹推进和顶层设计，打造数字经济产业的集散地

一是沈抚示范区主要领导（包括省政府分管领导）亲自挂帅赴京津冀、长三角、珠三角等地招商，用真诚、服务和政策打动对方，打破"投资不过山海关"的怪圈。二是组建以数字经济为主的招商部门，负责数字经济领域的招才引智、招商引资和项目政策资金及服务全链条工作，构建专业化团队，实施清单化管理、项目化落实、工程化推进，坚持项目的全生命周期监管。三是编制数字经济专项规划《数字沈抚建设规划（2020-2025）》及《沈抚改革创新示范区关于支持提供人工智能赋能服务补贴暂行办法》，从顶层设计上支撑并拓展数字经济的发展。四是招商引进国内IT头部企业，壮大沈抚示范区数字经济整体实力。近年来，沈抚示范区先后引进华为、京东、中软国际、西门子、阿里云、360等数字经济企业120余家，累计投资15亿元的沈抚示范区数字经济产业园A、

B、C、D、E、F 园全部开园，已初步形成数字经济产业的集散地。

（二）强化数字经济政府引领和精益赋能，推进产业链精益数字化升级

近年来，沈抚示范区在推动"有为政府"和"有效市场"深度结合上狠下功夫，积极打造数字精益现场，持续引导企业贯彻精益管理理念，加强精益和数字化在设计研发、物流采购、生产制造、经营管理和营销服务各个环节的应用，以精益化带动数字化，以数字化实现智能化。同时，以典型引路为抓手，将优秀企业管理经验向产业链上下游、产业集群和产业园区全面推开，并携手精益咨询企业开展精益数字化赋能培训，出台精益咨询资金支持等相关政策，如制定出台《沈抚示范区推广精益管理工作实施办法》等，汲取行业隐形冠军企业、上市公司在精益管理方面的典型经验做法，帮助企业学精益、会精益、用精益。截至目前，沈抚示范区通过推广精益数字化管理，使企业从管理创新、人员优化、流程组合、工序改善等多个方面，引入了精益思想和精益方法论，实现生产效率平均提升 20%，生产周期平均缩短 35%，品质不良率平均降低 20%。

（三）强化数字经济联盟搭建和平台建设，助力制造业企业加快转型升级

近年来，沈抚示范区在"数字辽宁"产业联盟搭建上做了很多有益工作，即搭建以数字经济企业为主的"新字号"企业与以制造企业为主的"老字号"企业对接平台，用"新字号"企业数字赋能优势，助力"老字号"企业产业结构调整和转型升级。截至目前，已搭建"数字辽宁"产业联盟成员单位 47 家，举办了多场赋能活动及联盟企业交流活动。与此同时，一批以骨干 IT 企业为支撑的数字经济赋能平台应运而生，为更多"老字号"制造企业改造升级精准制定技术解决方案，提高其研发设计工具普及率、关键工序数控化率，推进生产线全流程数据化。如华为（辽宁）人工智能创新中心，已为示范区 16 家企业赋能，打造 AI 智能典型行业应用场景超过 10 余家，帮助示范区企业实现降本增效；中软国际建立的"辽宁省工业数字化场景开放创新平台"，将国内先进的数字化转型案例，分行业、分场景地展示出来，并与沈抚示范区 7 家企业签订数字化转型咨询合同，为企业提供精准解决方案；腾讯云（辽宁）工业互联网平台已经正式上线运营并对外提供服务，已被辽宁省工信厅认定为 2022 年辽宁省首批重点培育省级工业互联网平台；阿里云（辽宁）双碳赋能中心已接入 9 家企业数据，助力沈抚示范区"双碳目标"达成等。

不断强化政府正确引导和大力支持，深入推动数字经济赋能制造业实体经济，全面推进数字辽宁、智造强省建设，是一个地区实现高质量发展的必然。但从辽宁以及沈抚示范区发展实际来看，仍存在着制约快速健康发展的短板。从辽宁总体来看，产业实力还需进一步提升，2021 年全省软件和信息技术服务业完成主营业务收入 2073 亿元，同比增长 11.6%，位居全国第 13 位，增速明显落后于先进省份；电子信息制造业实现产值 1000 亿元，仅占全国 0.6% 左右。新业态、新商业模式项目少且规模小，对经济增长的支撑不够；制造业数字化、智能化水平还停留在一般水平，数字化在多领域应用场景亟待进一步挖掘；企业数字化转型还仅仅是起步阶段，全省 70% 以上的企业数字化处在起步建设和单项应用阶段；缺乏具有一定规模的影响力大、科技创新能力强的领军型企业。从中小企业具体情况来看，一些企业对数字化转型认识不到位，加上缺资金、缺人才、缺技术，动力不足、能力不够；企业上云数量少，生产环节的数字化、网络化、智能化程度较低等。

二、加快辽宁省制造业数字化转型的对策建议

习近平总书记指出，要以智能制造为主攻方向推动产业技术变革和优化升级，促进我国产业迈向全球价值链中高端。在智能制

造这个时代命题中，保持战略定力，把发展经济的着力点放在实体经济上，形成新兴技术与先进制造深度融合的竞争新优势，并催生更多的新产业新业态新模式，让实体经济活力更足，动力更强。沈抚示范区等重点园区近年来的工作实践，应该说是按照习近平总书记的重要指示精神，迈出了坚实的一步，也为东北全面振兴提供了若干可复制、可推广经验。按照习近平总书记指示要求，就辽宁进一步落实好省委、省政府"数字辽宁，智造强省"战略，全面做好结构调整"三篇大文章"，强化政府积极引导，用数字经济为"老字号"制造业企业赋能。

（一）引育市场主体，注重培育数字经济核心产业企业

针对辽宁省数字经济领军企业少，市场主体不够活跃等现状，如沈抚示范区的做法，支持引入世界 500 强中的数字经济核心产业企业以及全国电子信息百强、软件百强、互联网百强企业，支持数字经济核心产业的骨干企业不断发展壮大。同时，加大政府引导支持力度，鼓励龙头企业围绕产业链开展招商，积极引进上下游的生产或服务性企业，形成供需链条，提高本地配套率，增强产业竞争力。

（二）推动数字赋能，把促进中小企业数字化转型作为赋能的重点

辽宁中小企业数量、速度、规模和效益等方面均低于全国平均水平，即中小企业发展是制约辽宁经济振兴发展的短板之一。因此，加快中小企业（主要以民营经济为主）发展，根据不同地区的不同特点（如沈抚示范区），制定特殊的支持政策，强化龙头企业或者大型骨干企业在数字化领域的推进作用，充分利用其产业、技术、人才、应用场景等优势，以工业互联网引领数字化转型，以技术改造引领智能化转型，以能效提升引领绿色化转型，加大对中小企业（尤其制造业中的中小企业）数字化赋能力度，加快中小企业数字化转型，这也是加快"数字辽宁，智造强省"建设的重要途径。

(三) 营造发展生态，推动制造企业数字化转型向纵深发展

一是完善公共服务平台建设。鼓励工业企业与基础电信企业、科研院所等单位，围绕5G、工业互联网、人工智能等领域，搭建数字化转型公共服务和协同创新平台，推动数字经济领域重点实验室、工程研究中心、企业技术中心等平台载体建设。依托沈抚示范区等产业园区，借助电信运营商和企业数字化服务提供商力量，采取政府购买服务的方式，建立健全公共技术服务平台，为中小企业提供5G、云计算、工业互联网、数据中心、通用工业软件等基础平台服务和技术支持，推动企业"上云用数赋智"。二是加大资金等政策支持力度。设立数字经济产业投资基金，建立数字经济核心产业企业"白名单"，支持数字经济产业园区和企业数字化转型发展。建立健全多层次、多元化、多渠道的投融资体系，鼓励社会资本参与智造强省建设，积极争取国家科技创新和智能制造重大专项资金支持，加强对中小企业数字化转型的系统性支持和专业化服务。三是发挥产业联盟和行业协会作用，培育形成多方联合共同推进中小企业数字化转型的产业生态。

(四) 注重人才培育，加快数字化转型技术的推广和应用

一是加快引进和培养高端复合型人才。针对中小企业缺少高端技术、管理专业化人才和高技能人才的现实，要高度重视引进和培养智造专业化或技能型人才，建立或健全人工智能、大数据、云计算等专业的学科教育和职业教育，支持高校与企业联合建设现代产业学院，鼓励职业院校新增智能控制、人工智能、大数据技术等专业。聚焦数字经济核心产业研发创新不足问题，强化关键技术攻关和平台载体、标准建设。二是发挥好央企和大型骨干企业、终端产品企业的示范和引领作用。鼓励支持这些大企业利用专长的技术、人才和设施服务，带动中小企业、配套企业加快数字化转型。鼓励拥有自建数字化平台的大型骨干企业为周边或上下游中小

企业提供平台服务。三是推动数字技术与实体经济深度融合。云计算、大数据、人工智能等数字经济核心产业发展作为基础赋能实体经济，只有融合发展才能真正解决制造业中小企业数字化转型中遇到的困难。而不同大型骨干企业在各自数字技术领域有一定的绝对优势，因此采取搭建数字经济产业联盟是不同数字经济核心产业企业共同联合解决辽宁企业数字化转型的有效办法和途径。

产业经济篇

东北振兴理论与政策研究

以科技资源聚合
促辽沈产业创新的路径研究①

◎ 曹洪滔②　林常青③

[内容提要] 辽沈地区，优势学科促进产业创新成效显著，科技资源促进产业创新的潜力巨大。但辽沈地区在优势学科协同聚合服务产业创新思路、校地合作的布局和设计实施、优势创新资源服务产业发展的重点引领、科研成果产业转化的保障等方面存在诸多不足，使产业发展缺乏科技创新资源的聚合优势。因此，推动辽沈科技资源协同要完善顶层设计，推进产业规划布局与科研力量协同融合；明确战略目标，围绕产业创新发展方向布局学科聚合；搭建协同平台，聚焦重点领域和关键环节推动产学研合作；营造聚合生态，充分激发政、企、研、资各方活力；加强内育外联，以辽沈高校院所为平台整合国内外科技资源服务产业创新。
[关 键 词] 高校　科研院所　协同聚合　产业创新

---

① 本文系中国东北振兴研究院"东北地区科技创新一体化发展研究"项目（项目编号：N2124003-2）资助成果。
②③ 作者单位：东北大学马克思主义学院。

创新驱动是产业转型升级的核心，是经济高质量发展的关键。习近平总书记强调："我们必须把发展基点放在创新上，通过创新培育发展新动力、塑造更多发挥先发优势的引领型发展。"以创新引领产业升级必须贯彻协同创新思想，充分激发创新主体活力，培育聚合优势。辽沈地区科技创新资源丰富，聚合高校和科研院所的创新资源基础优势，聚焦创新链、产业链融合，有效整合域内外科技资源，是解决科技成果转化对产业发展，赋能不足的现实所需，是辽沈将改造升级"老字号"、深度开发"原字号"、培育壮大"新字号"由"规划图"变为"实景图"的关键举措，也是辽沈实现高质量发展，引领东北老工业基地全面振兴、全方位振兴的战略安排。

一、高校和科研院所集聚为辽沈产业创新奠定坚实基础

高校和科研院所作为人才培养、科学研究与技术研发的核心平台，担负着基础性研究与应用性研究、探索性研究与创新性研究的科研功能，在科技创新链中具有强大的人才优势与智力支持，是知识、技术、人才等科技资源聚合的关键载体。辽沈地区高校与科研院所集聚，为科技资源聚合奠定平台优势。

（一）科技创新资源相对丰富

辽沈地区是东北地区科技创新资源的集聚中心，具有相对丰富的创新源头供给。一方面，高校和科研院所聚集，共有高等院校 116 所，普通高校数量全国排名第 10；拥有中央直属科研院所 30 所，省直科研院所 42 所；拥有国家级重点实验室 9 个、省级重点实验室 441 个，国家级工程技术研究中心 12 个、省级工程技术研究中心 671 个，产业技术创新平台 198 个。另一方面，科技人才集聚，现有院士 81 人，院士数量全国排名第 12；依托国家"千人计划""万人计划"以及长江学者奖励计划等集聚科技领军人才。

（二）优势学科促进产业创新成效显著

高校科研院所依托优势学科创新成效显著，为辽沈产业发展

做出了突出贡献，为进一步服务产业创新发展奠定了坚实基础。一方面，高校与高科技产业协同努力打造产学研环境，形成优势企业集群，降低信息渠道成本，有利于关联性企业承接延续科研创新成果，实现快速发展，如东北大学依托控制、矿冶、计算机等优势学科，基于产业结构发展方向调整学科布局，跨学科进行充分信息交流，技术扩散的速率大大加快，近3年东北大学以许可转让、作价入股等方式转化科研成果51项、成果转化率60%以上。另一方面，科研院所依托机器人、智能制造、光电信息等优势学科建设为国家战略需求和社会发展提供了坚实后备支持，如沈阳自动化研究所拥有10余家高技术企业，成果转化机制成熟，形成了技术成果快速投放市场，从而支持后续多轮研发的良好价值循环体系。

（三）科技资源促进产业创新的潜力巨大

近年来，辽沈各高校和科研院（所）围绕服务东北振兴、促进产业发展积极推进技术创新，辽沈的科技资源已经孕育了较强的基础优势，在推动产业转型升级、助力新兴产业、孵化未来产业等方面效能明显、潜力巨大。一方面，高校科技成果域内转化的平台不断搭建，如东北大学以"收益共享激励"为机制保障，成立东大朝阳矿冶研究院、东大有色固废技术研究院等引领科技成果转化，助推行业发展；沈阳化工大学"三定向"订单式研发和成果转化模式提升科技成果域内转化效率；沈阳工业大学成立铁岭研究院、不断壮大"沈工大科技园"，推动科技成果工程化与产业化生发，为科技成果的就地转化提供载体支持。另一方面，科研院所在强势领域的研发与产业化上优势显著，如中国科学院大连化学物理研究所与大船集团、中船风电、国创氢能聚焦海洋绿色能源开发及利用，共同促进制氢、制氨、燃料电池及液氢/氨储运技术在船舶与海洋工程领域的创新应用与发展，共同推进海上风电制氢/氨及其储运技术与装备的研发及产业化。

二、科技资源整合和利用效率较低，科技成果产业化尚存矛盾

辽沈地区科技资源相对丰富，但资源高效整合与共同发力缺乏规划设计、机制协同、重点引领与平台保障，使辽沈地区产业创新尚未形成科技创新资源的聚合优势。

（一）优势学科协同聚合服务产业创新思路不够系统

学科发展与产业创新缺乏全链条互动，高校与科研院所在"基础研究—技术研发—应用测试—产业化"的科研成果转化链条中呈碎片化参与，向应用测试与产业化的延伸不足，科研成果从基础研究到产业转化再到新一轮技术研究的循环效能不高。优势学科服务产业发展单点式发力，未形成匹配产业链的特色学科链和服务产业集群的优势学科集群，无法形成以产业为纽带的优势学科间协同、产学研互促的创新驱动格局，使基础研究的任务导向与需求驱动乏力，难以实现重大急需技术创新和颠覆式技术创新。

（二）校地合作的合理布局和设计实施不够充分

校地合作覆盖领域有待开拓，当前辽沈地区校地合作集中于装备制造、石油化工、医疗等传统优势产业，围绕网络信息安全产业链、5G 基础设施及应用、人工智能、智能终端制造、智能传感器产业链等新一代信息技术产业的校地合作规模不足，难以在最大程度上实现人才链、教育链与产业链、创新链、就业链的融合。吸引域外高校科技创新资源的整体生态尚需优化，校地、校企合作项目化合作延续性不足，全方位、体系化和长期化的校地合作欠缺，域外优质科创资源在高端产业赋能转型、重点技术引领发展中的优势不够显著。

（三）优势创新资源服务本地产业发展重点不够突出

对围绕重点产业链布局高效创新链的聚焦不够，优质科技创新资源配置向关键核心技术、应用技术研发突破的倾斜度不足，能

够显著提升辽沈地区原始创新能力、产业核心竞争力的重大基础性、共性关键核心技术缺乏优质资源支撑。迭代性技术、前沿性技术、空白性技术的联合攻坚机制有待完善，高校和科研院所在相同技术领域的研究互补、不同技术领域的研发分工缺乏系统的制度性安排，未形成需求牵引、应用驱动、融合协同、开放共享的优质创新资源配置机制。

（四）优秀科研成果产业转化的保障机制建设不够完善

科技成果转化分配制度体系尚不健全，多数高校虽然落实科技成果转化收益分配政策，但在明确分配比例、设计绩效考核方案、基金支持、配备独立转移机构和专业转移人才方面差异较大，如在沈阳，除沈阳自动化研究所以外，沈阳其他院所并未建立完备的科技成果转化及收益分配相关的制度体系。科技成果转化缺乏完善的政府以及金融配套服务体系，前沿技术、行业关键共性技术研发存在较大资金缺口。科技成果域内转化空间不足，科技成果域内转化领域相对狭窄，以沈阳为例，2020 年沈阳市高校科技成果在域内转化集中于优势学科，转化合同金额仅占本地科技成果转化合同金额的 22.2%。

三、以整合集聚科技资源促进辽沈产业创新的路径

在东北老工业基地全面振兴、全方位振兴的大背景下，培育辽沈地区科技资源聚合优势，推动产业发展，不能仅依靠科技创新主体的自发形成，要从产业发展的大格局出发，推进创新链与产业链的协同融合，针对产业发展要求科学布局科技资源，推进产学研协同，激发主体活力。

（一）完善顶层设计，推进产业规划布局与科研力量协同融合

辽沈科技创新集聚是全区域产业的发展要求，知识链、人才链与产业链的协同不是个别产业的调整，而是要从区域创新链和产业链发展大局中进行整体规划。一是强化科技创新发展战略研究和

前瞻部署，将高校与科研院所建设与区域产业发展相链接，进一步明确科技创新资源在产业发展中的功能定位，着重明晰科技创新资源协同聚合的思路、推动产业发展的模式，为辽沈地区产业发展和资源聚合的双向联动提供战略引领。二是强化区域创新工作的组织领导，以机制完善和创新深化辽沈地区创新主体协同程度，激活市长、大学校长（科研院所长）联席会议和高新技术企业协会的平台作用，将产业需求与高校科研院所的科技成果高效对接，在科技成果的需求侧和供给侧为辽沈地区创新联合体提供机制保障。三是聚焦辽沈地区结构调整和产业链与创新链融合需求，构建创新资源协同的政策体系，在落实现有的科技平台载体政策、科技服务支撑政策、科技成果转化政策、科技人才扶持政策的基础上，研究制定《沈阳市创新资源协同服务产业发展方案》，为辽沈地区的科技创新资源聚合发力提供政策引领。

（二）明确战略目标，围绕产业创新发展方向布局学科聚合

学科建设是科技资源配置的重要载体，学科发展与产业创新发展相统一是聚合科技资源的关键举措。一是补充创新平台，集中在沈高校科研院所优势学科研究力量组建沈阳市产业技术研究院和沈阳市协同创新中心，为创新链与产业链对接提供指导，打造产业发展新高地。二是强化项目引领，聚焦产业共性技术、企业关键技术凝练技术问题、提出技术需求，结合各高校和科研院所的学科优势制定项目分工，增强横向课题研究，提升科技创新主体间实质性关联。三是深化学科共建，紧密围绕辽沈地区智能制造、先进材料、高档数控机床、机器人、航天装备、新能源汽车及智能汽车、IC装备等产业链以及社会发展重点领域创新方向打造学科集群，以学科合作共建推进学科联动，汇集高校和科研院所在科学研究、队伍建设、资源共享以及服务区域发展上的优势。

（三）搭建协同平台，聚焦重点领域和关键环节推动产学研合作

科技资源聚合要强化重点引领，在"三篇大文章"的关键环节优先发力。一是围绕"老字号"产业如汽车及零部件产业链、通用机械装备产业链、石化重矿轨道交通及专用装备产业链、机床及功能部件与电力装备产业链等转型升级的核心技术，搭建校企合作平台，推进中科院金属所、东北大学、沈阳工业大学、沈阳化工大学等高校院所与汽车、航空发动机、燃气轮机、通用航空、重工装备等企业的产学研合作。二是聚焦"原字号"产业如材料建材产业链、石油化工产业链等深度开发的关键技术，依托金属材料检验检测中心、稀土永磁材料创新中心、沈阳市新型能源材料与器件产业技术研究院等创新平台推进高校科研院所与中钛、中铝、中北通磁、东方钛业等材料行业骨干企业的技术合作，推动技术成果转化。三是着眼"新字号"产业的培育壮大，支持高校和科研院所建设产业技术研究院、协同创新中心等新型研发机构，支持东北大学人工智能与大数据前沿科学中心、辽宁大学量子信息前沿技术创新研究院等市校合作平台，推动中科院沈阳自动化研究所"机器人化智能制造技术研发与验证平台"、紫光中德"紫光云创新中心"等重点企业研发创新平台，强化新兴产业的创新链衔接和产业技术供给。

（四）营造聚合生态，充分激发政、企、研、资各方活力

推动科技资源聚合要激发创新链和产业链的主体活力，强化目标导向，引导协同聚合的自觉生成。一是政府瞄准科技自立自强和强化国家战略力量的目标，结合国家、省市重大战略、重大任务、重大工程，聚焦沈阳重点产业创新链，集聚整合域内高校科研院所和骨干企业，在政策完善、平台打造、成果认定、绩效分配等方面做好全方位保障。二是推动研发机构建立市场化运营模式，在资本运营、薪酬分配、人员选聘、股权激励、绩效评价等方面和市场接轨，构建良性发展机制，激发研究机构创新动力。三是探索完善科技助力产业的创投生态，引导金融资本以股权投资方式参与研发机构建立运行、成果转化和企业孵化；建设专业化投资基金公司

吸纳社会资本，形成从技术研发、成果转化到产业化的投资基金体系；组织高校科研院所联合社会资本、龙头企业建立投入、研发、产出的创投共同体，充分激发各创新要素活力。

（五）加强内育外联，以辽沈高校院所为平台整合国内外科技资源服务产业创新

辽沈产业创新在提升域内资源利用效率的同时要着眼域外资源的整合利用，以辽沈高校院所为平台整合外部资源助推产业创新。一是积极推进校际合作，瞄准辽沈地区产业发展的科技需求，提炼技术研发与产业化瓶颈，借助国内同领域强势专业资源，如辽沈高校与科研院所就人工智能与清华大学、浙江大学等拥有同类优势学科高校开展学术交流、人才培养、项目共建，争取服务本地产业发展的前沿技术资源。二是支持域内外高校科技园的合作共建，如与复旦大学国家大学科技园、上海交通大学科技园等先进科技园就重大急需技术开展合作，建立创新成果互认，聚合域内外优质创新要素，推动域外科技资源在辽沈落地，同时借鉴先进科技园运行模式，优化辽沈地区科技创新要素生态圈。三是充分利用国际资源，依托"留学辽宁"品牌建设，支持高校利用中国—乌克兰大学联盟等载体组建多种形式国际教育交流合作平台，联合举办产学研用国际合作会议，为辽沈地区产业发展聚合国际资源优势。

辽宁省支持战略性新兴产业发展的
财政政策研究

◎ 刘海军[①]　张婉玉[②]　孙晓书[③]

[内容提要] 自2009年首次提出战略性新兴产业概念以来，经过10余年快速发展，我国战略性新兴产业体系逐步确立、发展壮大，已成为推动产业转型升级、培育新增长点、实现高质量发展的重要抓手。在各项政策的大力支持下，辽宁省战略性新兴产业快速发展，2019年，实现增加值1793亿元，占GDP比重为7.2%，成为辽宁省实现创新发展、振兴发展、绿色发展的重要引擎。但也要认识到，辽宁省战略性新兴产业仍面临着产业规模不大、龙头企业不强、科研投入不足、人才涵养不够的发展困境。财政政策作为政府宏观调控的重要手段，是助力产业发展最有力的政策组成部分之一，必须为战略性新兴产业的发展壮大保驾护航。为此，本文分析了辽宁省财政政策支持战略性新兴产业发展中存在的问题，在借鉴相关地区财政实践的基础上，提出扩大支出规模、增强税收效能、优化政府采购、创新政策方式、完善体制机制5方面建议，旨在增强财政政策对战略性新兴产业的支持效用，促进产业加速发展，助力辽宁省振兴发展。

[关 键 词] 战略性新兴产业　财政政策　产业发展

---

① 作者单位：东北大学东北振兴研究中心。
②③ 作者单位：东北大学工商管理学院。

《中共辽宁省委关于制定辽宁省国民经济和社会发展第十四个五年规划和二〇三五年远景目标的建议》明确提出，加快发展现代产业体系，推动经济体系优化升级，发展战略性新兴产业。战略性新兴产业关乎地区的经济质量与效益，是经济核心竞争力的重要体现，对经济社会长远发展具有重大引领作用。因此，加快发展战略性新兴产业是辽宁实现全面振兴、全方位振兴的必要条件，实现经济高质量发展的内在要求。鉴于目前辽宁省战略性新兴产业尚没有统一的统计方式，本文采用目前能收集到的相关数据进行佐证分析，力图了解战略性新兴产业的发展现状。

一、辽宁省战略性新兴产业发展情况

（一）辽宁省战略性新兴产业发展现状

"十三五"期间，辽宁省战略性新兴产业持续快速发展。2019 年，全省战略性新兴产业实现增加值 1793 亿元，占地区生产总值比重为 7.2%，增速为 11.8%，高于全省规模以上工业增加值年均增速 5.1 个百分点。全省规模以上工业战略性新兴产业产值占规模以上工业总产值的 13.4%，战略性新兴产业已成为全省新的经济增长极。

从企业数量来看，高端装备制造业是战略性新兴产业中企业法人最多的行业。第四次经济普查数据显示，截至 2018 年末，全省从事战略性新兴产业生产的规模以上工业企业法人单位 944 个，占规模以上工业企业法人单位的 13.7%。在工业战略性新兴产业企业法人单位中，高端装备制造业占 23.3%；生物产业占 19.9%；节能环保产业占 16.5%，新材料产业占 16.3%，新能源产业占 14.6%，这五大领域共占战略性新兴产业企业法人的 90.6%。

从产品来看，新材料和高端装备制造业主导了战略性新兴产业产品。2019 年，全省高新技术产品增加值达到 3147.7 亿元，高技术制造业增加值增长 18.7%，高于规模以上工业增加值增速 12 个百分点。其中，新材料行业产品增加值为 1540.9 亿元、高端装备制造业 977.3 亿元、电子信息 275.5 亿元、医药与医疗器械 204.4 亿元、新能源与节能环保 120.5 亿元、其他 29 亿元。新材料和高端装备制造业高新技术产品增加值占全省的比重分别为 48.7% 和 32.2%，合计占比超过八成。

从区域分布来看，辽宁省战略性新兴产业主要集中在沈阳和大连。从高新技术产品增加值来看，2019 年，大连和沈阳分别为 1095.7 亿元、829.8 亿元，共占全省总量的 61.2%，其次为盘锦（占比 7.0%）、营口（占比 5.5%）、辽阳（占比 5.1%），其他 7 个城市占比均在 5% 以下，合计占全省的 21.2%。这表明，大连和沈阳是辽宁省战略性新兴产业的两个重要增长极。

（二）辽宁省战略性新兴产业发展中存在的问题

一是产业规模小，占比有待提升。2019 年，辽宁省战略性新兴产业实现增加值 1793 亿元，占地区生产总值比重为 7.2%。从规模看，2018 年，北京战略性新兴产业增加值达到 4894.4 亿元，是辽宁 2019 年的 2.7 倍；从占比看，辽宁与全国占比 11.5% 的平均水平相比，还存在一定差距。2019 年，辽宁省规模以上工业战略性新兴产业产值占规模以上工业总产值比重为 13.4%，与同期浙江 31.1% 的占比相比，也存在着较大的差距。辽宁省战略性新兴产业规模总体偏小，在经济总量中的占比低，还未形成对经济足够有力的带动作用，同时规模以上工业中的战略性新兴产业在工业中的创新引领作用也不强，亟待做强做大，充分发挥作用。

二是龙头企业缺乏，带动作用不强。据统计，2019 年中国战略性新兴产业领军企业 100 强中，辽宁没有入围企业，北京和山东合计入围企业 34 家，广东 19 家，江苏 12 家，浙江 9 家。由此可以看出，辽宁战略性新兴产业企业的数量和质量与北京、江苏、广东等地相比，存在很大的差距。缺少龙头企业，就无法形成对市场和行业的影响力，不利于产业链延长、实现产业集群式发展、形成良好的互动效应。

三是研发投入不足，技术动力不强。2018 年，辽宁省 R&D 经费内部支出为 460.1 亿元，居全国第 16 位，R&D 经费投入强度为 1.82%，低于全国平均水平 0.32 个百分点。2019 年，辽宁省规上工业企业的 R&D 项目数、经费额分别居全国第 16、第 15 位。辽宁省研发投入处于全国中游水平，不仅与广东、江苏、浙江等排名靠前的地区相比存在很大差距，与河南、安徽、福建、湖北等地相比也存在一定的差距。战略性新兴产业是靠科技和创新为原始驱动力的技术密集型产业，并且由于其长远性、战略性、全局性的特质又导致了其技术的复杂性，需要大量的研发投入，才能推动产业的发展壮大。

四是科研人才资源不足，技术竞争力不强。2018 年，辽宁省 R&D 人员 15.3 万人，居全国第 15 位；R&D 人员全时当量为 95317 人年，居全国第 16 位。2019 年，辽宁省规模以上工业企业的 R&D 人员全时当量为 52104 人年，居全国第 15 位；平均每个规模以上企业拥有 R&D 人员全时当量为 6.85 人年，不足北京 14.18 人年的一半，较广东 11.60 人年、江苏 11.03 人年也存在较大差距。近年来，辽宁省人口问题愈加突出，人力资源流失严重，极大地影响了创新型人才的涵养。科研人才储备不足，将掣肘战略性新兴产业技术竞争力的提升。

二、财政支持战略性新兴产业的经验举措

（一）江苏：创新投入方式，扩大资金渠道

一是设立省战略性新兴产业发展专项资金。自 2011 年，江苏省财政每年安排 10 亿元专项资金，重点支持具有前瞻性、战略性重大关键核心技术研发项目，具有先导性、基础性、突破性的重大产业化项目，基于提高产业和区域创新能力的重大载体建设以及具

有国际或国内先进水平的新产品、新技术应用示范项目。二是重点扶持重大产业项目发展。"十三五"时期，江苏对战略性新兴产业领域 309 个重大产业项目给予扶持，累计下达省级战略性新兴产业转型资金 47 亿元，带动项目总投资乘数级增长。三是创新财政资金投入方式。江苏探索建立政府性资金在扶持产业发展中有偿与无偿相结合的新思路。无偿支持包括投资补助、贷款贴息，重点支持战略性新兴产业发展的重要环节、重大项目、重点工程以及载体建设；有偿支持主要采取股权投资方式，兼顾以股权投资为目的的优先股和可转债等方式，委托第三方专业机构进行运作，重点支持战略性新兴产业领域具有较好市场前景的优强中小型和高成长性企业。四是设立战略性新兴产业发展投资基金。为吸引社会资本和金融资本，江苏各级政府相继设立扶持基金支持战略性新兴产业发展，2017 年对省战略性新兴产业专项资金有偿使用部分进行了基金改造，会同省发改委、江苏高科技投资集团设立了首期规模为 10.91 亿元的省级战略性新兴产业投资基金。

（二）广东：统筹财政专项资金，助力集群化发展模式

一是明确顶层设计，统筹全面发展。出台《广东省人民政府关于培育发展战略性支柱产业集群和战略性新兴产业集群的意见》，分别制定了 20 个战略性支柱产业与新兴产业集群行动计划，突出产业的发展状态与贡献阶段，明确发展目标，并针对每一个战略性新兴产业统筹安排省级财政现有专项资金进行扶持。二是设立广东省战略性新兴产业发展基金，政企合作扶持重点项目领域。该基金由粤科金融集团发起设立，按照"引导基金—子基金集群—项目基金"的三层架构体系搭建。引导基金层面按照 30 亿元规模进行首期设立；子基金集群计划引入地方政府资源；项目基金层面引入金融资本，以项目带动募资，增强基金放大效应，逐步形成募投管退闭环运作，最终达到 200 亿元的目标规模。三是扩宽资金渠道，发挥政府资金的引领作用。《广东省战略性新兴产业政银企合作专项资金管理暂行办法》规定省财政将通过合作贷款贴息的方式，专项安排 50 亿元的战略性新兴产业政银企合作资金，对获得合作金融机构贷款的相关企业项目实际支付的利息给予补助。

（三）山东：竞争性分配财政专项资金

从 2012 年起，连续 4 年，山东省级财政每年安排资金 10 亿元，并采用招标投标和专家评审两种方式进行竞争性分配，确定专项资金扶持项目和承担单位。对市场化程度高、符合招标投标条件的项目，采取招标分配方式，采用这一方式分配的专项资金不低于60%。对不符合招标投标条件的项目，采取专家评审分配方式。出台《山东省自主创新专项资金竞争性分配工作实施方案》，对竞争性分配工作进行全面规范。

（四）北京：创新政府采购模式，加快培育战略性新兴产业

北京创新重大产业项目财政资金支持模式，充分发挥政府采购和推广应用对于促进科技创新和科技成果转化、产业市场化的重要作用，采用首购，订购，首台（套）重大技术装备试验、示范项目，推广应用 4 种方式，在政府行政办公、环保和资源循环利用、公共安全、医疗卫生、交通管理、市政基础设施建设等领域进行政府采购。由采购新技术、新产品向采购服务延伸，支持环节也从研发为主向研发与市场并重转变，从而加快战略性新兴产业向产业链下游发展。

（五）安徽：财政强化相关主体，打造"基地＋平台＋基金"联动发展格局

安徽省财政通过支持建设战略性新兴产业集聚发展基地，促进产业集群式发展；培育壮大"链主""群主"，形成集群发展优势；服务赋能"双创双引"平台，汇集资源要素聚合；成立安徽省"三重一创"产业发展母基金、各市战略性新兴产业发展的引导资金、省级战略性新兴产业风险投资基金，引领更多社会资本进入产业。

三、辽宁省财政支持战略性新兴产业发展方面存在的问题

(一)财政支出规模小,支持力度不足

战略性新兴产业由于其技术创新驱动的根本特性形成了其高投入、高风险、长周期的特点,这些特质也正是投资理论所要规避的。尤其是在初创期、研发期更是这些特点的集中爆发期,企业只有依靠政府的帮助与扶持,才能获得足够的资金支持。以政府资金参与科技研发的情况为例。2018 年,辽宁 R&D 经费内部支出中政府资金 111.0 亿元,仅为北京的 12.1%,上海的 23.5%,广东的 38.6%,江苏的 43.7%,即便与四川(290.9 亿元)和陕西(266.9 亿元)相比,也不足其 50%。辽宁省政府支出规模小,研发投入力度弱,不足以形成对战略性新兴产业的有力支撑,对产业的培育明显不够。

(二)财政政策效率低,引领作用不强

财政政策不仅要对战略性新兴产业形成直接帮助,还要通过其政府背书的特质形成市场预期与产业引导,引领撬动社会资本、金融资本对战略性新兴产业进行投资,推动产业发展壮大。2018 年,辽宁省 R&D 经费内部支出总规模与其中政府资金的比为 4.15,也就是说在科技研发当中政府资金撬动了 4.15 倍的总量资金参与科技研发。这一资金撬动率居全国第 19 位,与浙江(12.69)、山东(12.03)、河南(11.12)相比差距较大,与 4.95 的全国平均水平也存在一定的差距。由此可见,辽宁省财政政策作用效果不够显著,未能充分发挥其杠杆作用,带领形成足够规模的投资。

(三)政策效果不明显,产业发展不快

财政政策除了使用支出政策直接对产业提供资金支持之外,也通过收入政策为企业减免税费起到降低成本的作用,同时还可以使用政府采购从需求端促进产业发展,激发企业创新活力,优化产品及服务,开拓市场空间。2018 年,辽宁省规模以上工业企业开

发新产品支出经费 306.2 亿元，新产品销售收入为 4556.8 亿元，新产品的销售收入与开发经费支出比为 14.9，低于浙江（18.4）、天津（18.0）、河南（17.2）、安徽（16.7）、湖北（15.1）等地。新产品研发的收入支出比反映了支出政策的资金效率，同时也反映了财政政策在新产品应用、市场培育、环境开发等方面作用的间接效果。因此，辽宁省与其他省市相比，财政效果、作用方位还有待进一步扩大，全面助力战略性新兴产业发展。

四、辽宁省财政政策支持战略性新兴产业发展的对策建议

（一）增加财政支出规模，发挥直接支持作用，确保支持政策持续稳定

整合财政资源，扩展资金来源，多渠道扩充资金总量，确保对战略性新兴产业的资金支持持续稳定。向上获得资金支持，一方面积极争取国家专项资金，另一方面助力企业参与国家专项计划、示范工程等争取国家资源，如申报由财政部、国家发改委共同启动的"新兴产业创投计划"获得支持。同时设立辽宁省战略性新兴产业投资基金，通过参股、融资担保等方式直接培育企业发展，并引导社会资本、金融资本参与投资，通过竞争性谈判、战略合作等方式，壮大企业发展。

加大重点领域财政支出，充分发挥财政支出直接作用方式的基础性支持作用，重点加大对关键技术研发、共性技术攻关、公共平台打造、支撑体系建设的投资规模，建立公共技术研究中心、创新转化基地、战略性新兴产业研发中心等，提供公共技术服务，开展技术研发，推动成果转化，加速产业化进程。

加大政策补贴及奖励资金支出，从研发、采购、生产等各个前端环节施行补贴，促进产业链延伸，同时也对消费对象进行补贴，鼓励企业、个人购买使用战略性新兴产业产品，引导消费偏好，激发市场需求。尤其是对省内的相关产品，设置更加优惠的补

贴政策，促进辽宁省战略性新兴产业的本地化应用。对在关键技术突破、核心零部件研发、拳头产品开发等方面有突出贡献的企业、个人给予资金奖励，并简化申报流程，及时足额落实奖励。

（二）增强税收政策调节效果，突出间接鼓励作用，打造财政政策一体化

针对战略性新兴产业企业的税收政策，要充分释放鼓励企业研发创新的信号，能减尽减，与财政支出政策做好配合，双向强化，进一步放大政策效果。对企业进口的关键零部件、先进设备及原材料免征进口关税和进口环节增值税，提高企业核心竞争力；对企业资助非关联机构研发费用给予税前全额扣除的优惠政策，鼓励企业拓宽研发渠道；对企业技术研发、新产品开发、工艺创新发生的相关费用，进一步提高税前加计扣除比例，激发企业科研创新热情，促进战略性新兴产业做大做强。

针对战略性新兴产业相关的专业技术人才，出台相应的人才税收优惠政策，吸引人才汇集，鼓励科技创新成果本地转化。对产业相关领域引进的重点关键性人才，由政府承担其一定比例的个人所得税；对专业人才的相关发明专利权、非专利技术使用权在辽宁省转化应用获得的相关收益，给予个人税收优惠；对科技人才的产业相关科研成果获得的奖金，免征个人所得税。

（三）发挥政府采购作用，创新采购方式，助力产业向市场端延伸

完善政府采购制度流程。与相关部门联合制定政府采购产品目录清单，将符合政府需要的战略性新兴产业产品纳入优先购买的范围，支持省内相关战略性新兴产业产品市场化应用。制定完善政府采购管理办法及要求说明，明确采购范围、产品认定标准、评估体系等，促进企业提升产品标准与服务质量。对省内重大建设项目以及其他使用财政性资金购买重大装备和产品的项目，将承诺采购省内相关战略性新兴产业技术、产品、服务设立为立项申报条件。

丰富政府采购方式。鼓励政府首购、推进商业化前采购、创新定制化采购等新型采购方式，更具针对性地支持战略性新兴产业技术创新及产品开发，助力企业进一步完善产品及相关服务，加速市场化推广。尤其是在数字化应用服务等方面，通过政府采购使用，提高新产品、新模式的市场认知度，推动产业市场潜力充分释放。

（四）创新财政支持方式，提升政策灵活性，充分发挥政府引导作用

打造多元化的产业投融资体制。通过产业发展引导基金、产业投资资金、种子基金、天使基金和专项引导资金，支持探索"基金＋产业""基金＋项目""基金＋项目＋人才"的投资联动模式，进一步发挥产业基金的引导撬动作用。

实施以贴代拨、以保代拨。综合运用贷款贴息、融资担保等方式，为战略性新兴产业企业提供融资的便利条件，提高融资能力与市场适应力，同时也提高财政资金的使用效率。

优化政府补贴分配方式。平衡事前补贴与事后补贴，提高补贴政策效果。完善补贴细则，因"事"施"补"，按照企业规模、补贴事项合理分配补贴额度，提升资金使用效率。

扩展税收政策。鼓励资本向战略性新兴产业投资。如对金融机构向战略性新兴产业企业提供贷款、担保机构为战略性新兴产业企业提供贷款担保等，可以减免营业税，对企业、个人向战略性新兴产业投资获得的投资收益降低税收比例等。

（五）完善体制机制，加强统计与监督，提高财政资金效率

加快建立战略性新兴产业统计指标体系，开展统计监测，更好地衡量财政政策作用效果，及时跟踪反映产业发展动态，并相应地调整财政政策工具与力度。完善财政政策监督机制，对政策实施进度与情况进行跟踪监督，建立评估与监管体系，切实推动各项财政政策落实用好，提高资金使用效率，提升政策作用效果。

以工业为特色打造
沈阳"设计之都"的对策研究

◎ 孟继民[1]　张　剑[2]　孟　然[3]

[**内容提要**] 本文提出在辽宁省构建沈阳现代化都市圈、加快产业转型升级、推进振兴发展的过程中，发挥沈阳工业基础雄厚、工业文化悠久、设计人才集聚的优势，突出工业设计特色，创建沈阳"设计之都"，这对促进城市发展，提升城市的知名度和美誉度，推动沈阳国家中心城市建设，具有积极的促进作用和现实意义。

[**关 键 词**] 设计之都　沈阳　工业设计　城市发展

"设计之都"是联合国教科文组织经评选授予的正规称号。目前，全球共22个城市获此殊荣，其中中国的北京、上海、深圳、武汉被先后授予"设计之都"称号。具体评选由2004年创立的"创意城市网络"负责，对致力于发挥创意产业对经济和社会的推动作用、加入联合国全球创意城市网络的城市进行评选，授予

① 作者单位：中国东北振兴研究院。
② 作者单位：沈阳工业大学。
③ 作者单位：沈阳市工信局。

"设计之都"称号，以此鼓励城市推动创意产业的发展。

沈阳创建"设计之都"应以工业设计为特色。以振兴东北老工业基地为契机，以设计引领产品创新促进产业转型升级为目的，以智能化、网络化、数字化为手段，提升装备、机器人、电子信息、航空等领域的设计水平，为加快产品升级换代，为促进传统产业转型升级提供有效的实现路径。

创建工业设计特色的"设计之都"有助于擦亮沈阳的城市名片。沈阳工业设计的硬实力为沈阳创建"设计之都"奠定了坚实的基础，面对世界范围内老工业城市转型升级的课题，通过设计来提升产品品位和档次，改变产品"傻大黑粗"的形象，探索出一条从设计开始提升的发展路径，提升沈阳的制造档次和城市内涵，引领东北的高质量发展。

一、突出工业设计，形成沈阳"设计之都"的特色

从我国已被授予"设计之都"的城市来看，要想创建成功需要具有特色。上海的特色是文化创意与科技融合，发展数字创意产业；北京的特色是科技创新与文化创新融合，形成创新文化；武汉的特色是将创意设计作为可持续发展的关键驱动力，让老城不断焕发新活力；深圳的特色是以发展创意产业园为载体，大力发展平面设计、包装设计、工业设计，形成设计产业。

沈阳的特色应该聚焦工业设计，依托工业底蕴形成工业设计产业。沈阳工业门类齐全，曾是亚洲工业的起源地，有雄厚的工业文明积淀，许多领域的先驱企业诞生于此，曾创造出新中国工业史上的数百项第一。

沈阳是中国工业设计的发源地之一。在20世纪30年代，沈阳就有了相当规模的工业产业，也可以说就有了工业设计。1948年沈阳解放后，特别是新中国成立后，沈阳的工业地位相当突出，自然有工业设计的贡献。1979年，沈阳鲁迅美术学院成为全

国首批艺术类工业设计院系创建单位，是全国唯一的国家级工业设计实验基地。1987年，沈阳航空航天大学成为全国首批工科类工业设计院系创建单位，沈阳市的26所高等院校开设了工业设计专业。1999年，沈阳在全国首创工业设计服务平台；2004年，举办首届工业设计大赛，至今已延续16届；2013年，沈阳创新设计服务有限公司被评为首批国家级工业设计中心。

近年来，沈阳不断丰富工业设计概念，升级了工业设计工具和技术，提高了专业化、网络化、数字化水平，搭建了国内第一个装备制造业工业设计云平台，建设了第一个中国装备制造业工业设计中心，举办了国内第一个国际装备工业设计论坛。沈阳积极推进工业设计的交流与合作，已举办8届中韩设计论坛，4届中法设计论坛，还有中国创新设计大会沈阳峰会等多项国际交流活动。多次举办了国际、国内各种类型的工业设计大赛。

沈阳承办了第一、二届全球工业互联网大会，会址永久落户沈阳。连续承办了20届中国国际装备制造业博览会，成功举办了APEC中小企业技术展览会等多项国际大型工业类展览交流活动。各个重大会展活动期间，都举办了工业设计的相关活动，扩大了沈阳工业设计在国内外的影响。沈阳设计引领了沈阳工业产业的发展，沈阳工业为沈阳设计营造了创新发展的氛围，设计与产业的有机融合推动了老工业基地转型升级，步入了产业发展的快车道。

二、建设"设计之都"，提升沈阳城市品位和档次

沈阳打造"设计之都"，打造沈阳现代化都市圈，促进东北振兴发展，需要办好"一赛、一馆、一展"，增强工业设计的表现力，形成沈阳设计之都的亮点。

一赛：举办中国好设计大赛等工业设计大赛。以中国好设计大赛东北赛区为基础，培育以工业设计为主题的高水平专业设计大赛。

举办设计大赛，将有效提升辽宁制造业创新设计的全国影响力，有效吸引和汇集创新资源，助力辽宁工业设计水平的提升。丰富的设计作品将为辽宁引进更多品牌性、引领性、标杆性的项目，营造以创新设计为引领的传统产业转型升级的浓厚氛围。

一馆：利用中国工业博物馆的设施，通过改建扩建，扩大展览和交流活动面积，筹建"中国好设计"展览馆。

建议充分利用现有中国工业博物馆资源优势，注入工业设计新理念，提升工业文化的整体性和丰富性，增加功能和进行扩建，对中国工程院等主办的中国好设计大赛历年获奖设计作品进行展示，举办各类创新设计活动、宣讲工业设计理念及应用案例、介绍国内外最新工业设计发展。开展工业设计作品应用转化及需求对接、工业设计项目联合攻关及项目孵化、青少年科普与大学生实训等工作，加快知识产权申请、保护、转化及交易的体系化建设，形成高标准、高起点、高技术、高能量的创新设计公共服务平台，有效助力辽宁产业的转型升级和快速发展。

一展：以中国优秀工业设计奖获奖作品为主体，举办国内外知名工业设计作品展，打造线下和线上永不落幕的展览会。

中国优秀工业设计奖是目前工业设计领域唯一的国家级政府奖项，自 2012 年设立以来，由工业和信息化部主办了 4 届，展示我国工业设计优秀成果，表彰带有引领性、前瞻性的设计创新项目，推动制造强国建设。除此之外，可以举办红点奖、IF 奖、红星奖等国内外知名工业设计奖项的优秀作品展。通过举办各类设计展，展示工业设计成果，营造创新设计氛围，汇聚先进设计理念、优化配置创新设计资源，开拓工业设计视野，激发创新创意的灵感。

"设计之都"将为城市带来品牌效应和知名度提升。在世界舞台上，沈阳作为设计之都的城市名片会日益凸显，为城市带来新的发展契机，不断提高沈阳现代化都市圈的影响力。

"设计之都"将为城市带来巨大的虹吸效应。城市的发展进程将因建设设计之都而加快，增强城市的吸引力，随着设计人才、设计资本、设计理念、设计手段的不断汇集，将吸引全球的设计资源，形成区域有影响力的设计产业高地，促进城市的高质量发展。

"设计之都"将为城市带来生机与活力。众多的创新要素为城市的创新与发展带来更多的资源，独特的城市产业特点为创新发展提供了可实践、可实施、可实现的空间与平台，为城市快速发展带来了巨大的创造力。

三、采取得力措施，加快建设沈阳"设计之都"

沈阳的工业基础、文化底蕴和创意设计氛围，特别是近年来开展的与设计相关的活动，带动了创意设计产业的发展，为建设沈阳"设计之都"创造了条件。然而，要在打造沈阳现代化都市圈的过程中，建设沈阳"设计之都"，还需要广泛形成共识，落实推动建设的组织机构，对设计平台、设计活动和设计产业给予更多的支持，特别是要重点打造"一馆、一展、一赛"，提高沈阳的影响力和知名度，争取早日进入"设计之都"行列。

一是扩大宣传、制造氛围、形成共识，加快沈阳建设"设计之都"的步伐。沈阳虽然有工业基础、产业底蕴和设计人才，但与挂牌的"设计之都"城市相比，还有一定的差距。沈阳需要利用综合媒体，宣传创意设计活动，展示设计成果、发展设计产业，让社会更多地了解创意设计，了解建设"设计之都"对沈阳城市发展的意义和作用，尊重创意设计成果，参与创意设计活动，增强市民参与的积极性。

二是组织落实、机构落实、责任落实，务实推进沈阳"设计之都"建设。将打造"设计之都"工作列入领导分工，成立领导小组或者建立联动机制，明确牵头部门，出台建设"设计之都"的行动计划，明确发展的目标、任务、措施，建立工作考核和推进机制，务实推动"设计之都"建设。

三是用好政策、出台政策、争取政策，支持设计产业发展。打造工业设计为特色的"设计之都"，其建设过程和设计成果的体现是设计产业发展。为了早日把沈阳建成"设计之都"，需要用好现有政策、出台新的政策、争取国家政策，大力支持设计平台建设，吸纳外部优势资源，发掘城市特有要素，促进设计产业发展。特别是着力培养、留住、引进人才，注重发挥人才的作用，落实人才鼓励政策。对设计人才、平台和企业，给予政策扶持和资金支持。积极引导和支持开展设计活动，扶持设计企业，特别是平台型企业，形成创意设计的集群式发展，打造出沈阳"设计之都"的城市风采。

沈阳市智能制造企业创新的
财税激励效果研究[①]

◎ 高宏伟[②]　殷　越[③]

[内容提要] 智能制造成为推进东北老工业基地制造业转型升级的重要方向。财政补贴和税收优惠作为激励企业创新的重要工具，两者激励效果值得关注。以 2019—2021 年沈阳市智能制造企业为样本，评价财政补贴和税收优惠对智能制造企业创新的激励效果，并对不同所有制、不同业务类型企业进行异质性分析。研究结果表明：财政补贴和税收优惠均能对智能制造企业创新产生正向激励，财政补贴和税收优惠对智能装备类企业创新起到更大激励作用，对智能软件类企业激励作用还有待发挥。税收优惠对智能软件类企业创新更为有效，政府补贴对智能装备类企业创新作用更加突出。不同所有制企业的创新激励效果存在着明显的异质性。其中，税收优惠对非国有企业的激励效果高于国有企业，而财政补贴对国有企业的激励效果最大。

[关 键 词] 财税激励　智能制造　老工业基地　沈阳振兴

---

① 本文受 2018 年度中央高校基本科研业务费项目"东北产业结构与区域经济特点匹配性及产业结构选择研究"（项目编号：N172410003-8）资助。
②③ 作者单位：辽宁大学经济学院。

一、引言

随着第四次工业革命的到来，以大数据、互联网、移动终端和机器学习等为引领的新一代信息技术开始融入社会生活的各个方面，智能制造成为全球推进制造业转型升级的重要方向，智能制造通过资源的标准化、流程化、数据化和互联化，从形态、性质、价值和结构四个方面改变了企业和产业资源基础特征，推动战略变革进而推动转型升级（肖静华、李文韬，2020）。为了把握新一轮科技革命和产业革命的新机遇，在全球竞争中赢得更大的发展主动权，我国从国家层面积极部署了《中国制造2025》《智能制造发展规划（2016—2020）》与《新一代人工智能发展规划》等一系列战略规划。从地方情况看，"智能制造"作为振兴实体经济、加快工业转型升级的重要突破口，各地区政府尤其是东北地区，加大了对智能制造的财政和税收支持力度，期待通过智能制造改造升级"老字号"，培育壮大"新字号"，推动老工业基地的全面振兴。那么现有的财税政策对智能制造创新的激励效果如何？为加快推动提升智能制造企业的创新能力，现有财税政策应该如何进行适应性调整？这些问题既是理论研究关注的焦点，也对地区政府相关政策的制定具有迫切的重要的现实意义。为此，本文以沈阳市2019—2021年智能制造企业为研究对象，对财税政策对于智能制造企业创新的激励效果进行实证研究并提出相应的对策建议。

二、文献综述

围绕政府补贴与税收优惠能否有效激励企业创新问题，学者们展开了大量研究，但研究结论存在一定的差异。早期研究围绕财税激励政策是否能够提升企业创新绩效展开：一种观点认为，企业创新活动是在不确定性环境下展开的，其创新活动存在较大风险，政府使用财税激励政策能够降低企业的创新风险，引导企业开展创新活动，财税政策对企业创新产生激励效应（白俊红，2011）。另一种观点认为，政府补贴减弱了企业研发投入的动机，产生了财税政策对企业研发的挤出效应（高宏伟，2011；肖美凤等，2012）。近年来，学者们更倾向于接受财税政策的"效应叠加"的观点，即财税政策同时产生"激励效应"和"挤出效应"，财税政策对企业创新的影响是两种效应叠加的结果，总效应受制于知识产权保护力度、要素市场与基础设施建设等一系列制度环境因素（张帆、孙薇，2018；王桂军、张辉，2020）。从实证研究看，学界对财税政策与企业创新之间关系的检验加入更多情境因素，探究财税政策对企业创新影响的差异性，也促进了更为"精细化"的财税政策出现。例如，陈红等（2019）分行业讨论了政府补助和税收优惠对不同生命周期、不同创新类型的激励效果。结果表明，政府补助、税收优惠对企业的利用性、探索性创新绩效均有激励作用，政府补助更有利于激励制造业与服务业成长期企业的开发性创新活动，以及制造业成熟期企业的探索性创新活动；税收优惠更适用于支持制造业成熟期企业的开发性与探索性创新活动。陈强远等（2020）将我国财税政策分成普适性政策、选择性政策和自由裁量政策三种类型，并对不同类型的财税激励政策对企业创新质量和数量的影响进行实证分析。研究发现，以"研发费用加计扣除"为代表的普适性政策促进了企业创新数量，对企业创新质量的影响不显著；以"高新技术企业认定""高新技术企业所得税减免"为代表的选择性支持政策，同时激励了企业创新质量和创新数量；以"政府科技活动资金投入"为代表的自由裁量政策，对企业创新数量和质量都无影响。张翅（2020）将政府补贴分为事前补贴和事后补贴两大类，对政府补贴与农业企业创新绩效关系进行检验，得到的结论是，事前补贴不利于农业类上市公司未来技术创新，事后补贴有利于农业类上市公司未来技术创新，事后补贴政策激励农业类上市公司技术创新的效果优于事前补贴政策。

综上所述，对财税政策与企业创新之间关系的研究已经从早期

"非此即彼"的争论，过渡到"彼此融合"的阶段，对财税政策与企业创新的实证研究也不断地引入了更多、更细致的情境因素，使得财税政策对企业创新影响的研究更为精细化和情境化，极大地丰富了理论研究，也同时帮助地方政府对财税政策优化提供更多理论支撑。当前，关于财税政策与企业创新的研究主要集中于制造业、服务业、高新技术企业，对智能制造企业的实证研究相对不足。基于此，本文以沈阳市2019—2021年智能制造企业为样本，探讨税收优惠和财政补贴对智能制造企业创新的影响，以期对沈阳市出台更为精准的财税政策，促进智能制造企业创新，推动工业结构转型升级提供参考。

三、研究设计

（一）模型构建

为了检验政府补贴与税收优惠对智能制造企业的创新激励效果，构建回归模型如下：

$$\ln EXPLORATORY_{i,t}=\alpha_0+\alpha_1 AGE_{i,t}+\alpha_2 PRO_{i,t}+\alpha_3 SIZE_{i,t}+\varepsilon_{i,t} \#(1)$$

$$\ln EXPLORATORY_{i,t}=\alpha_0+\alpha_1 AGE_{i,t}+\alpha_2 PRO_{i,t}+\alpha_3 SIZE_{i,t}+\alpha_4 TB_{i,t}+\alpha_5 SUB_{i,t}+\varepsilon_{i,t} \#(2)$$

$$\ln EXPLOITATION_{i,t}=\alpha_0+\alpha_1 AGE_{i,t}+\alpha_2 PRO_{i,t}+\alpha_3 SIZE_{i,t}+\varepsilon_{i,t} \#(3)$$

$$\ln EXPLOITATION_{i,t}=\alpha_0+\alpha_1 AGE_{i,t}+\alpha_2 PRO_{i,t}+\alpha_3 SIZE_{i,t}+\alpha_4 TB_{i,t}+\alpha_5 SUB_{i,t}+\varepsilon_{i,t} \#(4)$$

$\ln EXPLORATORY_{i,t}$ 和 $\ln EXPLOITATION_{i,t}$ 表示样本企业的创新绩效，分别对应探索性创新和利用性创新；$TB_{i,t}$ 为税收优惠，$SUB_{i,t}$ 为财政补贴，控制变量包括企业年龄 $AGE_{i,t}$，企业规模 $SIZE_{i,t}$，企业净利润 $PRO_{i,t}$。

（二）指标选择

1.被解释变量

用发明专利数衡量探索性创新绩效，用实用新型与外观设计专利数衡量开发性创新绩效。考虑到政府激励对企业创新成果产出影响的时间滞后性，本文采用滞后一年期的实用新型与外观设计专利数、发明专利数进行实证分析（陈红等，2019）。

2. 核心解释变量

用政府补助额与税收优惠额的对数作为核心解释变量。其中，税收优惠额 = 利润总额 ×（名义所得税税率 - 实际所得税税率）。实际所得税税率为所得税费用与税前利润的比值；政府补助额以企业财务报表中的"政府补助"项作为"政府研发直接补贴"的替代，尽管政府补助的数额可能要大于政府研发直接补贴，但两者的差异不会太大。

3. 控制变量

选取对企业创新能力有重要影响的因素作为控制变量，分别是：企业规模、企业年龄、企业净利润。企业规模用企业资产总额衡量，企业年龄用"观测年度 - 企业成立年份"的对数值表示，企业净利润用观测年度的企业净利润表示。

（三）数据说明

数据来源于沈阳市科技局委托项目"沈阳市高新技术企业调查研究"，选取 2019—2021 年沈阳市智能制造企业创新等相关数据，样本企业数量为 827 个，涵盖智能制造（电力装备）、智能制造（增材制造）、智能制造（工业软件）等细分行业，表 1 为主要的描述性统计结果。

表1　描述性统计

变量	样本量	均值	标准差	最小值	最大值
$lnPATENT$	827	3.125	1.485	0	8.536
$lnINNOVATIONPATENT$	827	1.723	1.323	0	8.041
TB	827	17.449	1.473	12.885	21.36
SUB	827	16.619	1.431	10.545	21.845
$SIZE$	827	0.397	0.182	−0.031	1.701
AGE	827	1.917	0.497	1.099	2.708
PRO	827	11.312	18.933	−19.673	142.783

四、实证分析

(一) 回归结果

利用 Eviews 分别对模型 1—4 进行固定效应的多元面板回归分析，回归结果见表 2。其中，模型 1 和模型 2 是探索性创新为被解释变量，模型 1 是考虑控制变量的基准模型，模型 2 是加入税收优惠和政府补贴后的模型。模型 3 和模型 4 是利用性创新为被解释变量，模型 4 是在模型 3 基础上加入税收优惠和政府补贴的模型。

表2　模型回归结果

	利用性创新		探索性创新	
	1	2	3	4
TB		0.0635***		0.0302**
		(0.0119)		(0.012)
SUB		0.1385***		0.1191***
		(0.0168)		(0.0161)
SIZE	0.08**	0.2801*	0.0966**	0.4701***
	(0.0322)	(0.1519)	(0.0383)	(0.1313)
AGE	−1.4898***	−1.3012***	−1.0958***	−0.9667***
	(0.0473)	(0.0535)	(0.0472)	(0.0515)
PRO	0.0054***	0.0043***	0.0075***	0.0064***
	(0.0015)	(0.0014)	(0.0018)	(0.0017)
常数项	3.9803***	1.6708***	2.5742***	0.5391
	(0.2577)	(0.3968)	(0.2513)	(0.389)
F	35.321	36.214	34.142	34.789
ΔR²	0.4599	0.4736	0.4023	0.4192

注：括号内为以企业聚类的稳健标准误差，***、** 和*分别表示在1%、5%和10%的水平上显著。以下各表同。

结果表明，所选择的 4 个回归模型不论拟合优度还是 F 值都较好地通过了显著性检验，拟合程度较为理想。基准模型下，控制变量对被解释变量利用性创新绩效的变化解释程度为制造业 0.4599，对探索性创新绩效变化的解释程度为制造业 0.4023；加入解释变量之后的模型 2 和模型 4，对被解释变量变化的解释程度显著提高，ΔR^2 分别为 0.4736 与 0.4192。说明，解释变量能够很好地解释被解释变量的变化，沈阳财税政策对智能制造企业创新产生了较高的激励作用。在模型 2 中，税收优惠和政府补贴都与智能制造企业创新绩效存在正向相关关系（α^1=0.0635，α^2=0.1385），说明两个变量都会对智能制造企业创新产生正向激励作用，但政府补贴对智能制造企业的利用性创新产生的激励效应更大。同样，在模型 4 中也反映了这种结果，即政府补贴对智能制造企业的利用性创新起到了更大的激励作用。

考虑到智能制造企业的类型差异，本文将沈阳市智能制造企业分为智能装备类企业和智能软件类企业两种类型，并根据企业类型差异进行分组检验，以检验税收优惠和政府补贴对不同类型智能制造企业的激励效应，见表3。

表3 异质性检验

	利用性创新		探索性创新	
	1	2	3	4
	智能装备类	智能软件类	智能装备类	智能软件类
TB	0.0748***	0.0605**	0.0425***	0.0327
	(0.0139)	(0.0275)	(0.0146)	(0.0263)
SIZE	0.1428***	0.0577	0.1176***	0.0823**
	(0.0203)	(0.0434)	(0.0202)	(0.0403)
AGE	0.3609**	0.263	0.4917***	0.4003
	(0.1677)	(0.4098)	(0.1736)	(0.3101)
PRO	−1.2326***	−1.6391***	−0.9344***	−1.2059***
	(0.0659)	(0.1304)	(0.0602)	(0.1521)
	0.0021***	0.0056**	0.0049***	0.0027
	(0.0005)	(0.0022)	(0.0007)	(0.0019)
常数项	1.314***	3.6961***	0.2407	1.4967
	(0.4833)	(1.0714)	(0.501)	(1.0006)
F	35.321	36.214	34.142	34.789
R^2	0.3663	0.3584	0.3597	0.3414

回归结果显示，税收优惠和财政补贴对智能装备类和智能软件类企业的两种创新都产生了正向激励效果，但是在两种类型智能制造企业中存在一定差异性。具体来说：（1）相较于税收激励，政府补贴对两种类型智能制造企业的激励效果更高，无论是在利用性创新还是在探索性创新上，都反映了同样的结果。（2）相比智能软件类企业，税收优惠和政府补贴对沈阳市智能装备类企业的利用性创新产生更高的激励效果，且政府补贴比税收优惠更为有效；税收优惠和政府补贴对智能软件类企业的探索性创新激励更高，且政府补贴比税收优惠效果更好。（3）从企业创新类型看，政府补贴和税收优惠，对企业利用性创新激励效果要比对企业探索性创新激励更强，原因在于探索性创新比利用性创新具有更大的不确定性和风险，利用性创新更接近企业利益最大化的目标。

将样本企业划分为国有企业、外资企业、民营企业三种类型，并比较不同所有制类型企业创新的财税激励效果，见表4。回归结果显示：（1）税收优惠和政府补贴对所有类型的企业都产生正向激励，但是政府补贴对不同类型企业的激励效果更高。（2）相较于民营企业和外资企业，政府补贴对国有企业创新的激励效果更强，税收优惠对国有企业创新的激励弱于民营企业和外资企业。（3）从创新类型上看，税收优惠和政府补贴对民营企业的探索性创新产生了更为显著的影响，对国有企业和外资企业的利用性创新影响比民营企业更强。

表4 异质性检验

	利用性创新			探索性创新		
	1	2	3	5	6	7
	国企	外资	民营	国企	外资	民营
TB	0.0488**	0.0392	0.0774***	0.031	0.0017	0.0471***
	(0.0195)	(0.092)	(0.0157)	(0.0221)	(0.0482)	(0.0155)

	利用性创新			探索性创新		
	1	2	3	5	6	7
	国企	外资	民营	国企	外资	民营
SUB	0.1651***	0.0531	0.1093***	0.0481***	0.0105	0.0826***
	(0.0277)	(0.0508)	(0.0218)	(0.0305)	(0.0429)	(0.0189)
SIZE	0.034	2.423**	0.2536	0.3477	2.2922***	0.4759***
	(0.2644)	(0.925)	(0.1655)	(0.2301)	(0.5337)	(0.158)
AGE	1.3295***	1.296**	1.2317***	1.0652***	0.6772	0.9067***
	(0.0768)	(0.5018)	(0.0869)	(0.0762)	(0.4178)	(0.0849)
PRO	0.0028	0.0084	0.0046**	0.0053*	0.0429***	0.0055**
	(0.0023)	(0.0188)	(0.002)	(0.0028)	(0.0112)	(0.0022)
常数项	1.7953***	4.5792**	1.647***	0.6701	1.6508	0.4072
	(0.678)	(2.0791)	(0.5303)	(0.6731)	(1.4409)	(0.4888)
F	35.321	36.214	34.142	34.789	F	35.321
R^2	0.5591	0.4381	0.4149	0.4892	0.4465	0.3429

（二）稳健性检验

运用有限信息最大似然估计法（LIML）进行稳健性检验。表5的回归结果显示，税收优惠和政府补贴的创新激励作用依然非常显著，并且解释变量与控制变量的回归系数与工具变量的回归系数一致，从而验证了回归结果的稳健性。采用工具变量估计后，无论是单行政策还是并行政策，政府补贴与税收优惠对一般性创新的激励作用依然为正，且在1%的水平上显著有效，政府补贴与税收优惠单行政策对实质性创新的激励作用依然为正，且在1%的水平上显著有效，再次验证了财税政策的创新激励作用。财政补贴的系数（0.3183）仍然高于政府补贴（0.1989），再次说明了财政补贴的创新激励效果明显高于税收优惠。究其原因，政府补贴为事前激励，决定了该补贴在发放前已经确定了资金的使用方式。企业基于利益最大化目标，为了稳定获得专项研发资金，势必会将越来越多的资源，如研发人员、专项研发费用、研发所需物料投入到研发活动中。当越来越多的资源在创新环节积聚时，会助推该企业创新能力从最初单纯依靠资源投入迈向质的飞跃，因此政府补贴的激励作用相对较大。

表5　内生性检验

	利用性创新			探索性创新		
	1	2	LIML检验	3	4	LIML检验
TB		0.1989**	0.1989**		0.0722	0.0722
		(0.0785)	(0.0785)		(0.086)	(0.086)
SUB		0.3183***	0.3183***		0.361***	0.361***
		(0.0693)	(0.0693)		(0.0701)	(0.0701)
SIZE	−0.0947	−0.0189	−0.0189	0.0105	0.1393	0.1393
	(0.0985)	(0.2069)	(0.2069)	(0.0838)	(0.2105)	(0.2105)
AGE	0.9766***	0.5599***	0.5599***	−0.2275**	−0.1728	−0.1728
	(0.1237)	(0.1785)	(0.1785)	(0.1053)	(0.1725)	(0.1725)
PRO	0.7766***	0.6599***	0.6599***	−0.1275**	−0.2728	−0.2728
	(0.1237)	(0.1785)	(0.1785)	(0.1053)	(0.1725)	(0.1725)
常数项	2.0586***	4.4771***	4.4771***	3.7975***	5.1409***	5.1409***
	(0.6878)	(1.3577)	(1.3577)	(0.6714)	(1.4679)	(1.4679)
D−W−H内生性检验	52.800	30.977	30.977	58.762	26.100	26.100
	（0.000）	（0.000）	（0.000）	（0.000）	（0.000）	（0.000）
Kleibergen−Paap rk LM统计量	142.033	52.626	52.626	142.033	52.626	52.626
	（0.000）	（0.000）	（0.000）	（0.000）	（0.000）	（0.000）
Kleibergen−Paap rk Wald F统计量	315.531	32.681	32.681	315.531	32.681	32.681
	（16.38）	（7.03）	（7.03）	（16.38）	（7.03）	（7.03）

五、研究结论与政策建议

（一）研究结论

本文以 2019—2021 年沈阳市智能制造企业为研究对象，实证研究财税政策对沈阳智能制造企业创新的激励效果。实证结果发现：（1）税收优惠和政府补贴都对智能制造企业创新产生正向激励作用，对智能制造企业的利用性创新也起到了更大的激励作用，对探索性创新激励效果仍有待加强。（2）财政补贴和税收优惠对智能装备类企业创新起到更大激励作用，对智能软件类企业激励作用还有待发挥。其中，税收优惠对智能软件类企业创新更为有效，政府补贴对智能装备类企业创新作用更加突出。（3）在对不同所有制类型企业进行实证分析时发现，不同所有制企业的创新激励效果存在着明显的异质性。其中，税收优惠对非国有企业的激励效果高于国有企业，而财政补贴对国有企业的激励效果最大。

（二）政策建议

基于本文研究结论，提出以下政策建议。

一是以持续加大财税激励力度为重点推动智能制造财税激励效应的"最大化"。在企业研发费用加计扣除方面，将智能制造企业加计扣除比例从 75% 提高到 100%，进一步围绕智能制造重点领域加大对企业所得税和个人所得税的优惠力度。在政府补贴方面，用好用足中央及地方支持政策，加大对中国科学院、中国工程院等国家级研发机构的政府补贴力度，重点在研发体系建设、核心技术攻关、人才引进与培养等各方面给予全方位政策支持。借鉴天津和青岛等地智能制造发展经验，对已经落户辽宁并组建科研团队、开展智能科技研发工作的国家级、省部级研发中心，提高一次性补助力度（天津补助 3000 万，青岛补助 2000 万）；对符合条件的项目、平台，按照项目总投资的比例提供资金支持（青岛补助20%），对总投资 5 亿元以上的重大项目"一事一议"。

二是以财税激励的结构优化为重点推动智能制造财税补贴的"精准化"。加大财税支持力度是激励沈阳智能制造发展的必要条件，要进一步释放财税激励的效果，还必须调整财税激励结构。近些年来，各地区政府都将智能制造作为产业结构调整的重点，但难免陷入财税激励的同质化情境，即普遍采用了政府补贴和税收优惠方式加大对智能制造的支持力度。本文认为，加大财税激励力度只是必要条件，要推动财税激励效果最大化，还必须以"精细化"和"精准化"为重点，优化政府财税激励的结构调整。具体来说，针对智能装备类企业需要强化政府补贴在财税结构中的比重，对于智能软件类企业应该加大税收优惠的作用。对国有属性的智能制造企业加大财税政策对探索性创新的支持力度，对民营属性的智能制造企业加大财税政策对利用性创新的支持力度，促进国企国资集中于基础性、风险高、外溢性强的探索性创新领域，民营企业和外资企业集中于应用性强、风险低、市场化强的利用性创新领域，进而形成国有企业、民营企业、外资企业在创新链和产业链上的协同分工，形成和完善智能制造产业创新体系。

三是以人才队伍建设为核心调整智能制造的财税支持导向。把高端人才队伍建设作为智能制造发展的重中之重，现有财税政策应该向智能制造人才队伍建设倾斜。积极拓宽智能制造高层次人才引进、培养渠道，为海内外人才（团队）创新、创业营造优质服务环境；协同省内高校及社会培训机构建立面向中低端产业工人的技能提升教育与培训计划，促使智能制造高技能人才整体素质转变和创新意识增强，并逐步提升他们的社会地位和待遇；支持智能制造龙头企业和科研机构核心技术人才柔性工作，组建智能制造公共服务平台专家队伍，并提高科研人员成果转化收益比例，完善科技成果、知识产权归属和利益分享机制，全面激发科研人员的积极性和创造性。

新形势下东北地区
产业结构调整的路径与建议[①]

◎ 高宏伟[②]

[内容提要] 如何调整产业结构是推进东北全面振兴、全方位振兴的关键问题。本文在归纳总结东北地区产业结构存在问题的基础上，基于东北区域经济特征，从技术结构、人口结构、能源结构和投资结构四个维度，分析了东北地区产业结构调整存在的问题与面临的挑战，并提出基础能力提升、优化国企国资布局、强化城市群和产业群互动的转型路径和对策建议。

[关 键 词] 东北地区　产业结构调整　转型路径

一、现状与意义

　　受国际地缘政治军事冲突和新冠疫情蔓延的影响，中国发展所面对的国际国内环境产生一些新变化，国民经济平稳运行面临一些新挑战，如何在不确定性中寻找确定性、如何统筹安全与发展成

① 本文受 2018 年度中央高校基本科研业务费项目"东北产业结构与区域经济特点匹配性及产业结构选择研究"（项目编号：N172410003-8）资助。
② 作者单位：辽宁大学经济学院。

为当前和未来一段时间内我国经济高质量发展的重中之重。作为拥有14亿人口的发展中大国，超大规模内需市场潜力和消费结构升级为中国经济发展带来更大"闪转腾挪"空间，也为全球经济复苏注入强大动力。党和政府早已确立内需大循环、外需大循环相互促进的新发展格局，内需将极大增强中国经济高质量发展的"韧性"。东北地区是新中国重要工业基地之一，经过多年建设，拥有数控机床、重型装备、钢铁冶金、石油化工等一批打造"国之重器"的产业和重点企业以及较为丰富的科技、教育资源和人力资本，对维护国家国防安全、粮食安全、生态安全、能源安全、产业安全具有重要的战略意义。

产业结构是衡量国家或区域经济发展的重要结构性指标，产业结构问题历来是政界和学界关注东北问题的焦点，围绕东北地区产业结构调整问题，学者们开展了大量研究。长期以来，东北地区依托煤炭、石油等非可再生资源衍生的重化工业一直占据主导地位，新兴产业成长虽快但规模不大，且缺乏大规模消费品工业支撑。这样的产业结构不仅加剧东北产业全球价值链的"低端锁定"，也对区域人力资本产生极大的"挤出效应"。一方面，将廉价资源对外输出却将污染和能耗留在本地；另一方面，随着资源日渐枯竭，一些城市经历转型阵痛，资本和人口等生产要素逐渐外流。东北三省科技教育资源在全国仍然具有比较优势，由于经济失速以及体制机制等众多原因，近些年科技成果"墙里开花墙外香""科技人才外流"情况越发严重。因此，研究东北地区产业结构调整，不仅是服务国家战略安全的需要，而且对东北老工业基地重新焕发活力，加快振兴发展进程具有重要现实意义。

二、问题与挑战

东北地区产业结构问题也与区域经济特征紧密相关，为此本文从技术结构、人口结构、能源结构和投资结构四个维度，对东北地区产业结构存在的问题与面临的挑战进行分析。

（一）关键核心技术缺失与产业链和供应链安全

新一轮科技和产业革命的纵深推进正对世界各国的经济结构和全球价值链分布产生深刻影响，以大数据、互联网、移动终端和机器学习等引领的新一代信息技术开始融入社会生活的各个方面，智能制造成为全球推进制造业转型升级的重要方向，智能制造通过资源的标准化、流程化、数据化和互联化，从形态、性质、价值和结构四个方面改变了企业和产业资源基础特征，推动战略变革进而推动产业转型升级。但是，东北地区智能制造发展上面临着"卡脖子"问题。以辽宁为例，辽宁智能制造发展态势较好，但仍然存在关键核心部件及高端零部件受制于人、产业链本地配套率较低、产品质量和品牌建设仍然较差等诸多问题。沈阳市的新松工业机器人本地配套率仅为27%，低于该企业的外埠配套率39%及国外配套率34%。机器人产业链上减速器、电机、伺服驱动、激光器系统、先进制造基础零部件、高档机床用轴承钢多数依赖国外进口。在高端数控机床领域，国产化率不足5%，即使是普通数控机床，也有80%以上的数控系统使用国外产品，其中日本FANUC的数控系统就占据了我国50%以上的市场份额。自2008年全球金融危机爆发，尤其是2020年以来新冠疫情在全球蔓延，一些国家和地区意识到产业链条中关键环节和阶段的缺失可能带来严重的产业、经济乃至社会安全问题。在关注效率的同时，安全逐步成为在布局全球价值链时需要考虑的重要因素。美国2011年奥巴马政府提出的"再工业化"战略，2018年特朗普政府发起的"贸易保护"等，日本拨出巨额贷款用于"供应链改革"等鼓励产业回流的政策举措，都将加速全球价值链朝着本土化方向发展。东北地区各个产业无论是资源的开发利用，还是物流和国际贸易的展开，都深受全球环境和国际关系的影响，是全球产业链、价值链深度参与者和贡献者，因新冠疫情和地缘政治军事冲突导致的全球供应链中断、全球价值链收缩，使部分企业需要的关键零部件、核心零部件无法得到及时供应，"断供"风险极大，严重威胁本地产业链和供应链安全。

（二）老龄化与少子化并存与人口资本缺口

第七次全国人口普查数据显示，2010—2020 年期间东北地区总人口数减少了 1100.58 万人，减少比例为 11.17%，占全国总人口比重下降了 1.2 个百分点。人口老龄化程度进一步加深，65 岁及以上人口的比重 16.39%，与 2010 年第六次全国人口普查相比，提高了 7.26 个百分点，高于全国平均水平。人口结构老龄化将从劳动力供给和消费结构两方面影响东北地区产业结构调整。一方面，劳动力供给降低，使中国过去依赖人口红利提供廉价劳动力的发展模式难以为继，人口结构通过消费结构影响产业结构升级转换的问题显而易见。劳动人口比重下降，且年龄结构不断提高，不利于产业未来的发展。同时，老年人口偏向储蓄，消费能力不足，同样不利于经济增长。另一方面，老龄化加剧，将导致养老、医疗等相关公共财政支出比重上升，使公共财政支出的总体压力增大。不过，老龄化加剧或将倒逼技术升级，提高人力资本投资，则能够减轻潜在增速下降的压力，促进产业升级。

（三）"双碳"减排带来的能源结构转型压力

气候变化是人类面临的最严峻挑战，共同应对气候变化是全人类共同的责任。为积极应对气候变化，世界主要国家纷纷结合自身发展现状，提出碳达峰和碳中和（简称"双碳"）战略目标并制定路线图。"双碳"行动有助于推动形成节约资源和保护环境的产业结构、生产方式、生活方式、空间格局，是助推经济社会绿色转型和系统性深刻变革的重要途径。东北地区是我国典型的老工业基地，重化工业主导的产业结构与资源环境之间矛盾日益突出，不仅产生了一批资源枯竭型城市，也给东北地区带来较大的能耗与污染。2005—2020 年期间，东北地区制造业主要分布在"哈尔滨—长春—沈阳—鞍山—大连"轴线地区，东北地区产业结构的清洁度呈下降趋势，呈现出"南低北高"的空间格局，高污染企业主要集中在东北中部、南部地区，东北东部地区和北部地区产业污染程度较少。长期以来，东北地区能源消费以煤炭为主，2013—2019年煤炭消费在东北地区能源消费结构中的比重超过60%，以煤炭和石油为主的非清洁能源占比则超过85%。2013—2019年东北工业的能源消耗产生碳排放量占所有产业比重超过70%。在我国环境保护法律日渐严苛的大背景下，东北地区工业企业势必加大环境保护投入从而增加企业生产运营成本，同时如此巨大的能源消耗碳排放也对产业绿色低碳发展以及实现转型升级提出了挑战。

（四）投资固化制约增量增长

投资规模及其结构在很大程度上主导区域经济未来的发展方向，也决定经济发展的质量和后劲。改革开放40多年的历史证明，民营经济是中国经济发展的"最大增量"，个体和民营企业已经占到市场主体总数的94.9%，贡献了50%以上的税收，60%以上的国内生产总值，70%以上的技术创新，80%以上的城镇劳动就业，90%以上的新增就业。以国有资本、外商投资、民营投资结构为分析维度，东北地区产业结构中国有资本仍然占据主导地位。从资本存量看，2018年东北三省工业企业中国有及国有控股工业企业资产达到35934.6亿元，辽宁、吉林、黑龙江三省国有资产占工业总资产比重分别达到48.3%、54.0%和59.9%，远远超过全国平均水平的38.8%，同期的江苏和广东国有资本占比仅为18.4%和21.8%；东北三省民营企业资产总额为7973.3亿元，辽宁、吉林、黑龙江三省民营企业资产占工业总资产比重分别达到16.4%、11.6%和10.3%，低于全国平均水平的21.1%，与江苏和广东的28.8%和18.1%也存在很大差距。从国有资本的行业分布看，东北地区国有资本集中在食品制造，石油和天然气开采，汽车制造，铁路、船舶、航空航天和其他运输设备制造，通用设备制造，黑色金属冶炼和压延加工，专用设备制造，金属制品，机械和设备修理，石油、煤炭及其他燃料加工等行业，这些国有资产的全国比重都超过 10%，在工业资产结构中占比合计超过 70%，说明东北地区投资结构存在一定程度的"固化"倾向，资本主要流向国有及国有控股企业，民营企业投资相对不足，从而挤压了民营资本生存空间。究其原因，重工业大多是关系国民经济命脉和国家安全的战略性产业，出于生产的规模经济和范围经济要求，一些国有企业集中在东北重工业领域。国有企业对东北地区经济发展带动效应极大，各级政府高度重视，国企成为政府完成绩效目标的主要抓手，两者已经成为整个区域资源分配的顶层设计者，共同决定了东北区域经济发展的方向和前景，人才等生产要素进一步向政府和国有企业集聚，民营企业发展也严重依赖政府和国有企业。

三、路径与建议

新形势下东北地区产业结构调整需要以"高端、智能、绿色"为核心方向，着力提升产业基础能力、推动产业链现代化升级、重点培育创新集群，做好结构调整"三篇大文章"，进而在服务国家双循环新发展格局建设进程中，加快实现全面振兴、全方位振兴。

（一）以提升产业基础能力为核心构建"产学研用政"创新联合体

产业基础主要是指基础零部件、基础材料、基础工艺、基础技术，是在价值链和产业链上游对产业发展具有决定性影响和控制力的领域。提升产业基础能力，需要加大战略性基础研究投入，在原创技术开发上发力，同时需要基础研究、应用研究、试验发展等创新链各个环节协同配合，这意味着产业基础能力提升需要产、学、研、用、政协同发力。创新联合体是基于资源相互依赖，围绕共同目标，由政府、企业、上下游关联企业、高校和科研机构以及中介组织等主体构成的动态联盟网络。美国制造业技术创新研究所、日本超大规模集成电路计划（VISL）、美国半导体联盟以及欧洲 IMEC 等案例表明，创新联合体在突破产业关键核心技术，实现关键技术和部件国产化替代上起到至关重要的核心关键作用，西方学界关于区域创新体系和产业创新体系的研究结论也表明，产、学、研、用、政各方合作是推动区域和产业创新能力提升的重要制度要素。需要围绕"数字智能化""绿色低碳化""高端合理化"，推动地方政府、重点高校、科研院所、重点企业之间组建创新联合体开展产学研合作，有效激发东北地区科教资源潜力，着力提升产业基础能力，弥补关键核心技术短板，服务国家战略意图和适应振兴发展需求。

（二）以国企国资布局调整为重点推动产业链现代化升级

布局不合理是制约东北国资国企改革的重要因素。东北国有经济在传统竞争性领域比重偏大，功能性、保障性领域国有资本配置相对不足。按照"强链、补链、延链"的基本要求，基于国有资本的战略性、基础性和安全性的基本导向，促进国企国资聚焦主责主业，提升产业链、供应链支撑和带动能力。一是在传统产业领域，发挥好大型国企的产业链"链长"职能。围绕"绿色低碳、数字智能和高端合理"的基本方向，实施一批"目录引导、揭榜挂帅、联合研发体"等强链延链、建链补链重点项目，通过引进企业或培育本地创新型企业补齐产业链短板，引导整机企业与本地零部件企业在研发、采购等层面开展深度合作，建立就近、可控的零部件配套体系，共同打造区域内产业链网竞争优势。二是在新兴产业等领域适时组建新的国企集团。面向氢能等新能源、新材料、新型煤化工、工业互联网等领域，依托国有企业的子企业打造一批"专精特新"小巨人和单项冠军；依托各省市国有资本投资运营公司，对新兴领域国企进行交叉持股，在此基础上形成新兴产业领域国资国企布局和打造新国企集团。三是构建利益共享、合作共赢的长效合作机制，保障产业链自主安全可控。建设资源与信息共享平台，推动物流、生产、研发等领域协同配合，充分发挥技术优势、规模优势和市场优势等资源优势，建立规范的现代产业链任务分工协调机制，健全完善的现代产业链合作机制，建立合理的现代产业链共享机制，推动现代产业链上下游贯通、左右协调，努力实现现代产业链自主可控。

（三）以强化城市群和产业群互动为方向优化产业区域布局

为了有效利用新技术知识的外溢效应和竞争合作产生的规模经济推动新兴产业发展，美国硅谷、中国北京中关村、上海张江、武汉光谷等地区都采用了集群化的发展模式。这些集群以高水平大学和科研机构为依托，以新兴技术研发和产业化应用为发展主线，极大带动了区域创新创业和产业转型升级的进程。一是突出沈阳、大连、长春、哈尔滨四个副省级城市对产业发展的智能化、绿色化和高端化的带头引领作用，促进各类要素合理流动和高效集聚，形成以"沈阳—大连"和"哈尔滨—长春"城市群为牵引的城市发展格局，推动各城市产业发展的区域互补、融合联动，构建高质量发展的板块支撑和动力系统。特别是以沈大城市群和哈长城市群中的沈阳—大连—长春—哈尔滨四个城市为核心，大力发展智能制造产业集群。二是发挥城市群扩大内需、促进消费的引领作用。要积极培育新型消费，大力运用物联网、大数据、人工智能等新一代技术融合产业发展，鼓励发展定制、体验、智能消费等新业态、新模式。应用"数字智能+"优化公共服务供给体系，提供优质的医疗和教育等公共服务，把集聚高素质人才、创新型人才、国际人才以及技术型劳动力作为重点和突破点，制定相对宽松的人才落户政策并提供优惠的福利补贴措施。三是营造开放包容的城市氛围，通过开放包容的文化氛围吸引人口集聚，提高外来人口的身份认同感与归属感，形成思想和文化的汇聚与碰撞，打造开放包容的城市形象。因地制宜，结合城市群和都市圈自身发展环境，营建创新环境优良、创新主体汇聚、创新能力强硬的自主创新文化环境，提高城市群和都市圈的创新驱动能力，增强城市发展的活力和韧性。

辽宁建设食品产业大省的发展策略及财政支持政策研究

◎ 张　季[①]　寇明风[②]

[内容提要] 辽宁省正面临"消费需求的提高＋养殖业重新布局"的战略机遇期，拥有丰富的食品资源优势、较强的产业基础优势和良好的区位交通优势。辽宁食品工业面临着难得的外部机遇，也有竞争发展中的挑战，需要扬长避短、发挥优势、克服局限、抓住机遇、迎接挑战、瞄准目标，加快建设辽宁食品产业大省的步伐。

[关 键 词] 辽宁省　食品大省　财政政策　发展战略

辽宁省具备建设食品产业大省的基础条件，"十四五"时期，应立足辽宁省实际，抢抓战略机遇，将食品产业作为重要增长点和突破口，加快推进辽宁食品产业大省建设，形成特色农业为基础，玉米延链精深加工及畜牧业、食品深加工业为骨干的食品产业体系，培育辽宁支柱产业，促进辽宁省产业竞争力全面跃升。

---

①② 作者单位：辽宁省财政科学研究所。

一、建设食品产业大省对辽宁具有重要的现实意义

食品产业贯穿种植业、养殖业、加工业、服务业，串联产业链、销售链、供应链、价值链、创新链各个环节，是国民经济的重要组成部分，其地位举足轻重。把辽宁省建设成为食品产业大省，具有十分重要的意义：一是落实国家粮食安全战略的重要举措。粮食安全的本质是食品保障，建设食品产业大省，有助于贯彻中央关于粮食安全、产业安全的重大部署。从粮食生产到粮食加工和粮食形态转化跃升，实现从粮食生产到食品供应的转换，在落实国家粮食安全战略中体现辽宁的担当。二是深度开发"原字号"的组成部分。农副食品加工业是辽宁制造业的重要组成部分，辽宁的农产品是典型的"原字号"产品，需要发展食品产业提高加工比重，延长产业链，实现就地增值，扩大就业和增加税收。例如，从税收的角度看，一产（2019年产值为4178.6亿元）只产生了3.6亿元的税收，二产的食品加工制造（2019年产值为2122.8亿元）贡献了50.4亿元的税收。建设食品产业大省，提升农产品深加工水平，是辽宁延伸和做强产业链、提高产品附加值的必然。同时，食品产业的发展，不仅仅是一个产业的问题，还会带动农业和相关产业的发展。建设食品产业大省，以市场需求带动农产品机械加工设备产业发展，带动农业发展，带动相关的食品包装、运输物流和餐饮业共同发展。三是做大辽宁经济规模的有效抓手。辽宁建设食品产业大省事关全省的重要产业布局，应该成为未来经济有效拓展空间的一个发展方向。建设食品产业大省，既可以充分利用区域资源、支撑县域经济发展、加快促进乡村振兴，又可以充分利用现有存量、大力引进域外增量、努力扩大经济总量，培育新的支柱产业。

二、辽宁建设食品产业大省的战略机遇和基础优势

当前，辽宁建设食品产业大省正处于较好的战略机遇期，即消

费需求的提高＋养殖业重新布局＋辽宁资源优势，如果错过这个机遇期，辽宁的资源优势就很可能难以发挥出来。

（一）建设食品产业大省的战略机遇

一是消费需求升级，推动市场对有机、绿色畜产品需求增加。人们生活水平的逐步提高，消费者对自身健康的保护意识不断加大，越来越多的消费者更加倾向于绿色食品和有机食品，对有机无公害、绿色产品等高端消费需求不断增加。辽宁有条件有机遇，以提供更多更好的优质食品，特别是经过深加工的食品，打造辽宁经济新优势，形成辽宁经济新的增长点。

二是养殖业北移为辽宁迎来畜牧业延链的重要机遇。全国性产业转移趋势明显。受到南方水网改造等因素影响，南方各省生猪养殖量不断下滑，近年来全国范围内生猪产业转移趋势明显，大型畜牧企业集团进军东北地区步伐加快。一批国内知名的农牧企业等纷纷来辽宁省投建养殖、屠宰加工、服务业等大项目。大项目建设将推进全省畜牧业转型升级。同时，饲料加工业与养殖业发展相适应度逐渐加强，饲料加工行业向养殖业延伸趋势显现，禾丰牧业等饲料企业投资肉鸡、生猪等养殖项目，产业链向下游延伸。

三是电商普及和铁路客货分流有利于产品的市场拓展。后疫情时期的产业链整合，网络销售的快速普及，全国铁路客货分流，时速350千米的货运高铁已经下线，有助于延长销售半径，为辽宁食品产业发展提供了新的机遇。

（二）建设食品产业大省的基础优势

发展食品产业，辽宁省具有良好的资源优势和区位优势，其中最关键的就是在"十四五"时期充分发挥辽宁省的优势，把资源优势转化为市场优势和产品竞争力。

一是丰富的食品资源优势。辽宁地理位置优越，为东北平原玉米带和大豆主产区南端，气候条件适宜，土地资源丰富，具备农产品资源优势，适宜的寒温带气候产出的特色农产品及肉蛋奶品质上乘。

二是较强的产业基础优势。辽宁具有较好的饲料加工和畜牧养殖基础。2019年，辽宁饲料加工业实现营业收入467.7亿元，生产饲料1487.5万吨。饲料加工能力为发展肉鸡、蛋鸡、猪、肉牛、奶牛、羊等的养殖奠定了基础。同时，辽宁具有较强的食品加工产业链。饲料加工业、畜牧养殖业、食品加工业已形成规模，水产养殖、捕捞及加工业、食品包装业及相关配套产业，均有良好基础和发展前景。2019年，全省规模以上农产品加工企业1578家，主营业务收入达到2869.9亿元。辽宁具有一批著名企业和名牌产品。2019年，全省食品加工企业名录登记3830家，新增规模以上农产品加工企业52家，共培育壮大省级以上农业产业化重点龙头企业636家，其中国家级64家，排在全国第7位。

三是良好的区位交通优势。辽宁地处北粮南运的必经之地，可以就地延长玉米产业链。辽宁沿海经济带环渤海区段及辽西北的丘陵地区，作为连接东北饲料原料地与南方食品消费区的海运通道及陆路走廊，地处东北玉米南运的必经地，豆粕供应丰富，是位列全国第五的大豆压榨集聚区。

把辽宁省静态的资源优势转化为企业产品市场竞争优势，需要企业经营、产业布局、政府扶持、金融资本投入等多种手段的结合。抓住当前建设食品产业大省的战略机遇，充分发挥辽宁省的资源优势和区位优势，辽宁省完全有理由、有条件、有能力建设成为全国一流的食品产业大省。

三、辽宁建设食品产业大省面临的突出问题

食品产业作为朝阳产业，全国各地区竞相发展，国内食品产业竞争激烈。山东、河南、四川等省份都在大力发展食品产业，明确建设食品产业大省目标。黑龙江和吉林也先后提出建设食品工业大省。全国至少有10个省份提出建设食品工业大省的目标。在面临较大外部竞争压力的同时，辽宁省建设食品产业大省主要存在以下

突出问题：

辽宁省食品行业发展面临最大的问题是产品深加工能力、水平不足，导致食品资源优势未能发挥出来。例如，粮油产品品种相对单一，特别是专用米、面、油产品较少。大米、玉米和大豆加工基本以初级产品形式直接进入消费市场或下游环节，附加值较高的饲料添加剂、食品产业占比较小。辽宁省80%以上肉类消费以生鲜肉消费为主，产品附加值较低。2019年，辽宁省有134万头生猪（往年基本保持500万头左右）、63.6万只羊、80.8万头牛和2.4亿羽禽以活体畜禽方式销往省外，缺少深加工调理食品，畜禽产品精深加工率还需进一步提升。

（二）食品产业规模较小，企业尚未形成全产业链发展模式

一是食品产业规模相对较小。辽宁省农产品加工产业规模尚不足3000亿元，与产业规模超过万亿的山东、河南、四川等省相比，甚至与河北、黑龙江和吉林的规模相比，有很大差距。农产品加工业企业规模小，呈碎片化，99%的农产品加工企业资产规模低于5000万元，营业收入低于2000万元。同时，农产品加工高新技术产业数量少，企业科技水平不高，研发力量薄弱，导致企业产品科技附加值较低。

二是辽宁省食品企业尚未形成全产业链发展模式。目前，禾丰、昊明等优势企业为了适应市场变化，正在探索走全产业链发展道路，但全产业链模式在辽宁省食品产业覆盖面有限，多数中小企业受人财物等各方面能力限制，发展模式较为单一，相应的抗风险能力低、利润空间受限，未来发展形势不容乐观。

多年来，辽宁省很少形成稳定的、影响力大的食品产业产品品牌，并且存在品牌数量少、品牌杂乱、规范性较差等问题。传统品牌的保护力度不够，有些曾经叫响的品牌也没有得到很好保持，在

产
业
经
济
篇

国内市场的影响力逐渐减弱。省内食品产业品牌多为域外品牌，谷物磨制、植物油、淀粉及淀粉糖等消费市场被益海嘉里、中粮、九三等域外大型企业集团占据，本省企业品牌营销能力不足。肉类产品市场以雨润、千喜鹤、双汇等域外品牌为主，沟帮子、尹家、宏发、昊明等本省品牌口碑很好，但受营销能力、研发能力、品牌维护能力所限，始终没有走向全国。盘锦大米、大连和丹东海产品等区域性品牌缺乏整体营销手段，尚未形成全国牵动力。

（四）"轻农重工"的思想意识和发展方向限制食品产业潜力的发挥

主观上，过于浓重的工业情结，工业大省的固化标签，缺乏政企协同发展的合力，错失了多次的发展机遇，导致辽宁食品产业的发展潜力没有能够转变为产业实力。政府和市场主体在思想意识和发展方向上紧紧盯着工业，甚至在许多人的认识上，农产品加工都不属于工业。食品产业缺乏技术含量，平均利润率比工业低，通常不是企业家对项目的首选，难以得到应有的重视。企业数量和规模偏小，发展不协调，没有形成规模效益和产业集群效应，资源优势没有得以发挥。

四、辽宁建设食品产业大省发展策略与财政政策措施

辽宁发展食品产业，具有内部有利因素，符合发展内在逻辑，但也有自身的局限。当前，辽宁食品工业面临着难得的外部机遇，也有竞争发展中的挑战，需要扬长避短、发挥优势、克服局限、抓住机遇、迎接挑战、瞄准目标，加快建设辽宁食品产业大省的步伐。在"十四五"时期，辽宁省应明确建设食品产业大省的定位，抓住食品产业的发展机遇，迎来辽宁食品产业的大发展。一是要巩固和发展基础产业。利用现有产业基础，大力发展食品生产相关的种植、养殖、捕捞、加工等行业，提升产业水平，培育特色农产品和打造绿色食品品牌，作为支撑建设辽宁食品产业大省的基

础。二是做大食品的骨干产业。主要方向是：发展以玉米和豆粕为主要原料的饲料加工业；利用充足的饲料做大做强畜牧养殖业；发展以肉蛋奶为主的食品加工业；发展粮油精深加工业。

（一）发展策略

1.产业项目布局

布局一批食品产业延链项目。根据产业规范、落地条件和发展潜能，谋划和布局一批延链项目，特别是聚焦辽西北丘陵地带及辽宁沿海产业基地的土地利用条件和环保因素，集中兴办一批食品产业聚集区，形成饲料加工、畜牧养殖和农产品加工的产业集群。

2.大力培育市场主体

统筹省内省外企业共同做大做强食品产业。一是提升省内食品企业竞争力，培育食品行业品牌。针对省内企业，提高本省企业品牌和产品竞争力，培育现代化、规模化、智能化的食品企业，提升中小企业的配套能力。积极培育自主品牌，加快提升品牌价值。二是实施精准的产业链招商计划。抓住国内大企业集团结构调整、谋划布局的机会，精心谋划、精准招商，吸引更多食品产业相关的大企业到辽宁发展。

3.产业链整合

与金融资本、互联网平台合作整合省内食品产业链。鼓励本地龙头企业，从生产一体化和资本运营角度整合产业链；引进域外资本，提升本省具有竞争力的中小型食品加工企业的竞争力和经营能力；发挥辽宁省食品企业的生产经营优势，与资本联手，包装上市；通过互联网平台和电子商务提升省内食品企业竞争能力。

4.产业和基础设施配套

通过相关产业和基础设施配套，提升食品行业企业的整体运营环境。提升省内相关行业对食品行业发展的支持力度，如农业和农产品机械装备支持食品产业发展，实现共同发展。加强基础设施配套，如强化冷链物流对食品行业发展的支持。

5. 区域经济合作

东北经济一体化和融入东部地区市场。在区域层面，建立东北地区食品产业协同发展机制。把建设辽宁食品产业大省与东北经济一体化进程结合起来，形成科学分工和良性互动。为吉林和黑龙江的饲料加工、畜牧养殖和食品加工项目提供发展空间，共同促进食品产业发展。通过粮食深加工，推进东北区域一体化，与吉林、黑龙江及内蒙古东部加强合作，实现经济合作共赢，形成整体竞争优势，从食品保障和供应的角度，打入东部市场。

(二) 财政政策建议

1. 精准投入支持关键领域发展

对农产品加工企业工业化转型升级给予奖补，支持发展粮油加工产业链，打造现代畜禽及肉制品产业链，做精水产品加工产业链，打造重点农产品精深加工集聚区，做强农产品精深加工品牌，提高农产品附加值。支持科研院所等机构提升农业、林业种质资源研发能力、保护能力和竞争力。

2. 发挥财政资金的撬动和引领作用

综合采取产业投资基金、奖补、贴息、担保、政府采购等政策工具，支持食品产业重大补链项目、技术研发、企业融资、产业园区建设等，大力推动食品产业大省建设。以财政政策为切入点，开展体制机制创新，打造发展食品产业的新体制和新机制，吸引社会资本投入。

3. 加强财政政策与区域政策、产业政策的协调

鼓励和引导各市围绕全省重点产业链布局，错位协同发展。完善招商引资奖补政策，重点引导金融资本和社会资本进入绿色食品等领域，支持产业科学有序承接。加强财政资金统筹，发挥财政政策"组合拳"的作用，支持解决头部企业和重点项目的资金"瓶颈"问题。支持省内各行业龙头企业联合产业链上下游企业组建"产业联盟"，主动对接国内优质配套企业。

4. 支持食品加工企业融资

鼓励金融机构支持食品加工企业融资贷款，根据新增发放贷款规模，按一定比例和上限给予奖励。

（三）其他支持政策

1. 产业规划政策

结合辽宁区位特点和产业发展定位，把建设食品产业大省列入省级发展规划，明确目标、任务、重点工作、保障措施，确保"十四五"时期辽宁农牧业和食品产业实现更好发展，为提升国家食品保障能力做出贡献，走出优势充分释放的发展新路。出台辽宁食品产业延链扩链行动计划，作为支持产业发展的指导性文件，引领辽宁食品产业发展。全省形成共识，明确定位，在项目审批、用地指标、环境保护等方面给予支持，加快建设步伐。

2. 区域产业布局政策

省市统筹编制产业发展规划，优化产业布局，统筹考虑安全、环保、土地、配套等因素，指导实现错位发展。各地区要突出地域特色和比较优势，合理配置各类要素，推进产业在优势区域集聚发展，提高整体规模效应。要结合本地实际，明确主导产业发展目标，依托优势农产品资源和"一县一业"示范县建设，分类推进农产品加工业，延长粮油、畜禽产品、果蔬、水产品、林特产品和现代种业等农产品加工产业链条。加快形成特色鲜明、层次较高、质量效益显著、带动明显的产业加工格局。

3. 招商引资政策

在鼓励存量企业发展壮大的同时，有针对性地通过招商引资，吸引更多食品产业相关的大企业到辽宁发展。针对已经谋划好的项目，利用大数据分析招商图谱，对食品行业细分领域排位靠前企业进行分析预判，进行精准对接招商，并对项目落地提供全程"保姆式"服务。

4.科技创新政策

依托产业联盟、企业技术中心等创新平台，支持上下游企业加强产业协同和技术合作攻关，加强营养健康、质量安全、节粮减损、加工转化等领域关键技术研发。开展产学研用对接活动，推动优秀先进技术在省内落地。强化企业创新主体地位，支持以龙头企业为主联合高校院所打造产学研联盟和创新联合体，构建产业导向的利益联结机制。

东北振兴理论与政策研究

东北区域经济一体化篇

构建北方"一湾双半岛"经济圈
加快形成环渤海沿岸新的增长区域

◎ 中国东北振兴研究院课题组[①]

[内容提要] 本文在分析"一湾双半岛"经济圈（环渤海湾区、辽东半岛和胶东半岛）的开发价值和优势的基础上，指出构建"一湾双半岛"经济圈的重大意义，提出构建"一湾双半岛"经济圈的具体建议，要谋划编制好沿岸区域整体规划，建立"五省市"工作联席机制，成立发展战略智库和企业联盟，加强沿海资源和生态环境保护等。

[关 键 词] 环渤海　辽东半岛　胶东半岛　区域格局

　　北方"一湾双半岛"经济圈，包括辽宁、河北、北京、天津、山东五省市，将是继珠江三角洲、长江三角洲后又一个经济快速发展的地区。"一湾"指的是环渤海湾区，"双半岛"指的是"辽东半岛"和"胶东半岛"。建设"一湾双半岛"经济圈，就是通过环渤海岸线把辽、冀、京、津、鲁五省市串连起来，促进"辽东半岛"和"胶东半岛"互动发展，加快形成环渤海沿岸新的增长区域。当前，在加快构建"以国内大循环为主体、国内国际双循环相

---

①课题组成员：李洪彪、张超、李录芮、李娜。

互促进的新发展格局"背景下，充分借鉴国内外沿海经济带的成功经验，适时推进"一湾双半岛"经济圈开发开放战略，对加快促进东北老工业基地全面振兴、京津冀区域协同发展、山东经济新旧动能转换，建设环渤海区域新的经济增长极，逐步缩小我国北方与东部沿海发达地区经济差距，都具有十分重要的战略意义。

一、"一湾双半岛"经济圈的开发价值和基础优势

"一湾双半岛"经济圈，不仅是我国北方全方位扩大对外开放的重要窗口，也是带动五省市区域经济一体化加快发展的黄金海岸。"一湾双半岛"经济圈的范围，东自辽宁省丹东市，西至山东省日照市，海岸线全长7354.7千米。直接临海行政区域覆盖沿岸5省市17个地级市31个县（市、区），区域人口占五省市总人口的1/6左右。2020年，"一湾双半岛"经济圈地区生产总值111667.13亿元，占5省市的60.48%，占全国的10.99%；地方财政一般预算收入13262.6亿元，占5省市的59.28%，占全国的7.25%；利用外商直接投资359.92亿美元，占5省市的71.93%，占全国的24.93%。其开发价值和基础优势有：

（一）战略位置显要

作为我国北方地区的重要沿海区域，"一湾双半岛"处于东北亚经济圈的核心地域，不仅与吉林、黑龙江两省，内蒙古东部地区，京津唐地区和长三角地区联系密切，而且与日本、俄罗斯、韩国、朝鲜、蒙古国等国发展贸易的潜力巨大，腹地支撑广阔。"一湾双半岛"经济圈宜港海岸线7354.7千米，其中，优良商港港址19处，有大小港湾40余个，与世界180多个国家和地区通航。两个半岛内陆腹地辽阔，是辽、鲁经济格局中的关键战略区域。目前，辽东半岛由于坐拥大连湾、旅顺口等天然优良港湾，已经形成以大连为龙头，丹东、营口为两翼的发展格局；在山东半岛城市群中，青岛、烟台和威海均有特色港口。大连旅顺与山东烟台的直线

距离仅有 106 千米，若能通过环渤海湾区的有效衔接，利用好两大半岛得天独厚的地理位置，将给两地发展带来难以预判的经济发展前景。

（二）矿产储量巨大

环渤海沿岸陆域、海域多种矿产资源居全国前列，海上能源开发价值不可估量，利用前景广阔。海洋矿产资源主要包括石油、天然气、滨海砂矿等。据初步估算，辽宁沿海石油资源储量约为 6 亿—7.5 亿吨，天然气 1000 亿立方米。海洋能源蕴藏量超过 700 万千瓦，可开发潮汐能 14.1 亿度。胶东半岛的矿产资源储量更为丰富，煤炭、石油、铁矿、金矿、金刚石、晶质石墨等资源的储存量位居全国前列，其中，山东招远的黄金产量曾连续 23 年居全国矿山之首。

（三）农业禀赋优越

"一湾双半岛"区域均为暖温带季风气候，北方农作物生长条件充分，沿岸农业资源丰富。辽东半岛和胶东半岛农副产品种类繁多，是全国水果、蔬菜和海产品的重要产区。辽东和胶东半岛地理位置相近，在自然资源储备、农畜产品种植养殖以及产业布局方面也大同小异。辽东半岛盛产高粱、玉米、水稻、谷子、薯类、花生等传统农产品，是我国大豆的主要产区之一；果品以苹果、葡萄、山楂、桃子、李子、草莓和梨为主；水产养殖品包括扇贝、海参、鲍鱼和海带等。胶东半岛在果品和水产养殖品方面与辽东半岛极为相似，同时也是我国主要的苹果产区。充分利用两地农业资源，拓宽第一产业功能，促进一、二、三产业融合发展，对"双半岛"城市群建设的积极作用将非同寻常。

（四）工业基础雄厚

作为我国最早的工业基地，环渤海沿岸的重工业体系完善、特色明显，容易形成协同效应。比如，位于辽宁鞍山的鞍钢、河北唐山的首钢，都是国内外著名的巨型钢铁企业。临港产业也较为发达，辽东半岛的大连港、营口港，在东北亚航务运输中占有重要地位；天津港辐射华北、西北等内陆腹地，是京津冀的海上门户；河北港口集团有限公司，是当今世界最大的干散货港口运输企业；胶东半岛的青岛港、烟台港和日照港，是吞吐量超过亿吨的大港。大连船舶制造在国内稳居前三名，胶东半岛的龙头城市——青岛，在家电、纺织、化工、造船、海洋工程等领域均保持领先状态。目前，两大半岛均利用优越的深水港口资源，建立起海洋特色产业园区、产业基地，形成了完整的船舶修造和海洋工程产业链。

（五）智力资源丰富

已上升到国家重大发展战略的京津冀区域，教育和科研资源不可多得。辽东半岛和胶东半岛在科教资源上，也都有着深厚基础和独到特色。在软件和信息技术服务企业方面，辽宁有东软、山东有浪潮，两家企业均为国内百强互联网企业。2018年，两家企业就"致力于云生态打造，推动数字中国建设"签署战略协议。在科研基础方面，大连有大连理工大学、大连海事大学两所"双一流"院校；青岛有中国海洋大学、中国石油大学（华东）两所"双一流"院校，两地均搭建了产学研融合平台，为半岛经济发展注入了新生动力。在科研院所实力方面，青岛市拥有8家国家级科研院所，辽东半岛在材料与能源领域的综合科研也取得了令人瞩目的进展。辽东半岛和胶东半岛相互利用对方资源取长补短，在科研资源的智力支撑下，为"双半岛"经济厚植科技沃土，加快了互联网信息化的进程。

（六）地缘文化相亲

"一湾双半岛"区域，因山水相连、习俗相近、文化相亲，往来历史久远。辽宁地处东北南端，少数民族众多，民族相互交融延展出独具特色的地方文化。山东是孔孟之乡，儒家文化的发祥地，汉文化烙印深厚，有着好客的美誉。辽东半岛和胶东半岛隔海相望，近现代以来，在"闯关东"的路上，大批来自烟台、威海、青岛等地的山东人涌入大连和营口一带，至今辽东半岛百姓仍保留着不少胶东半岛口音。由于 20 世纪两大半岛均受到外来殖民文化的影响，旅游建筑也存在很多相似之处。此外，辽东半岛和胶东半岛均傍海而生，旅游景点也颇为相似。比如，辽东的长兴岛、金石滩和吴姑古城，胶东半岛的蓬莱阁、成山头、长山岛和黑山岛。繁忙的烟大轮渡，也已成为联系两大半岛经济、社会、文化不可或缺的桥梁和纽带。

二、"一湾双半岛"经济圈的战略意义

构建"一湾双半岛"经济圈，是北方五省市实现协同发展的重要载体。加快推进环渤海重点区域的开发与建设，是实现北方地区扩大对外开放的战略举措，也是促进环渤海区域经济实现新飞跃的迫切需要。这不仅对"一湾双半岛"的长远发展具有示范带动作用，而且对于全国区域统筹发展、实施总体发展战略部署，具有重大且深远的影响。

（一）有利于解决区域发展不平衡问题

《中华人民共和国国民经济和社会发展第十四个五年规划和2035 年远景目标纲要》提到的 19 个国家级城市群中，与"长三角""粤港澳""成渝"等南方城市群相比，北方城市群势力略显单薄，"哈长城市群"和"辽中南城市群"仍处于培育发展阶段，"京津冀"是北方唯一的经济增长极。根据国家统计局调查，2008—2019 年，北方的黑、吉、辽、津、冀、鲁等 6 个地区在全国 GDP的占比均有不同程度的下滑。辽东半岛和胶东半岛位于渤海湾两翼，接壤"京津冀"城市群，呈环抱渤海湾的态势。打造"一湾双半岛"经济圈能够辅助京津冀协同发展战略，扩大北方城市群经济效益的辐射面积，拉动我国北部环渤海湾区一体化进程，打破经济总量"南强北弱"、经济增速"南快北慢"的格局。

（二）有利于提升北方地区对外开放水平

环渤海区域要想更好、更快地协同发展，就需要实施更彻

底、更大范围、更宽领域、更深层次的对外开放，以形成东西联动、南北呼应，内外兼顾、陆海协同，全方位、多领域、深层次的对外开放新格局。辽东半岛的大连市和胶东半岛的烟台市，是北方地区对外开放的连接纽带。依靠这种得天独厚的区位优势，打造辽东和胶东两大半岛经济圈，可以在促进"双半岛"经济协同发展的基础上，打开北方地区对外开放的窗口。进一步利用环渤海岸线，以烟台为起点，以大连为节点，"兵"分两路，向北连接辽、吉、黑的中心城市，直抵俄罗斯；向东与日韩以及东南亚国家进行贸易往来。这既能够推进东北方向的陆海丝绸之路建设，又能够及时融入未来中日韩自贸区市场。

（三）有利于建设优势产业集群集聚区

大力发展产业集群是环渤海区域提高市场竞争力的有效途径，是推动"一湾双半岛"经济圈高质量发展的强大引擎。北京市高校和科研机构密集、研发力量强大，以中关村为代表的高科技产业集群发展迅猛，形成了科技带动型和园区规划型集群模式。天津市依托直辖市的政策优势，形成了电子信息、汽车、化工、现代冶金、医药、新能源及环保等支柱产业。河北省则利用独特地理优势，积极承接北京、天津两地产业转移，发展与两地配套的产业集群。辽东半岛和胶东半岛在装备制造、轻工业、石油化工、农产品加工、海洋运输、旅游业等方面均各有所长，可逐步打造两大半岛的农产品产业集群、工业产业集群和高新技术产业集群。以此，可加深"双半岛"经济圈内的生产分工与协作，提高资源利用和生产效率，吸引经济圈外的企业，衍生出大批的区域特色企业。

（四）有利于加快环渤海五省市一体化步伐

通过环渤海岸线，把辽东半岛、胶东半岛和京津冀协同发展融为一体，可大大加快北方五省市经济一体化的步伐。辽东半岛是东北地区连接东亚的战略平台，融入"双半岛"经济圈能够获得良好的营商环境，促进区域资源的优化配置，继而实现产业转型升级，加快东北全面振兴的进程。辽宁省、山东省均在 2020 年底发布的"十四五"发展规划中，明确了打造对外开放桥头堡、发展海洋经济的重点目标。构建"一湾双半岛"经济圈，打造环渤海湾区的新增长极，不仅能够优化区域营商环境，激活体制机制，将资源优势转化为竞争优势和发展优势，更能够稳中推进环渤海沿岸的基础设施互联互通，加快促进北方五省市经济一体化进程。

三、"一湾双半岛"经济圈的重点构想

积极实施"一湾双半岛"开发开放战略，使环渤海区域成为重要的旅游观光带、资源开发带和产业集聚带。既要充分借鉴国内外的先进经验，又要注重发挥自身优势；既要体现五省市独有特色，又要立足于区域经济一体化发展；既要加强政府宏观调控，又要发挥市场调节作用，科学谋划、稳步推进，确保高起点开局、高质量运行，走出一条和内地良性互动、共同发展的新路子。

（一）推动"一湾双半岛"基础设施互联互通

一是规划建设旅顺至烟台跨渤海隧道。建设全长约 125 千米的渤海湾跨海通道，按列车车速 180 至 200 千米 / 小时计算，跑完全程仅需不到 1 小时，时间成本将比之前节省数倍。若建成连接辽东半岛和山东半岛的快捷通道，将对"双半岛"经济互动发展产生巨大影响，也将极大地便利东北地区特别是辽宁省与我国东部和东南沿海省份的顺畅互动。假如也建成日本和韩国间的朝鲜海峡隧道，朝鲜半岛再全境开通高速铁路、高速公路，那将在世界上形成一个超级大湾区。此举将把日本、朝鲜半岛和我国内陆连为一体，实现整个东亚四国海陆畅通无阻。日本东京的丰田汽车、韩国首尔的现代汽车，将直接可以开到大连、开到青岛。届时，"一湾双半岛"的出口贸易通道将会被彻底打开，中日韩自贸区将实现真正意义上的国际贸易市场自由化。这将对山东半岛、辽东半岛、环渤海经济带、华东地区、长三角等地区的经济发展，东北老工业基

地振兴，产生不可估量的影响。二是建设环渤海沿岸高等级交通设施。目前，辽宁已建设了丹东至葫芦岛全长 1443 千米的滨海公路，对沿线经济发展起到了很好的促进作用。京雄城际铁路已建成运营，京滨城际铁路、京唐城际铁路等重大项目建设提速，京津冀区域密布的公路网更趋完善。山东以建立省会、胶东、鲁南三大经济圈互联互通综合运输体系为重点，将建设一大批沿岸高速公路及铁路。在此基础上，实施"一湾双半岛"开发开放战略，应率先规划建设辽宁丹东至山东日照的跨区域滨海大通道，通过高速铁路、高速公路等陆路运输线，把五省市已有的交通设施，顺畅、便捷、有效地连接起来，从而带动我国北方形成高质量发展的沿海经济带。

（二）促进"一湾双半岛"经济一体化发展

一是打造"一湾双半岛"节点城市群。利用渤海海峡跨海通道和环渤海基础设施互联互通，连接沿岸区域核心城市，构成区内外交通网络的骨干，打造同长江中游城市集群类似的沿岸城市集群，使核心城市成为国内北方的技术、贸易、文化和人口交往枢纽，打造国家新的经济增长极。二是借助自贸区促进区域融合发展。借助辽宁、天津、山东自贸区各自政策优势，促进环渤海沿岸区域相互学习借鉴，取长补短，实现融合共赢发展。各自贸区可利用沿海区位优势，促进各省市高等教育与科技、经济、文化有机结合，实现资源共享、优势互补，支撑北方地区创新发展和吸引人才聚集。三是实现区域数字经济一体化。以规模优势为核心，实现环渤海区域经济自循环，促进农业、制造业、服务业、能源资源等产业门类关系协调，以此来适应变幻莫测的国内外经济形势。推进"一湾双半岛"数字经济一体化发展，需要五省市以开放、合作、共赢为原则，以数字经济为牵引，把握数字化、网络化、智能化融合发展的契机，推动发展新业态、新模式，加快建设区域数字中心。四是拓展环渤海区域海洋经济空间。制定出台专项规划，对海洋经济在科技创新、生态环境、对外开放、社会民生等领域提出具体指标。谋划实施一批海洋强国重大项目，拓展海洋经济发展空间，使环渤海区域海洋产业体系更加富有竞争力。高度重视海洋生态文明建设，巩固环渤海生态保护治理成果。着力推动海洋经济向质量效益型转变，让海洋成为陆海内外联动开放格局中的关键部分。

（三）培育投资热土，抢占中日韩自贸区市场

中日韩邻里相望，文化相通，历史渊源深厚，经济紧密相连，分别是世界第二、第三和第十二大经济体。过去 20 年，三国经济深化合作、共同发展，贸易额从 1999 年的 1300 亿美元增至 2018 年的 7200 多亿美元，经济总量在全球占比从 17% 提升至 24%。三国合作为促进地区和世界经济增长、引领区域一体化进程发挥了重要作用。"一湾双半岛"区域内人才基础雄厚、交通便利、工业基础扎实，具备与日韩合作发展的坚实基础和有利条件。当前，在三国均面临新旧动能转换、经济结构调整、产业结构升级的大背景下，抓住中日韩自贸区建设蕴含的机遇，进一步深化环渤海区域与日韩合作。坚持"引进来"和"走出去"相结合，发展出口和扩大进口相结合，不断提升"一湾双半岛"与日韩经贸合作层次，积极推动区域内的投资公司等到日韩开展双向投资贸易合作，并在日韩建立国际合作产业基地。围绕冶金矿山、数控机床、重型机械、轨道交通、汽车及零部件、能源化工等制造业领域，组建中日韩合作产业园区。借鉴中国和新加坡共建苏州工业园区的经验，在大连、天津、青岛等产业基础较好的沿海节点城市，以新产业、新领域、新业态为重点领域，整合日韩优势资源，共建中外合作工业产业园区。可借助日韩产业优势，利用自由贸易港的投资与贸易便利化政策，探索包括医药、医疗、医养、教育、金融、文化、旅游等领域的开放，在服务业开放领域形成突破。

四、构建"一湾双半岛"经济圈的具体建议

（一）建立五省市工作联席机制

统筹协调区域间经济一体化，逐步解决地区内存在较大市场壁垒、区域产业同构和同质竞争严重的问题。2021年2月19日，国家发展改革委下发了《关于建立东北振兴省部联席落实推进工作机制的通知》，如果五省市围绕"一湾双半岛"也能建立同样的工作联席机制，则有利于加快中央政策的贯彻落实，协调解决在对外开放合作、重大项目建设等方面存在的问题，促进五省市间高效、高质量地互动发展。

（二）谋划编制好沿岸区域整体规划

如能对环渤海地区发展进行统一规划设计，使"一湾双半岛"形成一个独立、完整的蓝色经济体系，可以从全局上把握利用环渤海独特的地理优势、丰富的海洋资源和便利的交通运输条件，从而带动整个北方沿海地区经济快速发展。编制规划要用战略的眼光和超前的意识，立足自身优势和特色，精心布局"一湾双半岛"的战略发展，以全面推进区域内经济建设、政治建设、文化建设、社会建设、生态文明建设，实现全面协调可持续发展。

（三）组建"一湾双半岛"港务集团

整合大连、天津、青岛港口资源，实施错位互动发展。从区域重要性看，大连港是中国东北连接东北亚地区的重要通道，如果中国未来能够进一步深化同日韩合作，大连港的地位不言而喻。天津港是首都北京的海上门户，也是环渤海地区与华北、西北等内陆地区距离最短的港口，综合运输成本最低。青岛港向北辐射京津冀，南面则靠近上海港，辐射整个长三角地区。三个港口丰富的资源、庞大的规模和独特的地理位置，共同构成了"一湾双半岛"经济圈的海上"三大支柱"。组建"一湾双半岛"港务集团，使三个港口以及周围其他港口之间相辅相成、相互支撑，有利于将"一湾

双半岛"打造成新的经济增长点。

（四）成立发展战略智库和企业联盟

借鉴粤港澳大湾区经验，成立"一湾双半岛"发展战略智库和企业家联盟。通过联盟企业间的经验交流、信息共享，形成稳定持久的智库群体交流机制，从而最大程度地凝聚社会力量、智慧和积极性。通过发挥企业能动作用，依靠社会力量，吸引民间资本配置市场资源，为多元化投资"一湾双半岛"经济注入活力。

（五）加强沿海资源和生态环境保护

处理好岸线资源开发和有效保护的关系，以及对生态环境，生物资源和人文、自然景观产生的影响，防止对古迹和景点造成永久且不可逆的破坏；尤其需要加大对海水资源、滨海湿地以及海岛滩涂的保护力度。把好入海水源关，将污水治理落实到位，严禁海涂围垦。以此，为沿海资源的可持续利用提供发展空间，促进"一湾双半岛"经济圈内良性循环发展。

加快推进东北经济一体化进程
的对策研究

◎ 赵　球[①]　张文烨[②]　朱学莉[③]　程苗松[④]

[**内容提要**] 加快推进东北经济一体化有助于补齐长期拖累东北发展的短板，实现区域经济的统一布局和生产配置。东北地区雄厚的基础设施优势和国家政策的支持为东北地区区域协作提供了良好的条件。本文从产业一体化、城市群间的分工协作、面向东北亚开放和区域协调机制等方面提出了推进东北经济一体化的政策建议。

[**关 键 词**] 一体化　东北振兴　区域协调机制　对外开放

当前，在经济全球化遭遇逆流、世界进入动荡变革期的特定背景下，在国内国际双循环的新发展格局中，东北需要通过进一步整合资源实现比较优势的高质量互补，在深度分工协作中推动产业的高标准升级和经济结构的全面转型，实现区域经济的高度一体化，进而为东北全面振兴、全方位振兴奠定坚实的经济基础。

---

①② 作者单位：东北大学东北振兴研究中心。

③ 作者单位：合肥市第四十二中学中铁国际城校区。

④ 作者单位：安徽雨木管理咨询有限公司。

一、加快推进东北经济一体化的重要意义

（一）东北经济一体化有利于"补短板""强弱项"

长期以来，东北存在一定程度"条块分割"的现象，加之计划经济体制的诸多"遗痕"，决定了这里"被动等靠""封闭发展""小富即安"的保守思想还有相当市场，潜移默化地影响到某些地方的发展视野、发展思路、发展战略。东北区域层面规划及其实施机制尚不健全，使得东北区域经济结构战略调整，成为若干空间狭小、资源受限的行政板块结构调整的机械汇总，以致东北全局的经济转型升级长期不见根本性起色。东北区域层面组织协调机制缺失，使得地方的诸多改革事项不得不以现行的"体制划分""板块边界"为限，以致东北的体制机制创新"热度"总是比国内东部板块差一截。而新时代的东北经济一体化，将有助于补齐、强化这些长期拖累东北发展的短板、弱项，使东北"轻装上阵"，步入高质量发展的快车道。

（二）东北经济一体化有利于"锻长板""增优势"

在市场化改革大潮的洗礼下，东北老工业基地在国内的相对实力持续滑落，突出表现为，一批原有的国内"排头兵"企业因缺少跨行政区、跨体制乃至跨国的"脱胎换骨"式改革重组，开始持续淡出国内领军行列，个别企业甚至滑向破产倒闭；一批具有明显比较优势产业的龙头企业又表现为"各自为战"，例如，长春、沈阳、哈尔滨都建有相对完整的汽车制造体系，但都互不相干、自成体系、品牌众多；一些重大整机装备产品的产业链、供应链的大部分环节流落在东北区域之外，以致相关产业对东北的带动作用十分有限。而新时代的东北经济一体化，至少可以通过东北"区域尺度"的体制机制创新、资本运作，使生产要素有效聚集于领军企业、优势产业，通过地区间的专业化生产和分工协作，实现区域经济的统一布局和生产配置，进而使得区域内产业结构合理化，产业

的整体竞争力得以提升。

（三）东北经济一体化有利于兼容并蓄、开放发展

东北地区开放程度长期以来低于全国平均水平，也低于东北地区在全国的经济地位，这构成了对东北经济发展的严重制约，也对东北地区产业结构调整、体制机制改革带来严重困难。面对中央提出的"东北地区要打造对外开放新前沿"的要求，东北地区利用与东北亚更加接近的地缘条件，搭建国内市场与东北亚市场连接的桥梁，是扩大东北地区对外开放工作的有效路径。新时代的东北经济一体化，可以通过统筹利用东北的港口、自贸区等优势条件和出口渠道，形成地区间的目标导向合力，在对接东北亚的过程中发挥东北地区的重要作用。

二、东北经济一体化的基本背景

（一）东北经济一体化的有利因素

一是共同的地域空间和雄厚的基础设施优势是东北经济一体化的基础和条件。东北地区是一个相对独立的自然区，拥有较长的国境线和海岸线。东北三省在纬度、气候等自然环境方面比较相似，方言、生活习俗、地域文化等方面认同度较高，人才、技术等方面互补与合作可能性较强，为东北区域经济一体化的发展奠定了很好的基础。东北地区交通网络基础设施齐全，目前已形成了由铁路、公路、水运、民航和管道等方式构成的综合区域交通体系。随着近年来投资力度的加大，东北地区的基础设施建设进一步完善。东北地区雄厚的基础设施优势将为东北经济一体化提供先行条件。

二是国家政策支持是东北经济一体化最坚实的保障。国家高度重视东北经济一体化。早在 2007 年，国家发展和改革委员会发布的《东北地区振兴规划》提出，要"建立区域协调互动机制……推动区域合作，促进协调发展"；2009 年，《关于进一步实施东北地区等老工业基地振兴战略的若干意见》提出，"深化省区

协作，推动区域经济一体化发展""建立东北地区四省（区）行政首长协商机制"；2016年，《中共中央 国务院关于全面振兴东北地区等老工业基地的若干意见》提出，"深化东北地区内部合作，完善区域合作与协同发展机制，加快推动东北地区通关一体化"。这些政策的支持为东北地区区域协作提供了良好的历史机遇。

三是高等教育协同发展的实践为东北经济一体化提供了样板。东北三省一区普通高校开放办学，着力打造协同发展体系，构建了具有东北特色的高等教育开放办学新体系、协同育人新机制和协同创新新机制等，为东北经济一体化提供了参考样板。东北三省一区高等学校通过建立省际协作机制、校际交流合作机制，实施学生联合培养、教师互聘、平台开放、协同创新、国际交流合作项目176个。例如，东北大学与吉林大学、哈尔滨工业大学、哈尔滨工程大学等高校签署联合培养本科生合作协议；中国医科大学联合三省一区130余家单位组建"东北产科联盟"，举办20余场公益培训，学员累计有1万余人；东北大学与内蒙古大学围绕语言资源利用与机器翻译系统研发，开展协同攻关项目。

（二）东北经济一体化的不利因素

虽然东北经济一体化提出时间较长，但受自身的体制性、机制性和结构性矛盾制约，面临着诸多的困难和挑战，在现实中推进的速度非常缓慢。

一是区域产业同构、产业布局分散是东北经济一体化发展的突出矛盾。近几年，东北地区产业结构有所优化，但产业同构、布局不优的矛盾仍比较突出。例如，辽宁、吉林、黑龙江三省都同时汇集了汽车、石油和化工、造船、航空、机床、风动工具、电线电缆、重矿设备等产业，此外，在黑色金属矿采选业、食品加工业、医药制造业等领域低水平、重复竞争的矛盾仍比较突出。趋同的重点产业发展方向使得有限的资源消耗在产业低水平发展的重复建设中，不仅造成资源的极大浪费，各自为政的发展方式也使得区域产业整体竞争力不高。

二是未形成富有成效的区域性协调机制。东北地区经济一体化最大的障碍是体制问题，是政府和市场的关系问题，为此，要强化政府间协调，消除区域内市场壁垒。在 2009 年国家发布文件提出"推动区域经济一体化发展，建立东北地区四省（区）行政首长协商机制"后，2010 年建立了"东北四省区合作行政首长联席会议"机制，但仅持续 4 年。而自长三角一体化发展上升为国家战略以来，三省一市共推出实施了 69 项制度创新，签署了 132 个合作协议，建设了 67 个合作平台，制定了 56 项规划和相关的政策。

三是行政区经济体制导致资源配置效率低下。东北地区是最早实行、最晚退出、执行计划经济体制最彻底的地区，受计划经济影响较深。现行的行政区政府工作人员考核制度带来了 GDP 增速竞争的惯性思维，各地政府工作人员把地方 GDP 增速作为首要目标，在经济建设和发展中仅考虑短期目标，造成大量的重复投资，导致整体资源配置效率低下。

三、加快推进东北经济一体化进程的建议

（一）加快推进东北产业一体化进程

一是加强东北地区制造业一体化。东北地区的制造业在区域经济一体化的进程中要做到协调配合，集中力量突破不同的产业方向，打造产业链的长板，形成更有创新力、更高附加值、更安全可靠的产业链。辽宁应突出金属冶炼、钢铁加工、智能制造、燃料化工、石油化工；吉林应突出汽车制造、医药制造；黑龙江应突出食品制造、医药制造；内蒙古应突出钢铁制造和食品制造等。

二是合力培育若干优势产业集群。要充分考虑东北地区的比较优势，创新发展具有持续竞争力的主导产业，最终形成新的支柱产业。辽宁应发展以智能制造与装备制造为重点的产业集群；黑龙江应以农产品加工形成优势产业集群。要进一步发挥冰雪资源优

势，大力发展冰雪经济，打造东北区域旅游产业集群。对别具北方特色的旅游资源进行统一整合，打造国家级的"冰雪旅游带"。

（二）加快推进东北城市群合作发展进程

一是发挥中心城市和城市群的带动作用。要以沈阳、大连、长春、哈尔滨四大中心城市为主体，建设现代化都市圈，以中心城市紧密合作和城市群的协同发展为基本模式推进东北区域经济一体化。四大城市在强化本省协同发展的同时，要从推动东北经济一体化出发，打破行政壁垒，推动资源要素跨区域自由流动，实现优势互补和合理分工，以中心城市紧密合作加快推动东北经济一体化进程。

二是明确不同城市群的功能定位和发展重点。要将"哈大"中轴放在最重要的位置，通过共建"哈长沈大"城市群，带动"丰"字形经济带，强化轴带引领作用。在制定城市群规划时，要将东北整体看作一盘棋，放在全国的经济布局中来考虑，加强城市群内部和城市群间的分工协作。

（三）加快推进东北以一体化的格局面向东北亚开放

一是利用与东北亚地缘政治和经贸联系更加接近的条件，在对接东北亚共同发展过程中促进东北振兴。通过融入中日韩自贸区，在以生产性服务业为重点的服务贸易上取得重要突破，为东北制造业的转型升级注入新动力。

二是抓住东北亚区域合作新机遇，以产业链、供应链合作为重点推进东北经济一体化。要利用地缘优势加强与东北亚周边国家产业链、供应链的合作，推进东北产业结构转型升级；加强同东北亚国家的经贸、投资、人员往来和文化交流合作，支持东北承接日韩产业转移，提升东北制造业和生产性服务业的竞争力。

三是适应东北亚合作新趋势，加快推进东北基础设施一体化进程。建议加快推动图们江地区国际合作开发，"珲春—扎鲁比诺—宁波"内贸外运航线可比传统线路缩短近800千米。统筹利用东北的港口、自贸区等优势条件和出口渠道，建设面向东北亚开发开放的基础设施网络，推进"图们江开发开放"与"东北亚经济走廊"建设。同时，加快实现中日韩口岸通关协调合作，提升东北多式联运水平。

（四）加快推进东北地区制度建设一体化

一是建立务实高效的区域协调机制。要强化政府间协调，消除区域内市场壁垒，把东北视为一个整体，就发展规划、产业布局、开放开发、基础设施建设、环境保护等方面加强协调。以东北地区省会城市协调会为基础，扩容增加入会城市，同时对入会城市设置相关的门槛考核指标，如在区域范围内对推动区位、城市一体化能够起到的作用，以及加入协调会的主动性等。

二是成立东北科技成果转化联盟和品牌联盟。建议成立东北科技成果转化联盟和东北品牌联盟，把科研成果转化出去，这样才能把高新技术嫁接到东北老工业基地。在每次区域协调会议上，适当邀请有合作意向的代表企业与园区参会，争取通过会议实现在重要领域区域合作项目的签约。

津冀港口群的协同发展策略研究

◎ 庞卫宏[①]　陈　凯[②]　杜　洁[③]

[内容提要] 自京津冀协同发展上升到国家发展战略以来，津冀地区的港口群不断整合以实现协同发展，并取得了一定的成效，但仍存在许多问题亟须解决。利用津冀港口运营企业的财务数据、基础设施数据以及港口行业数据，采用比较分析方法分析了津冀港口企业之间竞争的现状和存在的不足，从京津冀协同发展、企业管理和运营机制、企业经营战略等方面得出了津冀港口群协同发展的战略措施。

[关 键 词] 津冀港口群　协同发展　对策建议

一、津冀港口群的发展概况

　　从地理位置上面看，京津冀地区是指包括北京、天津两个直辖市在内的和河北省的 11 个地级市在内的地理区域。由于这一区域包含首都北京，又是目前中国经济发展前景良好的区域性经济发展中心，使得京津冀地区的发展备受关注。由于其地理位置的优越性和国家对京津冀地区协同发展战略的支持，京津冀地区已经成为北方的经济发展中心。京津冀地区作为环渤海的地区之一，其港

---

①②③ 作者单位：东北大学秦皇岛分校经济学院。

口的发展对于经济的拉动作用不容忽视。经过多年的发展，京津冀地区发展了包括两个历史悠久的大港——天津港和秦皇岛港、两个新兴港口——唐山港和黄骅港在内的港口群。四个港口都是环渤海港口群中的重要港口，地理位置是环绕渤海湾按照秦皇岛港、唐山港、天津港和黄骅港由上到下一字排开的。

表1是2019年天津和河北两省市港口的基础设施概况。天津港的生产泊位数最多达到144个、生产用码头长度为37157米。从货物吞吐量来看，唐山港最高达到65674万吨，秦皇岛港作为河北省历史最久的港口，港口生产用泊位数72个，码头长度为15928米。

表1　2019年津冀港口群概况

港口	码头长度（米）	泊位（个）	万吨级泊位（个）	生产用码头长度（米）	生产用泊位（个）	生产用万吨级泊位（个）	货物吞吐量（万吨）
天津港	40620	189	118	37157	144	118	49220
河北省	61540	267	201	59576	236	201	116315
秦皇岛港	17161	92	44	15928	72	44	21880
黄骅港	10365	48	35	9945	39	35	28761
唐山港	34014	127	122	33703	125	122	65674
京唐港区	11754	45	40	11443	43	40	30117
曹妃甸港区	22260	82	82	22260	82	82	35557

注：数据来源于河北省统计年鉴和中国统计年鉴。

二、津冀港口群协同发展的必要性分析

由于津冀地区港口群的地理位置相近，竞争力水平各不相同。为了扩展业务范围和提高业务能力，不断增加基础设施建设，争夺同一腹地的货源，这样不仅造成了严重的资源浪费，也导致了竞争的进一步加剧和环境问题的产生、加剧。

（一）腹地交叉严重、同质化竞争激烈

环渤海地区港口众多，由于地理位置接近，河北省港口群与天津港的竞争大于合作。从表1可以看出，河北整个省就有3个亿吨级大港，而秦皇岛港、唐山港、黄骅港均以干散货为主，这势必存在对货源的竞争。众所周知，港口的发展依赖于经济腹地，腹地分为直接腹地和间接腹地。一般来说，腹地为周边的省份或者辖区，经济腹地和港口的距离越近，腹地的经济发展水平越高，对港口的发展越有利。天津港的经济腹地主要集中在天津、北京、河北以及一些离天津市较近的西北地区；秦皇岛港的直接腹地为秦皇岛市和河北省，间接腹地主要在以煤炭产业闻名的山西省、陕西省等华北地区和内蒙古自治区以及辽宁省西南部地区等东北地区；唐山港的直接经济腹地为唐山市以及河北省，间接腹地可以覆盖至北京、山西、宁夏、内蒙古等地；黄骅港的经济腹地主要集中在煤炭运输的山西、陕西和内蒙古等地。可以看出港口群由于地理位置的重叠，腹地交叉严重，且运输货物种类同质化现象明显，而腹地在一定时期内产生的货源数量相对稳定，这些因素更加剧了港口群对于货源的争夺。

（二）职能分工不明确，基础设施重复建设

四大港口中，天津港和唐山港都是综合性港口，货物运输种类繁杂，而秦皇岛港的发展随着唐山港和黄骅港的兴起逐渐丧失了一部分市场。随着港口在区域经济发展中作用不断增加，各省市建设和发展区域性港口的积极性也不断提高，不断扩大投资规模，兴建港口基础设施，天津港和秦皇岛港也不例外。两个港口为了扩展业务范围，争取到更多的货源，不断进行基础设施建设，这就导致针对某些货物的泊位设计通过能力超出了合理的港口适应度，导致区域内港口均无法更好地错位发展，也避免不了地产生了资源浪费的问题。

（三）河北省各港口单独竞争力弱

从表1来看，河北省的港口的总泊位数和码头长度都高于天津港，港口的吞吐量河北省也占优势，如图1所示，但是如果港口

之间进行对比的话，河北的各个港口和天津港相比无论是基础设施还是吞吐量都与天津港相差很远，竞争力远不如天津港。天津港历年的集装箱吞吐量远远超过其他三个港口，2021年天津港集装箱吞吐量突破2000万标箱，达到2027万标箱。秦皇岛港和黄骅港2008—2021年年平均只有44万标箱和33万标箱，唐山港集装箱吞吐量快速增长但即使是最高的2021年也只有329万标箱，如图2所示，与天津港的集装箱吞吐量无法相比。

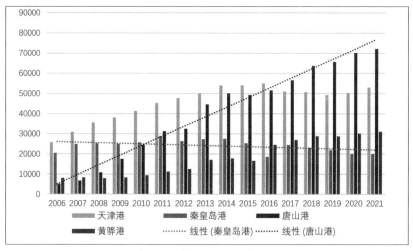

图1　津冀港口货物吞吐量（单位：万吨）

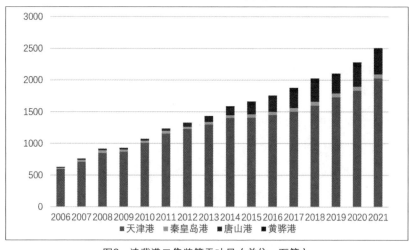

图2　津冀港口集装箱吞吐量（单位：万箱）

（四）津冀港口生产效率有待提高

津冀港口之间的协同发展可以追溯到 2014 年，当时天津港集团和河北港口集团共同出资、分别持股 50% 设立渤海津冀港口投资发展有限公司，以资本为纽带，促进津冀港口协同发展；为了进一步完善津冀港口总体规划，对津冀港口的功能进行合理分工，2017 年交通运输部、天津市、河北省联合制定了《加快推进津冀港口协同发展工作方案（2017—2020 年）》，两地港口整合取得了一些成效，但是成效并不显著，与行业平均水平相比还有很大差距。

根据沪深两市港口类上市公司的财务数据计算每个港口人均利润，用来衡量各个港口的生产效率，并计算出港口类上市公司人均利润的平均值作为行业平均生产效率的衡量值。图 4 是天津港、唐山港、秦皇岛港的人均利润减去行业平均水平之后得到趋势图，从图 3 来看，除了唐山港的生产效率高于行业平均水平，秦皇岛港以及天津港与行业平均水平相比还有一定的差距，生产效率还有进一步提升的空间。

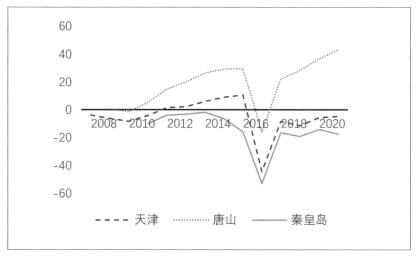

图3　津冀港口与行业效率差距

　　图 4 是天津、唐山、秦皇岛三个港口的盈利状况。将三个港口的每股盈利叠加到一起，可以看出，从 2014 年起津冀港口之间的整合效果并不显著，没有出现"1+1>2"的协同效应，相反三个港口每股盈利的总和反倒不断下降，只是到 2018 年才出现止跌反增的趋势，但依然没有达到历史最高水平。

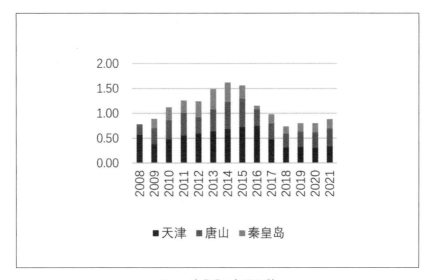

图 4　津冀港口每股盈利

三、津冀港口群的协同发展策略

　　在当前京津冀协同发展的环境下，港口整合是提高港口竞争力的重要举措，不仅对港口之间减少恶性竞争、实现良性发展有利，更对区域经济发展大有裨益。

　　在我国，对于省级层面上的港口整合已经有了很多前车之鉴：江苏省、浙江省、辽宁省的港口运营平台呈现出三种不同的整合方式。以辽宁省为例，省政府通过以营口、大连两大港为主，其他港口为辅组建了辽宁港口集团，从而达到整合省内港口经营主体的目的。为了加强各港口经营主体之间的联系，辽宁省引入战略投资者——招商局集团，招商局集团与辽宁省政府签署港口合作框架协议，并达成共识，确定由招商局主导，通过市场化方式推动辽宁港口整合。从各省市的港口整合现状来看，京津冀地区港口整合和协同发展势在必行，这是大力提高津冀地区的港口竞争力、全面推动河北省港口开放新格局和进一步推动、融合更深层次的"一带一路"倡议的重要举措。

（一）建立跨行政区的管理和运营机制

借鉴广西北部湾和国外港口整合经验，京津冀地区港口群的整合和协作应该立足于京津冀一体化的战略，将其资源配置置于行政管理与企业管理之间。首先是企业间应该加强合作，虽然各个港口之间互相控股，甚至合资创立有限公司，如秦港股份与天津港建立渤海津冀港口投资发展有限公司，但是各公司仍然以自己公司利益为重，缺乏有效的合作机制。其次，港口整合不应该只停留在经营主体间的合作上，也需要政府进行政策干预。京津冀地区港口整合可以仿照辽宁省港口整合进程，地方应该服务于整体，在津冀地区应该成立统一的管理委员会，负责津冀地区整体的港口规划、基础设施建设和企业管理；下属天津港港口管理局以及河北省港口管理局，各地管理局分管地方性港口。这种跨行政区合作、统一规划管理、分级运营的垂直管理模式有助于解决港口之间内部竞争激烈、腹地交叉导致的同质化竞争。

（二）制定基于京津冀协同发展的港口转型战略

相比于秦皇岛港，天津港腹地广阔，腹地经济发展潜力巨大。而秦皇岛的煤炭运输主要是服务于国家"北煤南运"的运输要求，外贸出口比例很小。但随着国内宏观能源需求减少以及河北省产能过剩等因素的影响，秦皇岛港的发展受到限制。秦皇岛港在这15年发展中，逐渐形成了以能源物资运输为主（主要是煤炭、原油与矿石为辅），其他货类运输为补充的局面，且秦皇岛港主要从事国内运输，经济外向性程度不高，单一的运输格局不适合港口的长远发展。从港城互动层面来看，秦皇岛港的政策性很强，服务于国家对煤炭资源的控制，临港行业之间的关联度较低，对以港兴城的实现没有明显的推动作用；而唐山港与天津港的定位都是综合性大港，都是以综合性的货物为来源，集装箱业务的发展更迅速。对比来看，秦皇岛港的竞争力明显不足，未来应实施转型发展的策略。

（三）充分发挥各港口的比较优势，大力发展自身优势产业

天津港作为全国重要的综合性运输大港，应该进一步明确天津港在京津冀地区港口的核心地位，各个港口明确自身的优势，促进港口间的职能分工，避免出现设施重复建设导致的资源浪费。天津港的集装箱业务和天然气石油等油品的吞吐量远高于其他三个港口，金属矿石和煤炭吞吐量也占有一席之位。天津港的经济腹地覆盖面较为广阔，且拥有有利于大型船舶的人工深水航道，这些都有助于天津港进行大中型货物的运输。而且天津是"一带一路"倡议的重要节点，不仅港口设施完备，铁路和公路线交错纵横，所以对于集装箱运输的优势明显。天津港发展集装箱运输，将有助于推进海陆联运、多式联运的发展，为物流运输提供极大便利。从货物种类的对比分析来看，秦皇岛港和黄骅港煤炭吞吐量高于唐山港和天津港，所以可以将煤炭及其制品作为秦皇岛港和黄骅港的主要业务，另外的两个港口可以让渡出这一业务。唐山港和天津港的定位一致，都是综合性港口，所以唐山港的曹妃甸港可以发展为以石油、铁矿石等货物集装箱为主的综合港。

（四）以资本为纽带，推动港口资源整合，提高港口生产效率

以资本为纽带，积极推动河北省海岸线及内部资源的整合，以及津冀间港口资源的整合，避免出现建造不符合自身港口实力的基础设施，对于已经存在的基建，在港口企业之间或者相关企业之间进行转让经营。减少不必要的港口资源浪费，港口运营企业应该重视自身软实力，提高港口信息化建设的水平，充分利用最新的信息技术提高港口的自动化水平，提高港口生产效率。信息化建设能够更加高效地拉动港口物流发展、提高物流服务质量，有助于提高港口的综合竞争力，同时对沟通腹地经济，实现良性互通有着促进作用。

（五）统筹规划港口与内陆交通运输格局

抓住京津冀协同发展的机遇，完善京津冀公路运输体系，打通京津冀省市之间的"断头路"和"瓶颈路"，实现货运通畅；建立港口与腹地高速公路网衔接的对外高速疏港通道，消除港城交通瓶颈。大力发展海上支线交通，共同开发京津冀内陆无水港，打通环渤海港口群与我国西部直至中亚地区的贸易通道。推进港口直通区域腹地的对外铁路通道建设，逐步提升海铁联运比例，降低物流运输成本。推动多式联运发展，实现货运信息共享及中转的无缝衔接。

四、结论

京津冀协同发展的环境下，津冀港口之间协同发展已经取得一定的成效，但是仍然存在很多方面的问题需要解决，津冀港口管理部门和运营企业应该抓住机遇，充分分析各港口自身的优势和劣势，立足京津冀港口群，制定服务华北、西北、东北经济发展的协同发展战略，打破行政区域的限制，整合海陆交通运输体系，实现津冀港口整体效益的增长。

推进东北地区区域科技创新
一体化发展的基本思路[①]

◎ 林常青[②]　邹雨桐[③]

[**内容提要**] 东北地区区域科技创新一体化发展的基本思路是以机制互联、要素互通、资源共享等关键环节的健全完善打造东北协同创新模式。以建立科学高效的创新工作组织机制、优化调整重大科技项目组织实施机制、完善科技创新能力开放合作机制实现体制机制相互联通；以优化科技创新人才配置，优化创新投融资金融服务，疏通科研成果转化渠道推动劳动力要素、资金要素和技术要素的域内流通和高效配置；共建重大科学研究设施与创新平台、科技公共服务平台、创新投资基金平台，实现创新资源共享贯通。

[**关 键 词**] 东北地区　科技创新　协同创新　创新一体化

　　区域科技创新一体化是以多元主体协同互动为基础的协同创新模式，在保持科技创新的多样性和独立性基础上，以机制互

---

① 本文受 2021 年度中央高校基本科研业务费项目"东北地区科技创新一体化发展研究"（N2124003-2）资助。
② 作者单位：东北大学马克思主义学院。
③ 作者单位：辽宁大学新华国际商学院。

联、要素互通、资源共享构建共生、共建、共享的创新共同体。东北地区在全力推进改造升级"老字号"、深度开发"原字号"、培育壮大"新字号"的大背景下，通过多措并举积极推动高校、科研院所与企业共建协同创新载体，协同推进人才队伍建设，健全和完善科技创新服务体系，区域科技协同创新取得显著成效，但依旧存在协同创新的政策体系有待完善、科技创新产业化协同不足、创新资源空间分布失衡影响要素优化配置、经济边界弱化科技创新要素的区域共享等问题。为此，应将国内外先进地区科技创新一体化的普遍经验与区域特殊性相结合，建构东北地区区域科技创新一体化发展的基本思路。

一、以增强体系能力为主线，实现体制机制相互联通

我国科技创新总体上处于从量的积累向质的飞跃、从点的突破向系统能力提升的重要时期，东北科技创新一体化发展首先应推进体制机制改革，既要适应我国科技创新的整体阶段性特征，也要满足区域发展的新要求，推动科技创新力量布局、要素配置、人才队伍进一步体系化、建制化、协同化，提升国家创新体系整体效能。

（一）建立科学高效的创新工作组织机制

一是在决策环节，成立东北地区科技创新理事会，统筹东北地区科技创新发展的各项重点任务。要结合东北地区科技创新发展实际，实时分析把握东北地区科技创新工作的具体特点和面临的形势，制定东北地区科技事业发展规划，研究提出针对东北地区科技创新的指导思想、发展战略、政策规划、目标任务和保障措施等。

二是在咨询环节，整合国内外科技、管理、规划、产业、经济、企业、生态环境等方面资深专家资源，组建滚动专家库。专家咨询委员会作为东北地区科技协同创新的咨询机构，积极参与东北地区科技创新发展战略研究，参加重要政策、重大改革的咨询

论证，积极为东北地区的科技创新平台布局、科技园区建设与发展、科技人才队伍建设与保障等方面提供科学意见和建议。

三是在执行环节，以市场化模式设立实体化运作的东北地区科技创新管理服务中心，执行东北地区科技创新理事会敲定的各项部署和重点任务。科技创新管理服务中心主要以科技平台和项目实施的管理服务为工作重点，打造一站式科技创新资源统筹管理服务体系，积极推进跨地区综合性科技创新管理服务平台建设，建立健全东北地区自主科技创新广场，提高科技创新园等科技服务示范区的整体建设水平。

（二）优化调整重大科技项目组织实施机制

一是面向东北区域改进对重大项目研发进行管理的方式。对于符合国家重大战略需求的科技项目，可以实行"科技悬赏制""揭榜挂帅"等管理方式，面向行业龙头企业、"瞪羚"企业、"独角兽"企业和隐形冠军企业等创新发展需要的共性技术有针对性地进行设计凝练，按照"需求征集、专家甄别、科学凝练、精准制榜、公开发榜、同行碰撞、精准对接、竞榜揭榜、择优挂帅、资源集聚、协同创新"的全闭环实施路径，实现需求聚焦、资源聚集、政策聚合，解决关键核心的产业技术问题，创新项目生成机制、科研组织模式、资源配置方式，提高科研攻关效率、扩展资源协同范围、解决关键技术问题、支撑和引领产业高质量发展。

二是建立健全重大突发公共卫生事件科技应急管理机制，不断推进应急响应体系建设。注重应急管理体系的整合与协调，推动应急管理机制从单项应急管理向综合应急管理发生转变，构建反应迅速、上下联动的应急管理体系，使其不仅纵向管理指挥顺畅有效，而且横向协调合作迅速有序，形成网格化的应急管理体系。

三是完善科研管理方式，增强科研人员的创造性和工作积极性。在科研项目申请和研发过程中开辟一条科技创新的"绿色通道"，精简科研审批流程；积极调整并完善科研项目经费拨付机制，精简合并预算编制科目，简化科研经费财务管理程序，减轻科研人员在项目研究过程中的负担；依据国家相关法律法规，在强化科研伦理和学风建设等方面下功夫，完善科研伦理和科技安全审查机制。

（三）完善科技创新能力开放合作机制

一是不断加强国际科技交流合作，善于发掘并充分利用全球科技创新资源。协同创建科技项目需求库，充分运用"互联网+"的有利条件，进一步融入全球科技创新网络，充分利用好全球科技创新资源，不断更新并完善科技资源数据库。共同建设国际科技信息交流平台和合作基地，通过政策的支持、引导以及资源集成，创建国际科技合作示范样板，吸引国外先进科技项目及优秀科研人才，打造国际科技创新研发智慧高地。

二是构建国际化的科技交流合作环境，形成具有国际竞争力的国际科技交流合作与人才培养的保障机制。要以"取向市场化、管理扁平化、功能主业化、考核精准化"为导向，深化"档案封存、员额总控、全员聘任、以岗定薪、绩效考核"的管理模式，坚持"市场化选人、一体化管理、精准化考评"，探索打破人员编制、身份界限，实行聘任人员按岗位分序列、分职级管理，构建能上能下、能出能进的动态管理模式。

二、以优化资源配置为重点，实现创新要素自由流通

东北科技创新一体化发展亟须推动创新要素加速流动和精准匹配。通过突破创新主体间的壁垒，充分释放人才、资本、技术等要素活力，实现深度合作的协同创新、融合创新。同时，推动新型创新要素不断涌现，持续催生新的资源要素和组合模式。

（一）优化科技创新人才配置，推动劳动力要素的域内高效配置

一是建立全方位、多层次的东北地区科技人才培养体系。联合提升高等院校科研及自主创新能力，积极建设高水平的科研教育

平台，做好教育发展规划，根据自身定位和办学特色，发挥东北地区的科技重点产业和特色高新技术产业优势，推动教学管理制度和传统学科建设的更新。

二是协同创新科研人员的管理和服务方式，优化奖励和保障机制，打破"唯学历""唯论文"等奖励标准和传统绩效激励机制，要对科研人员进行全面、客观的考察和评价，关注科研人员的科研能力、研究质量、工作实效和突出贡献，进一步加大对科研人员的激励力度，在政策允许范围内，对有科技成果落地转化的课题组和个人予以政策红利。

三是合力健全科技人才引进与培养机制，加强东北地区与我国东、中、西部地区的科技交流与合作，建立起科技人才资源配置联系网，实现优势互补以及创新资源的合理配置，打造并完善"人才特区"，构建科技人才集聚高地，充分发挥人才聚集效应。

（二）优化创新投融资金融服务，推动资金要素的域内流通

一是完善区域协同发展的财税政策，创新一体化体制机制，加强财税政策连接的紧密性和政策执行的协同性，将东北地区的纳税信用、税收执法等标准逐步实现统一，促进东北地区各省市之间业务通办，实现不同地区、不同部门、不同层级之间相互协助、共同办理，推进办税工作便利化，使基层税务工作者能够更好地平衡税收征纳关系，有效提升税务工作的服务质量和服务水平。

二是以推动新兴科研机构建设、促进创新型企业培育为目标，由东北三省人民政府和社会各界设立或者联合设立科技创新基金，汇集资源投入早期科技创业型企业，通过推动科研机构及其项目培育、创新型科研企业及其产业培育、高端科研人才引进项目培育以及吸引国外留学人才来东北地区创业等举措，解决科技创新企业初创时期资金缺乏、融资困难等问题。

三是鼓励银行设立科技支行，科技支行将以服务科技型企业作为主要业务，并兼顾个人理财与贷款、公司投融资、金融市场等传统银行业务，增强东北地区自身科技金融服务能力，促进东北地区各级政府、科技企业与银行携手共进，实现三省共赢。

（三）疏通科研成果转化渠道，刺激技术要素域内流通

一是持续深化科技成果所有权制度改革，焕发科研人员的工作活力和创新热情。不断增强知识产权运用能力，不断推进专利导航工作机制，强化专利信息深度挖掘和有效运用，面向战略需求重点领域、战略性新兴产业开展订单式研发、投放式创新。深化推广知识产权质押融资，推进知识产权证券化，吸引金融机构广泛参与。开展审查确权、行政执法、维权援助、仲裁调解、司法衔接相联动的产业知识产权仲裁院，提供知识产权民商事纠纷专业化裁决调解途径。

二是大力培育技术市场，占领科技革命制高点。成立东北地区企业技术创新工作委员会，鼓励、帮助、支持企业开展创新工作，并为其提供技术咨询服务。建设东北地区经济社会发展需要的科技成果转化公共服务体系，促进科技创新资源的合理应用，提高科技资源的利用率。建立健全科学技术交易项目数据库，完善区域性技术交易服务协作机制。健全以企业技术需求为导向的信息动态发布机制，促进各项科技项目实现对接，推动各项科学技术成果转移扩散。

三、以设施平台载体为依托，实现创新资源共享贯通

在人工智能、物联网以及区块链等领域呈现群体跃进态势的大背景下，创新资源共享愈加重要，其作为一种适应平台经济、共享经济发展的新型创新范式，以设施平台为基础，以移动互联、云计算、大数据等技术手段为支撑，低成本、高效率地获取创新资源，精准高效地实现供需匹配，全开放、全要素、全方位、全时空、全过程、全嵌入地参与创新过程，提高了创新效率。

（一）共建重大科学研究设施与创新平台

一是整合东北地区已有的重大科学设施，依据东北地区科技创新需求，构建重大科技基础设施群，扩大东北地区重大科学装置的布局，加大重大科学研发装置的引进和制造基地的建设，增加智能机器人研发科研场所，提高对高精尖设备的投入，创建符合东北科技创新需求和经济发展需求的重大科技基础设施群。

二是稳定企业在市场、需求、投资和管理中的主体地位，倡导企业与高等院校紧密相连、相互协作，共同建立新型校企科技研发平台。支持三省企业组建创新联合体，结合产业链需求及社会发展重点领域创新方向，推动技术创新联合体建设，引导创新要素向企业集聚。支持以领军企业、骨干企业为"盟主"，联合高校院所组建有明确的技术开发方向和技术产出目标、符合东北地区产业链创新方向的实质性产学研联盟，通过优势整合、技术转移、利益联结、带土移植等，协同开展关键核心技术攻关，提升集成创新能力和成果转化应用效率。

三是促进东北地区科技资源共享平台、工程技术研究中心、大型科研实验室等科技研发服务平台实现深度开放共享。联合打造机器人研发中心、生命科学实验中心、重大战略装备中心等大型公共实验平台，配备专业、先进的科研设备，充分发挥科技研发服务平台的综合调配作用，依据科技研发服务平台的实际情况，支持大型科研仪器设备资源全天候开放共享，对科研实验中心统筹实施并考核开放共享工作。

（二）共建科技公共服务平台

一是共同提升科技创新服务机构的建设力度，增强东北地区科技服务的质量。提升科技创新服务机构的建设力度，促进资源共享并提供智能服务，通过发挥政府在公共科技资源供给的主导作用，构建全面、系统的科技创新公共服务体系。要加强对科技创新公共服务平台的整体建设，组建高效、有序的科技创新创业服务保障体系，增强东北地区科技服务的质量。

二是完善服务系统，改变服务职能单一化趋势，落实具体责任、分清服务范围、制订详细服务计划，完善科技创新服务平台的政策咨询、信息发布、产权技术交易等服务职能，制定统一的规划，不断完善服务细则，深度挖掘科技公共服务平台的服务潜力。

三是加强科技服务团队建设，委托专业化机构运营，探索构建人才技术经纪人培养体系，探索学历教育、完善职业培训，努力培养专业化、高素质、复合型技术转移人才，不断引进成体系的技术转移课程和培训方案，探索成立"联合培训中心"，打造"招生—培训—实践—考评—管理—生态"的培养路线，努力形成覆盖全东北地区的技术转移人才网络，努力打造出技术转移人才培养的"东北品牌"。探索开办技术经纪人培训班，涵盖技术成果转化和交易的多个环节，如资本募集与基金运营、企业并购与技术作价入股、技术交易商务策划、科技成果评估评价实务、科技政策与技术转移服务规范、知识产权实务及法律法规、中试熟化与技术集成、创业孵化、科技法律法规等，提升技术成果转化相关负责人的市场能力、职业能力、项目管理能力以及实操技能等专业能力。

（三）共建创新投资基金平台

一是大力推进股权基金管理中心等载体建设，增加科技创新资本储备。促进域内央企、国企开展股权激励和收益分配先行先试，探索科技人员以科技成果入股、员工持股等方式组建成果转化项目公司，发展混合所有制科技型企业。支持高校院所与区、县（市）以投入物理空间、建立运营团队、搭建创新平台、组建投资公司等方式建设成果转化基地，推动结成利益联合体，加快市场化运营进程。对域内高校、科研院所以科技成果作价入股的企业，放宽股权奖励、股权出售在企业设立年限和盈利水平方面的限制。

二是打造由东北地区各市政府统一部署、由股权交易中心组织运营的专门服务于创投行业的一站式服务平台，推出创投基金转让平台接盘基金和创投基金转让平台产业孵化，疏通项目资本良性循环渠道，改变创投行业传统转让方式，优化投资组合，探索适合市场的多元化的创投基金的退出方式，使创投基金的退出渠道多元化，促进投资资金的再循环。

三是不断创新投融资模式，协同推进投融资体制改革与供给侧结构性改革，与财税、金融等领域改革实现融合，建立有机衔接、上下联动的工作机制，形成改革合力，促进统筹兼顾、整体推进，鼓励银行在风险可控的情况下，落实民营企业新型贷款方式，实行无还本续贷，满足民营和小微企业在发展中的资金需求。

东北地区城市群发展的区域协同逻辑[①]

◎ 冷云峰[②]　曹洪滔[③]

[内容提要] 东北地区城市群的协同发展是东北区域经济一体化的实现方式与战略选择。近年来，东北地区城市群依托空间分布形态优势、交通区位联结优势和核心城市的引领与示范优势积极推动社会发展要素的空间流动，取得一定的成效。但与先进地区城市群相比，在城市群区域协同治理、功能定位、要素配置、产业合作上仍然存在较大差距，难以为东北地区区域经济一体化发展赋能。为此，辽中南城市群和哈长城市群应因地制宜发挥域内优势，推动产业集聚，优化产业布局，推进传统产业生态化转型升级；明确功能定位，优化城市群空间布局，构建多层次区域协调发展机制；完善公共服务协同与财政政策协调机制，制定中长期发展规划，强化城市群一体化管理，共同推动东北地区城市群协同发展。

[关 键 词] 东北地区　城市群　协同发展

① 本文受中央高校基本科研业务费项目"以东北海陆大通道建设助推东北经济一体化取得新突破研究"（项目编号：N2224003-03）资助。
② 作者单位：华为技术有限公司。
③ 作者单位：东北大学马克思主义学院。

以城市群协同推进区域经济一体化是东北地区适应经济活动空间一体化格局的必然选择，也是东北地区融入"双循环"新发展格局的应有之义。东北地区城市群在协同发展过程中将区域协同发展战略提升为统领性的区域发展战略，运用好城市群发展的原则和方法，丰富区域一体化的外延与内涵，破除阻碍市场经济发展的行政壁垒，对于加快东北老工业基地振兴具有重要意义。

一、东北地区城市群发展的协同优势

近二十年来，东北地区各省市筹划和实施了城市群建设战略，获批了哈长城市群、辽中南城市群两个国家二级城市群，形成了辽宁沿海经济带、长吉图开发开放先导区两个区域发展战略，同时，吉林中部城市群、辽中南城市群等城市群发展的格局逐渐成形。这为东北地区城市群的整体发展奠定了巨大的协同优势。

（一）空间分布形态优势

城市群的空间延伸为区域协同发展培育分布形态优势。辽中南城市群以沈阳、大连为核心，以鞍山、营口为两极，通过经济轴线聚集资源，基本形成了"两核两极一轴多节点"的空间分布形态。哈长城市群地处东北亚腹地，以哈尔滨、长春两个省会城市为核心，以哈长发展为主轴，建立了哈大（大庆）齐（齐齐哈尔）牡（牡丹江）、长吉（吉林）图（图们江）两个发展带，基本上形成了"双核、一轴、两带、一网"的空间分布形态。这样的空间分布形态扩大增长极和轴线的影响范围，密切联系增长极与区域内各点间生产要素的交互，使东北地区各节点间、腹地间以及节点与腹地间的联系具备空间优势，为以生产要素的空间调度优化产业结构提供可能。

（二）交通区位联结优势

立体化交通网络拓展了东北地区城市群区域协同的广度和深度。在铁路线上，辽中南城市群以"沈阳—大连""沈阳—承德"

为主轴，加强沈阳与大连以及京津冀城市群的联系；京哈线、绥佳线、长大线等铁路线路支撑起哈长城市群的铁路运输框架。在公路上，辽中南城市群形成以沈阳为节点的五条（沈阳—大连、沈阳—丹东、沈阳—山海关、沈阳—吉林、沈阳—承德）放射状城际公路线与一条（辽中—新民—铁岭—抚顺—本溪—鞍山—辽中）辽中地区环线；哈长城市群目前已经建成长吉客运专线、哈大客运专线、同三高速公路、京哈高速公路以及102、203国道等多条公路段，密集的公路网络缩短了哈长城市群内各城市之间的时空距离。在航空上，东北地区拥有以哈尔滨太平国际机场、沈阳桃仙国际机场、大连周水子国际机场、长春龙嘉国际机场为核心的航空网络。

（三）核心城市的引领与示范优势

沈阳、大连、长春、哈尔滨四个核心城市的辐射力开拓东北地区城市群协同发展的方式选择、思路创新与范围覆盖。哈尔滨充分发挥开放通道节点、科教文化资源的优势，强化对俄开放合作、物流集散、创新引领等功能。长春努力发挥科教文化资源和产业基础优势，强化创新引领、产业支撑和要素集散等综合功能，全面提升引领带动能力。沈阳最大程度发挥运输枢纽和重工业优势，整合重点功能区资源，建设产业发展平台，把沈阳建设成为东北地区金融物流中心、交通信息枢纽、科教文化强市。大连充分发挥港口和区位优势，全力建设金普中心城市，将大连建成东北亚国际贸易中心、航运中心、物流中心和区域性金融中心。

二、东北地区城市群发展的协同困境

长期以来，在行政区划基础上形成的行政区行政和经济管理体制是按行政条块为域来组织社会发展的，这种刚性的、闭合式的行政管理已经成为一种惯性管理模式。在这种管理模式下，地方政府往往以行政手段干预本区域经济发展，虽为经济发展提供了良好的基础设施，但也阻隔了市场要素的自由流动，使得区域治理协同效率低下，竞争大于合作。

（一）东北地区城市群区域协同治理不到位

机制障碍是东北地区城市群协同发展的首要问题。一是东北地区城市群城市间行政壁垒难以打破，生产要素流通不畅，阻碍产业整合和资源优化配置。二是东北地区城市群内部行政区划复杂，区域协同治理效率低，各地方政府间的政策缺乏衔接，使区域间的发展联动能力相对较弱。三是东北地区城市间经济发展不平衡，竞争多于合作，这种发展水平的失衡推动要素资源流动的局限性，极易扩大差距。

（二）东北地区城市群功能定位不清晰

东北地区城市群发展缺乏共同体意识，表现为发展互补性的弱化。一是东北地区城市群内中心城市自我定位不够高，辐射能力相对有限，集群优势不够显著。二是东北地区城市群各城市的产业发展定位相似，平行建设造成优势难以互补，同质性的发展结构使产业建设途径相似、产业定位趋同，产业的空间集聚相对较弱。三是东北地区城市群整体发展目标不够明确，政府间实际协作效率不高，各省市的目标导向难以形成合力。四是中心城市经济分量不足、外溢效应不够、带动作用不强。

（三）东北地区城市群要素配置的精准性科学性有待提升

要素配置是反映城市群协同程度的重要指标，东北地区城市群发展要素配置的精准性与科学性欠佳，缺乏协同发展的要素空间。一是东北地区城市群各城市基础设施建设滞后，同时城市基础设施建设相对孤立，各自为战，城市间缺少新型的轨道交通形式，尚未形成城市间的环境综合治理工程体系，延缓了一体化发展进程。二是东北地区城市群人口和工业过分集聚于中心城市，城镇等级结构不合理，不同等级城镇数量、位置和未来发展不够合理，城市群结构不够完善，小城镇规模较小，资源集中能力弱，对人才的吸引力远不及大城市，项目建设等多方面受到很大的发展限制，应有的服务能力得不到有效发挥，城乡统筹协调发展未能合理实施。

（四）东北地区城市群间产业合作发展滞后

一是东北地区城市间产业结构趋同程度较为严重，产业互补性低，区域内产业发展模式存在较为明显的"头羊效应"，工业产品开发路径单一，同质化严重。二是东北地区城市间产业类型关联程度较差，尚未形成一套完整的上下游协同关联体系，这就使得产业优势在市场化的过程中被削弱，也导致一些经济要素配置困难和资源浪费，没能形成强有力的"集聚效应"。三是东北地区城市间产业链自身发展深度不够，产业结构单一，整个地区原有产业结构和工业发展历程受到影响，在建材产业链、医药产业链、旅游产业链、区域物流等方面的重视和投入程度不够，限制了产业链的多样化发展。

三、东北地区城市群发展的协同路径

区域发展战略有着促进区域发展均衡协调、提升资源空间配置效率的目标。为实现这两大目标，城市群在协同发展过程中要坚持系统协调、持续发展、改革创新、总体规划、合理布局等原则，深化城市群协同发展的体制机制创新，协同创设城市群发展的软环境，推动城市群产业升级转型、优化提升区域功能定位，推动城市群经济高质量发展。

（一）推动产业集聚，优化产业布局，推进传统产业生态化转型升级

辽中南城市群要充分考虑不同城市群的差异化，注重不同梯度城市群之间根据城市群量级、地理空间、发展定位实行差异化发展，充分发挥其特色优势。一是要建立有利于跨地域进行产业协同集聚的政策体系，减少行政规制和贸易壁垒，不断推动大学科技

园、高新技术研发机构等与企业紧密结合，不断创造良好的科学技术环境条件，从而提高产业集聚的科学性和技术性。二是积极参与全球分工与协作，不断提高辽中南城市群产业集聚的国际化水平，提高国际化竞争意识，提高对国际市场交易信息的敏锐度，进一步适应经济全球化潮流。三是创设有利于产业集聚的良好环境氛围，建立健全基础服务体系，为产业集聚提供优质的基础设施服务，为产业集聚奠定基础。

哈长城市群要进一步推动创新型工业产业的生态化发展，在原来工业基础之上，以生态学原理为依据，通过技术创新和技术革命建立起一种新的工业化发展方向。一是重塑传统产业动能，重点围绕汽车、钢铁、冶金、食品、纺织服装等传统产业领域，以工艺、装备、产品和管理创新为重点，组织实施重点技术改造项目，持续提升企业技术水平和产品质量，加快创建一批国际、国内知名品牌。二是推动传统优势产业技术创新，瞄准制约传统产业升级的重大关键技术，通过建设公共创新平台和加大新技术成果的推广应用，培育一批掌握核心技术、引领产业发展的领军企业，更好巩固提升哈长城市群传统优势产业的领先地位和先进水平。

（二）明确功能定位，优化城市群空间布局，构建多层次区域协调发展机制

辽中南城市群要实行产业结构转移和功能转换。要对城市群内各城市进行精准的功能定位，根据城市群内不同城市的产业特点，将产业进行细化，分成综合发展型、服务类型以及资源依托型等，按照产业类型分别制定不同的发展政策和策略，并建立相关的平台方便合作交流。如沈阳和大连要充分发挥中心城市的牵动作用，促进这两个核心城市的专业化分工水平和高新技术产业发展水平，提高辐射能力，同时将部分落后的传统产业由中心城区转移至其他可承接的城市，要以大力发展第三产业为主，处理好第三产业

中传统产业和现代产业的关系；本溪要发挥沈阳经济区副中心城市的优势，承接沈阳在长期发展中逐渐转移的部分功能。

哈长城市群要构建多层次的区域协调发展机制。一是建立和完善跨区域城市发展协调机制，调和跨区域城市协同发展的利益关系，促进哈长城市群内各城市的分工协作。以建立完善跨区域城市发展协调机制为支撑，将有关区域协作或涉及跨区域的项目进行统一审查报备，并由相关领域的专家进行科学分析，而后给予批准施行。二是建立专门的行业协调机构，加强相关企业和非政府组织跨地区协作，推动城市群内行业信息的交互共享。

（三）完善公共服务协同与财政政策协调机制，制定中长期发展规划，强化城市群一体化管理

辽中南城市群要注重公共服务协同与城市发展的中长期规划。一是要在政府和市场提供公共服务和公共产品的过程适当引入竞争机制，增强竞争意识，建立一种政府、市场、社会组织相互协调的公共服务协同供给机制。二是准确把握辽中南城市群的空间范围和城市发展边界，根据城市规模等级、经济发展程度、综合竞争力等多个方面来选择适合辽中南城市群发展的城市体系，进一步为城市群的功能划分和产业优化提供有力保障。三是要以城际交通布局规划强化城市间的关联，推动城际交通互联互通，促进多种交通方式的衔接覆盖。

哈长城市群要注重当前发展的财政调节。一是配合产业转型发展和产业结构的优化调整对高新技术产业进行税收优惠，有效减轻企业税负，激发企业创造的积极性和主动性。二是探索和完善分税制度改革，根据权责对等的原则，划分好事权和财权，进一步明确权责范围，提高各个城市地方政府用财、聚财的积极性和主动性。三是加大对贫困地区和城市的扶持力度，要切实落实好对哈长城市群的纵向转移支付力度，加大对落后地区的扶持力度，从而达到转移支付在缩小城市群发展差距方面的重要作用。

东北振兴理论与政策研究

教育服务东北振兴篇

推进高等教育一体化
支撑东北振兴新突破[①]

◎ 刘海军[②]　赵　球[③]　张文烨[④]

[内容提要] 本文从国内外高等教育一体化的经验出发，总结了国外高等教育一体化和高等教育质量提高的成熟案例，在国家实施东北振兴战略的大背景下，分析了东北地区高等教育的一体化建设特点，提出了未来东北地区通过推进高等教育一体化支撑东北全面振兴取得新突破的路径。

[关 键 词] 高等教育　教育一体化　东北振兴　新突破

面临世界开启大变局、国内践行新发展格局，新时代的东北全面振兴乃至我国宏观经济整体转型升级，将比以往任何时候更加依赖科技创新、更加依赖科技进步。实现东北振兴新突破，为国家现代化做更大贡献，需要东北高校充分发挥作为当地科技第一生产力、人才第一资源、创新第一动力的"结合部"的关键作用。而东

---

① 本文受教育部发展规划司 2022 年委托课题"教育服务东北振兴有效模式和路径研究"资助。

②③④ 作者单位：东北大学东北振兴研究中心。

北高等教育一体化，则是践行这一使命事半功倍的有效途径。

一、国内外经验借鉴

从全球角度看，自 20 世纪 70 年代起，区域高等教育一体化就开始在一些国家、地区兴起，逐渐发展成为世界性浪潮。如伴随着此间区域政治经济一体化，拉丁美洲和加勒比地区、地中海地区以及亚太地区等均相继提出、实施了一系列不同类型的高等教育一体化公约。

一是国外形成了若干成熟模式、典型案例。其一是欧洲的"博洛尼亚进程"。这是迄今国际上"最大尺度"，也是国际影响最大的高等教育一体化改革。该项目是 29 个欧洲国家于世纪之交在意大利博洛尼亚提出的欧洲高等教育改革计划，力求从构建学位学历认证、学分转换、教育质量保证体系以及促进高等教育合作等方面入手，促进欧洲高等教育一体化和高等教育质量的提高。该项目推进过程中体现出整体规划、系统推进、落小落细、循序渐进等特点。其二是美国相关的体制机制建设实践。作为高等教育一体化机制建设的重要实践，美国在 20 世纪 60 年代以区域间《州际高等教育协定》《州际学费互惠协议》和加州颁布的《加州高等教育总体规划》(以下简称《规划》)，在实现区域高等教育合作和教育资源共享，避免过度竞争和资源浪费，以及促进区域高等教育持续快速健康发展方面发挥了重要的指导作用。其中，在《规划》的引领下，美国旧金山湾区形成的高等教育共同体，以密集化、多元化、国际化的组织特点，卓越性、创新性、实践性的质量特点，以及大学间和校企之间的紧密合作特点，被视为高等教育一体化乃至共同体建设的典范并因为促成了硅谷的诞生而备受全球瞩目。

二是国内相关改革探索循序渐进、方兴未艾、态势良好。其中，尤以长三角、京津冀、粤港澳大湾区、成渝以及东北地区的相关实践更具典型性，总体上呈现出一些特点。其一，综观国内有关区域板块：此项"跨界""跨体制"改革，多数是在区域经济一体化基础上提出并伴随着经济一体化推进的。其中，长三角这"两个一体化"已步入良性循环的佳境。其二，高校联盟成为现阶段区域高等教育一体化的重要形式。目前看，现阶段的区域高等教育一体化实践还主要着眼于共享高教资源，主要形式多为合作办学、合并办学，突出表现在那些高等教育一体化区域均涌现出来一批不同体制条件、不同地域范围、不同学科专业的"大学联盟"。其三，"顶层设计"引导"基层首创"。有关区域地方党委、政府先后制定、实施了一批"指导性"的相关规范性文件。如长三角"三省一市"制定实施了《关于加强沪苏浙教育合作的意见》等；京津冀制定实施了《京津冀教育协同发展行动计划（2018—2020）》等。其四，此项实践几乎均伴随着著名的经济带、大都市圈、密集的城市群而发展。

二、东北地区的基本实践

在国家实施东北振兴战略的大背景下，伴随着改革开放的纵深推进以及区域经济一体化的兴起，当地的教育、特别是高等教育的一体化的建设也相继起步，历经探索实践，初步形成了区域高等教育一体化的东北特色。

一是注重区域体制机制框架建设。东北地方教育主管部门，围绕整体发挥本地区高等教育基础好、学科门类齐全等优势，在联合出台《关于推进普通高等学校开放办学 加强合作 实现高质量发展的指导意见》的基础上，相继建立了高等教育省际协作、校际交流等合作机制。近年来据此实施了学生联合培养、教师互聘、平台开放、协同创新、国际交流合作等 176 个重点合作项目，初步形成了以资源整合、优势互补、互利共赢为目标，以省际、校际合作为载体，以深度协同为抓手的高等教育一体化框架体系。

二是注重区域协同育人新机制建设。围绕构建协同育人新机制，以深化校际合作、产学结合、科教融合为重点，先后组建校际导师团队 54 个、合作培养基地 165 个。在本地区范围内，加强高校与科研机构合作，探索科教协同育人新模式，实施联合培养重点项目 32 个。其中，沈阳工业大学与哈尔滨工业大学、吉林大学联合培养博士研究生等；吉林大学与哈尔滨工业大学、哈尔滨工程大学、东北大学等签署联合培养本科生协议等。

三是注重区域协同创新服务体系建设。围绕创新链与产业链精准对接，相继实施校企协同创新项目 71 个、共建科研平台项目 5 个。其中，中国医科大学联合本区域 130 余家单位组建"东北产科联盟"，累计培训 1 万余人；吉林大学联合本区域高校联合申报 67 个省级以上科研项目；沈阳药科大学联合本区域重点医药企业组建"创新药物产学研战略联盟"，签订技术贸易合同 132 项。

四是注重区域对外合作交流平台建设。围绕最大程度形成区域教育对外开放合力，本区域高校联合申报国际、国家级重大科研项目，联合组建教育国际合作平台，联合开展国际合作项目、中外校际交流项目，举办国际学术研讨会 119 场，组织中外教师互聘 30 人（次）、中外学生互换 64 人（次）。同时，本区域教育主管部门，依托教育部产学研用国际合作会议、中国—乌克兰大学联盟、中俄工科大学联盟等交流平台，协调推进本区域高校全面深化对外交流与合作，积极服务本区域打造对外开放新前沿并取得显著成果。

三、东北地区的下一步对策建议

迄今东北教育、特别是高等教育一体化取得的初步成效，为其再上新台阶奠定了基础；同时，对照国内外典型经验，本区域的此项工作在体制机制、模式以及路径等方面还存在"短板""弱项"，需要作为后续工作的"切入点"和"突破口"。

一是深入调查研究。回顾此前本区域教育，特别是高等教育一体化实践，明显存在调查研究不足、理论成果鲜见，而探索实践、"试错推进"色彩较浓的问题。新时期，有关方面应围绕本项工作的背景环境、资源条件、未来发展方向及近期突破重点开展深入、充分研究，以作为各级教育主管部门决策的依据。

二是加强统筹规划。目前看，尽管本区域高等教育一体化的"顶层设计"有了一定的基础，但较大程度上还是以"民间自发"为基础，"零打碎敲"型的推进偏多，有关工作的战略性、计划性不足。为使此项工作事半功倍，切实在新时代东北振兴中发挥重要的支撑作用，应在充分深入调研的基础上，及时启动东北高等教育一体化规划的编制工作。

三是建立、健全组织协调机制。为将此项工作规划、部署、推进落到实处，应考虑在教育部的指导下，建立由东北三省一区教育厅主管高等教育领导参加的东北高等教育一体化协调机制，共同研究解决此项工作推进中需要协调解决的重大问题。在该机制下组建办公室，具体挂靠在三省一区某教育主管部门，负责该协调机制的日常工作。

四是支持高校联盟"提质、扩面"。继续扎实推进本区域高校心理健康教育联盟、新医科临床实践教学联盟、新农科教育联盟、外语学科发展联盟、"一带一路"职业教育联盟等已有高校联盟的实体化、规范化、高效化发展；同时鼓励在相同或相近学科专业领域发展新的跨校、跨省（市）高校联盟，充分发挥各类高校联盟在本区域高等教育一体化进程中的生力军作用。

五是鼓励政产学研用融合发展。推进本区域高等教育一体化，不仅需要高校间的一体化，更需要以高校为创新链节点的全方位、多层次的一体化。为此，应支持、鼓励校所（院）、校企、校地深度合作，根本清除本区域经济、科技"两张皮"及教育、社会相脱节的历史积弊；整合本区域高校在内的优势创新资源，共同打造一批高水平、上档次的"大团队""大平台"，争取承担、实施一批国家级重大科技攻关项目和工程以及参与国际协同创新，全面增强服务东北振兴乃至国家重大战略需求能力。

六是依托大都市圈、城市群发展高校集群。发展区域高校集群是推进区域高等教育一体化的重要路径，而发展大都市圈、城市群又是国家区域协调发展战略的重要组成部分。鉴于东北的大都市圈、城市群发展水平关乎东北振兴全局，而时下在全国的发展格局中又处弱势，故应将高校集群的发展一并纳入本区域大都市圈、城市群统一规划，统筹支持、共同发展。

总之，在国家深入实施东北振兴战略的大背景下，历经改革探索实践的东北高等教育一体化已经相继走出"萌芽破土"和"初期培育"两个阶段，开始进入加速发展的快车道。我们深信，在教育部等国家有关部门的指导下，在本区域地方党委、政府及其教育主管部门的正确领导下，东北高等教育一体化将会再上新台阶，为新时代东北振兴取得新突破作出更大的贡献！

高校服务东北振兴要突出制度创新

◎ 李方喜①

[内容提要] 2022 年 10 月 7 日，中国东北振兴研究院召开"教育服务东北振兴有效模式和路径研究"专家座谈会，就近年来国外及国内东中西部地区高等教育服务经济社会发展的典型模式、东北地区高等教育服务当地乃至全国经济社会发展的典型经验和存在问题展开讨论，提出优化高等教育服务东北振兴的总体模式构想及具体政策建议。以下为中共辽宁省委全面深化改革委员会办公室一级巡视员李方喜的发言实录。

[关 键 词] 东北振兴　高等教育　教育改革　制度创新

改革开放 40 多年，我们全社会逐步形成了"三个第一"的共识，即科技是第一生产力、人才是第一资源、创新是第一动力。高等教育作为科技、人才、创新这"三个第一"的重要结合体，在培养创新人才、提高创新能力、服务经济社会发展等方面，都担负着十分重要的使命，发挥着不可替代的作用。

中央实施东北振兴战略以来，辽宁省委省政府坚持把教育服务东北振兴作为一项重要任务，持续扎实推进教育教学改革并取得

---

① 作者单位：中共辽宁省委全面深化改革委员会办公室。

明显成效，服务振兴发展的能力显著提升。比如，东北大学通过开展校企合作，一举攻克了"零排放清洁生产氧化铝"的世界性技术难题，并完成科技成果转化，取得了较好的经济效益和社会效益。

当前，东北振兴进入新时代新阶段，面临着新形势新任务，高等教育如何服务东北振兴需要探索新路径。总的思路是坚持正确办学方向，以立德树人为根本，以深化改革为动力，以制度创新为引领，坚持问题导向，紧密结合实际，积极探索，稳中求进，推动高等教育服务东北振兴能力不断提升。具体应在以下四个创新点上发力。

一、紧贴东北振兴战略新定位，明确高等教育服务振兴新方式

2018 年 9 月 28 日，习近平总书记考察辽宁并在深入推进东北振兴座谈会上发表重要讲话，明确提出东北地区是我国重要的工业和农业基地，维护国家国防安全、粮食安全、生态安全、能源安全、产业安全的战略地位十分重要，关乎国家发展大局。此后不久，习近平总书记分别在中央财经委第五次会议上和在中央办公厅关于总书记考察辽宁回访报告的批示中，再次强调东北地区维护国家"五大安全"的战略地位。

近年来，辽宁省委省政府准确把握这个战略定位，着眼履行维护国家"五大安全"政治使命，谋划建设"数字辽宁、智造强省"，做好结构调整"三篇大文章"，构建"一圈一带两区"战略布局。

地方高等教育服务东北振兴，也应自觉围绕维护"五大安全"新定位来展开，特别要在维护国防安全、能源安全、产业安全上担负更大责任。也就是说，高等教育服务振兴，既要服务经济社会发展，又要服务"五大安全"；既要承担振兴东北的历史重任，又要履行维护国家安全的政治使命。要主动在统筹发展和安全的大棋局

中探索服务方式路径，找准突破点，突出关键点，抓住结合点，在培养创新人才、提高服务水平上作出新贡献。

二、紧紧围绕"双一流"建设，在发挥优势学科特色专业作用上实现新提升

国家实施高等教育"双一流"建设工程，是引导高校培养一流人才、产出一流成果，主动服务国家和区域重大战略需求的重大举措。

辽宁目前有2所世界一流大学、2所世界一流学科高校、9所国内一流大学，应充分抓住"双一流"建设的机遇，发挥传统优势学科的影响力，建设重点支撑辽宁振兴发展的一流特色学科。一方面，要高度重视部属和省属"双一流"高校，另一方面也要重视过去是部属现在已转为企业所属的高校，促进央地合作办好教育。

特别要依托理工科高校专业底蕴，充分发挥与东北振兴紧密相连的专业优势，重点发展理工学科，增强时代感，带动学科专业结构优化提升，培养拔尖创新人才，培育一流创新团队，开展一流科研服务。要精心谋划一批服务全省优势主导产业和战略性新兴产业的紧缺学科专业，做大做强一批优势特色学科专业，转型提升一批应用型专业，培育发展一批新工科、新农科、新医科，打造辽宁学科新品牌，树立辽宁高校新形象。同时，要格外加强基础学科建设，注意学科之间的交叉和融合，推进基础学科与应用学科、传统学科与新型交叉学科、文科和理科理工科协调发展。

三、坚持创新生态、创新平台、创新人才"三位一体"，以机制创新打造人才集聚新高地

东北振兴的关键是人才。《国家"十四五"期间人才发展规划》设立专章对促进东北地区人才集聚回流作出部署。其中包括鼓励支持国内高水平大学在东北设立分支机构，鼓励东北省份设立人才支

持奖励资金，支持东北地区高等学校"双一流"建设，扩大东北招生自主权，支持国内大型企业与东北高校合作，国家人才计划对东北地区加大倾斜力度，支持东北高校开展绩效工资总量管理改革试点，等等。这些政策含金量高，针对性强，体现了中央对东北振兴的关怀和期待。

东北各级党委政府及有关部门，要抓住难得机遇，乘势而上，逐条研究，逐项落实，在引才、育才、留才、用才方面增强吸引力，千方百计促进东北地区人才集聚回流。实践证明，高水平创新平台是吸引集聚高端人才的重要载体。辽宁省要充分依托材料实验室、辽河实验室、黄海实验室、滨海实验室等创新平台，围绕新材料、智能制造、装备制造、清洁能源以及精细化工等方向，在承担国家重大科技创新任务中，吸引更多的高端人才来辽留辽，扎根辽宁、建设辽宁。

针对各类高校的不同特色，依托优势学科领域，支持高校联合科研机构、产业链上下游企业组建创新联合体，建立利益共享、风险共担的实质性产学研联盟，在技术攻关、平台建设、人才培养等各方面形成合力，服务东北振兴。

四、深化高等教育综合改革，推进科研体制和教育评价等关键改革新突破

深入贯彻落实有关高等院校分类标准和分类发展的政策措施，实行分类指导、分类管理、分类发展、分类评价。特别要优化高校科技成果评价程序、评价方法和指标体系，切实解决好评什么、谁来评、怎么评、怎么用的问题。

建立健全高等院校职务科技成果转化分配制度，鼓励赋予高校科研人员的科技成果所有权或长期使用权。切实改变重研究轻转化、重学术论文轻实际应用的状况，充分发挥激励导向作用，营造有利于原创成果不断涌现、科研成果有效转化的创新生态。

支持高校科技人员薪酬制度改革，承担省级以上关键领域核心技术攻关任务的团队负责人和引进的急需紧缺人才，可实行年薪制工资、项目工资、双聘制双薪等。赋予高校在选人用人、科研立项、设备采购、职称评定等方面更大的自主权，全面增强创新活力。实施以信任和绩效为核心的科研经费管理改革，引导高校突出学科特色质量和贡献，突出培养专业能力和实践应用能力。要进一步健全党委统一领导、党政齐抓共管、部门各负其责的教育领导体制，完善党委政府定期研究教育工作机制，合力推进教育改革发展。

教育服务东北振兴必须统筹资源
提升质量完善机制

◎ 刘海军[①]　张文烨[②]　李卓谦[③]

[内容提要] 本文首先分析了统筹教育资源服务国家和区域发展的逻辑，认为东北地区凭借良好的教育底蕴、人才条件和科技能力，能够担当起为东北全面振兴服务助力的责任。然后，提出全面统筹教育、科技、人才资源，强化教育服务东北振兴动力支撑；准确把握东北地区"五大安全"战略定位，明确教育服务东北振兴的重点方向；坚持以"双一流"建设为牵引，提升教育服务东北振兴的质量水平；强化基础研究和基础学科建设，提高教育服务东北振兴的基础能力；深化高等教育综合改革，改进教育服务东北振兴的体制机制。

[关 键 词] 东北振兴　教育服务　制度创新　教育改革

党的二十大报告明确提出，科技是第一生产力、人才是第一资源、创新是第一动力，要深入实施科教兴国战略、人才强国战略、创新驱动发展战略，坚持教育优先发展，加强基础学科、新

---

①② 作者单位：东北大学东北振兴研究中心。
③ 作者单位：东北大学文法学院。

兴学科、交叉学科建设，加快建设中国特色、世界一流的大学和优势学科，建设教育强国，为新时代教育改革发展指明了方向。同时，党的二十大从加快构建新发展格局、着力推动高质量发展的高度，强调深入实施区域协调发展战略、区域重大战略、主体功能区战略、新型城镇化战略，构建优势互补、高质量发展的区域经济布局。这就为统筹教育资源服务国家和区域发展提供了根本遵循。

教育是民族振兴、社会进步的重要基石。高等教育是国家发展水平和潜力的重要标志，也是促进区域高质量发展的重要支撑。东北地区是我国重要的工业和农业基地，维护国家国防安全、粮食安全、生态安全、能源安全、产业安全的战略地位十分重要，关乎国家发展大局。党的十八大以来，以习近平同志为核心的党中央高度重视东北振兴，大力实施深入推进东北全面振兴战略。习近平同志多次到东北地区考察，发表一系列重要讲话，作出一系列重要指示。2018 年 9 月，习近平总书记考察辽宁并在深入推进东北振兴座谈会上发表重要讲话，要求东北维护国家"五大安全"，补齐"四个短板"，做好"六项重点工作"，做好结构调整"三篇大文章"。2022 年 8 月，习近平总书记再次考察辽宁，强调格外重视自主创新、格外重视创新环境建设，要求辽宁在新时代东北振兴上展现更大担当和作为，同时表示对新时代东北全面振兴充满信心，也充满期待。

高等教育作为科技、人才、创新这"三个第一"的重要结合体，在培养创新人才、提高创新能力、服务经济社会发展等方面，担负着重要使命，发挥着不可替代的作用。东北地区高等教育资源丰富，2021 年，黑龙江、吉林、辽宁、内蒙古"三省一区"分别拥有普通高等学校 80 个、66 个、114 个和 53 个，合计占全国比重 10.39%。其中辽宁省拥有研究生培养机构 45 个，博士学位点 144 个，硕士学位点 328 个，在学研究生 15.7 万人。东北地区凭借良好的教育底蕴、人才条件和科技能力，能够担当起为东北全面振兴服务助力的责任。

为了贯彻落实党中央全面振兴东北战略部署，增强教育服务东北创新发展、高质量发展的水平，2019年，教育部会同国家发改委、科技部等七部门联合印发了《关于推进新时代东北教育发展新突破 增强服务全面振兴战略能力的实施意见》。教育部领导高度重视，多次召开会议部署推进，及时进行调度指导，为东北振兴发展作出了重要贡献。东北三省一区持续推进教育教学改革取得明显成效，服务振兴发展的能力显著提升。当前，东北全面振兴进入新阶段，面临新形势新任务，还存在诸多方面的矛盾问题和短板弱项，教育服务东北振兴亟待进一步理清新思路、探索新路径。一定要深入贯彻落实党的二十大决策部署，坚持正确办学方向，紧密结合实际，以深化改革为动力，以制度创新为引领，积极探索，稳中求进，推动教育服务东北振兴发挥更大作用、作出更大贡献。

一、全面统筹教育、科技、人才资源，强化教育服务东北振兴动力支撑

教育、科技、人才是全面建设社会主义现代化国家的基础性、战略性支撑，其中教育更具有基础性、先导性、全局性地位。"十四五"期间推进东北全面振兴取得新突破，必须坚持科技、人才、创新"三个第一"相结合，坚持教育优先发展、科技自立自强、人才引领驱动相促进，坚持教育服务、科技服务、人才服务相统一，不断塑造发展新动能新优势。要统筹教育资源配置，统筹教育发展的规模、结构、效益，开辟教育服务振兴的新领域新赛道。教育服务东北振兴，关键在人才支撑。要根据国家"十四五"人才发展规划促进东北地区人才集聚回流，鼓励东北省份设立人才支持奖励资金，支持东北地区高等学校"双一流"建

设，扩大东北招生自主权，支持国内大型企业与东北高校合作，国家人才计划对东北地区加大倾斜力度，支持东北高校开展绩效工资总量管理改革试点。东北各级党委政府及有关部门要抓住机遇，把这些针对性强、含金量高的政策逐项研究落实，在引才、育才、留才、用才政策上增加更大吸引力，提升培养本土高层次人才能力，坚决遏制东北人才外流状况，千方百计促进东北人才集聚回流。高水平创新平台是吸引集聚高端人才的重要载体。要坚持创新生态、创新平台、创新人才"三位一体"，打造人才集聚高地。要充分依托中科院研究所和部属高校创新平台，围绕新材料、智能制造、装备制造、清洁能源以及精细化工等方向，在承担国家重大科技创新任务中，吸引更多高端人才来东北施展才干，扎根东北、建设东北。

教育是具有服务性质的实践活动，教育过程就是为人的成长服务、为经济社会发展服务的过程。要积极构建服务型区域高等教育体系，推动高校以服务地方经济社会发展为目标，以学生就业、产业发展和企业需求为导向，以区域内教育与经济社会双向互动发展为直接诉求，不断完善服务型人才培养机制、服务型知识贡献机制、服务型学习服务机制。要针对各类高校不同特色，依托优势学科领域，支持高校联合科研机构、产业链上下游企业组建创新联合体，建立利益共享、风险共担的实质性产学研联盟，在技术攻关、平台建设、人才培养等各方面形成合力，服务东北振兴。

二、准确把握东北地区"五大安全"战略定位，明确教育服务东北振兴的重点方向

衡量一个地区的经济社会发展水平，不仅要看地区生产总值规模，而且要看高质量发展的成效，更要看对国家重大战略的支撑能力。习近平总书记 2018 年 9 月考察东北，并在深入推进东北振

兴座谈会上发表重要讲话，亲自为东北地区谋定了维护国家国防安全、粮食安全、生态安全、能源安全、产业安全的战略定位。维护国家"五大安全"，不仅是东北地区必须扛起的政治责任，也是推动振兴发展的重大机遇。东北地区各级党委政府要准确把握新的战略定位，把维护国家"五大安全"这个政治使命、扩大内需这个战略基点和供给侧结构性改革这条主线有机结合起来，谋划一批富有时代感的高质量项目，攻克一批"卡脖子"难题。高等教育服务东北振兴，也要着眼东北在国家发展大局中的战略地位，围绕维护"五大安全"的战略定位来展开。既要服务经济社会发展，又要服务"五大安全"；既要承担振兴东北的历史重任，又要履行维护国家安全的政治使命；既要调整优化与"五大安全"相关的学科专业，又要搭建强化与"五大安全"相关的创新平台。要围绕国防安全，推动教育服务与国防建设和地方经济建设融合发展；围绕粮食安全，提升粮食生产能力，加强种质资源保护利用；围绕生态安全，推动人与自然和谐共生，筑牢东北生态屏障；围绕能源安全，健全能源储备供应保障体系，优化能源结构；围绕产业安全，提供高端装备和国之重器，确保产业链供应链安全可控。要积极探索教育服务方式路径，找准突破点，突出关键点，抓住结合点，在培养创新人才、提高服务水平上作贡献。

三、坚持以"双一流"建设为牵引，提升教育服务东北振兴的质量水平

习近平总书记强调，"要深化教育教学改革，强化学校教育主阵地作用，全面提高学校教学质量"。中国式现代化需要教育现代化的支撑。我国教育正在进入全面提高质量的内涵发展阶段。国家实施高等教育"双一流"建设工程，这是引导高校培养一流人才、产出一流成果，主动服务国家和区域重大战略需求的重大举措。我们要牢固树立教育质量观，以"双一流"建设牵引和强化本

科教育，把教育质量作为系统工程，全方位调整教育观念、教育体制、教学方式，形成鲜明的质量导向。要充分抓住"双一流"建设的机遇，发挥传统优势学科的影响力，建设重点支撑东北振兴发展的一流特色学科。不仅要高度重视部属和省属"双一流"高校，也要重视过去为部属现已转为企业所属的高校，促进央地合作办好教育。要精心谋划一批服务东北优势主导产业和战略性新兴产业的紧缺学科专业，做大做强一批优势特色学科专业，转型提升一批应用型专业，培育发展一批新工科、新农科、新医科。特别要依托理工科高校专业底蕴，充分发挥与东北振兴紧密相连的专业优势，重点发展理工学科，带动学科专业结构优化提升，培养拔尖创新人才，培育一流创新团队，开展一流科研服务，打造东北学科新品牌，树立东北高校新形象。

四、强化基础研究和基础学科建设，提高教育服务东北振兴的基础能力

教育关乎国家需要与个人期望，涉及思想观念和利益调整。学校最基本职责归根结底是教书育人，必须坚守育人的本源，夯实人才培养的基础。要加强高等教育基础能力建设，涵养优良学风，培育创新文化，营造创新氛围，提升创新效能。加强基础学科建设，注意学科之间的交叉和融合，推进基础学科与应用学科、传统学科与新型交叉学科、文科和理科工科协调发展。支持高校建设科技创新中心和平台，承担更多基础研究项目，加大基础研究支持力度，实施强基计划，建设基础学科拔尖学生培养基地。通过举办创新创业大赛，直接或间接创造就业岗位，培养现代制造业、战略性新兴产业和现代服务业实用型人才。要坚持面向东北振兴主战场、面向国家重大需求，增强高校学科核心竞争力和整体实力，增强服务区域经济社会发展的战略能力。加强企业主导的产学研用深度融合，围绕东北特色优势产业，组织开展

"百校对接百企""千名专家进千家企业"等活动，通过"产业牵引、学科支撑、专项突破"，做好服务发展大文章，提高科技成果转化和产业化水平。

五、深化高等教育综合改革，改进教育服务东北振兴的体制机制

深化高等教育改革，首先要推进科研体制和教育评价改革取得突破，进而带动育人方式、办学模式、管理体制、保障机制等综合性改革。要落实高等院校分类标准和分类发展的政策措施，实行分类指导、分类管理、分类发展、分类评价。优化高校科技成果评价程序、评价方法和指标体系，切实解决好评什么、谁来评、怎么评、怎么用的问题。要建立健全高等院校职务科技成果转化分配制度，鼓励赋予高校科研人员的科技成果所有权或长期使用权。切实改变重研究轻转化、重学术论文轻实际应用的状况，营造有利于原创成果不断涌现、科研成果有效转化的创新生态。支持高校科技人员薪酬制度改革，引进急需紧缺人才可实行年薪制工资、项目工资、双聘制双薪等，不断增强创新活力。实施以信任和绩效为核心的科研经费管理改革，引导高校突出学科特色质量和贡献，突出培养专业能力和实践应用能力。

要深入研究政府、高校、产业"三位一体"分工明确的战略性新兴产业攻坚机制，使政府成为组织高校、企业参与确定区域战略性产业方向的主体，使企业成为选择项目、投资应用的主体，使高校成为科研攻关、研究新技术、开发新产品的主体。要进一步整合校内资源，组织强势学科力量，瞄准国际前沿，服务国家重大战略，加强高校智库建设。同时通过外部资源整合，搭建桥梁，联手智库群，提高决策影响力、学术影响力、公众影响力。要发挥智库咨政建言作用，当好思想库和智囊团；发挥智库平台作用，多育才、多引才、多聚才；发挥智库公共外交作用，发出东北声音、

讲好东北故事；发挥社会服务作用，搞好专项课题研究，推动成果应用转化；发挥智库舆论引导作用，树立东北正面形象，消除负面影响；发挥智库社会治理作用，担当政府与公众之间的桥梁。要进一步健全党委统一领导、党政齐抓共管、部门各负其责的教育领导体制，完善党委政府定期研究教育工作机制，合力促进教育改革发展，服务东北实现全面振兴、全方位振兴。

推进高校联盟健康发展
助力东北高等教育一体化[①]

◎ 王虹澄[②]　殷于博[③]　张文烨[④]

[内容提要] 高等教育在服务地方经济发展中有着至关重要的作用，推进高等教育一体化对于提高人才培养质量、提升科研创新能力、增强区域创新服务能力具有重要的现实意义。本文首先梳理了高校联盟建设的主要特点和不足之处，指出当前在东北地区推进高校联盟建设的优势条件，最后提出推进高校联盟健康发展，助力东北高等教育一体化的对策建议。

[关 键 词] 高校联盟　教育一体化　教育服务　东北振兴

党的二十大报告指出，"必须坚持科技是第一生产力、人才是第一资源、创新是第一动力，深入实施科教兴国战略、人才强国战略、创新驱动发展战略，开辟发展新领域新赛道，不断塑造发展新

---

① 本文受教育部发展规划司 2022 年委托课题"教育服务东北振兴有效模式和路径研究"资助。
② 作者单位：辽宁报刊传媒集团《共产党员》编辑中心。
③④ 作者单位：东北大学东北振兴研究中心。

动能新优势"。党的二十大又为东北全面振兴吹响了新的号角，更为推动东北地区经济一体化发展、进一步打造东北发展新优势提出了更高要求。高等教育在服务东北经济一体化发展中有着至关重要的引领作用，尤其在当前东北人才严重流失的困难面前，着力推进高等教育一体化是推动教育高质量协同发展乃至经济高质量协调发展的重要支撑。

近年来，东北地区推进高校联盟建设，是助力高等教育一体化的具体展现形式。它对于全面提高人才培养质量、全面提升科研创新能力、全面增强区域创新服务能力，实现优质高等教育资源共建共享，进而深入贯彻落实党的二十大精神、推动新时代东北全面振兴，具有重要的现实意义。为此，我们要着力推进东北地区高等教育的交流协作，创新构建更加协调、开放、共享的人才培养、科技创新、社会服务和国际合作新格局，加快实现东北地区高等教育在更高质量层面上的协同发展，以此夯实东北振兴发展的根基。

一、推进高校联盟建设的主要特点与不足

近年来，东北三省一区高校联盟建设的成就令人瞩目。2022年9月，东北三省一区高校心理健康教育联盟成立，这是在辽宁省教育厅等东北三省一区教育管理部门、东北大学等高校积极组织和推动下，继"新医科临床实践教学联盟""新农科教育联盟""外语学科发展联盟""'一带一路'职业教育联盟"之后，着力推进东北教育一体化所取得的又一重要成果。纵观"联盟建设"的成绩，主要呈现以下特点。

（一）注重高起开局

我国的"一带一路"高校战略联盟建设开启于2015年，由兰州大学发起，8个"一带一路"沿线国家和地区的47所高校联合成立。2016年，东北大学作为支撑我国东北老工业基地发展的重点高等学校，率先进入联盟，并于2018年又组织沈阳农业大学、

中国医科大学、辽宁大学等 22 所在沈高校，成立了"一带一路"高校联盟沈阳分盟，推动区域高等学校之间的互联互通、互惠发展，促进协同创新、协同育人、协同发展，开启了东北地区高校联盟建设的新起点。在此基础上，辽宁省交通高等专科学校于 2021 年牵头成立了东北三省一区"一带一路"职业教育联盟，促使联盟各成员单位在充分共享优质办学资源前提下，在办学理念、专业建设、课程建设、师资培训、学生培养、技能大赛等领域开展交流与合作，大幅提升其教育质量、办学水平与国际影响力。

（二）注重基础提升

东北整体教育水平居国内领先地位，东北人均受教育程度高于全国水平。但从东北振兴发展在国内横向比较来看，教育对经济发展的支撑作用尚有很大提升空间。在机制完善上，2020 年东北教育主管部门统一颁布的《关于推进普通高等学校开放办学 加强合作 实现高质量发展的指导意见》，进一步明确了要建立省际协作机制、校际交流合作机制，形成了以资源整合、优势互补、互利共赢为重点，以深度协同和全面合作为抓手的高校联盟新机制；在基础专业上，2022 年 7 月，东北三省一区为了更加有效推动高校开放办学，强化各个省、区、校之间的产学研合作，同时进一步深入推进农林教育高质量发展，力求改革创新、举措创新，特成立新农科教育联盟。该联盟能够极大地促进各高校、科研组织、相关单位与企业之间的资源共享，共建人才培育、产学研合作一体化平台，不断地在协同育人、协同创新等方面深入，谋求实质性合作。2022 年 9 月，东北三省一区高校心理健康教育联盟成立，这是以形成教育教学、实践活动、咨询服务、预防干预"四位一体"心理健康教育工作格局为目标，坚持科学性与实效性、普遍性与特殊性、主导性与主体性、发展性与预防性四个方面相结合，重点在心理健康教育教学、咨询辅导、心理危机干预、师资队伍建设等方面深入合作，切实提升心理健康教育科学化、专业化水平；在对外合作上，近年来东北三省一区高校共同组建的"联盟"已经在各个方面获得初步成效，陆续申报了一系列国际、国家级科研项目，组建了相关的教育国际合作平台及国际学术研讨会等。同时，在此基础上又相继组建了中国－乌克兰大学联盟、中俄工科大学联盟、中蒙大学联盟、21世纪学术联盟、东北亚经济论坛、中日韩大学校长论坛等具有区域特色的交流平台，协调促进东北高校深度参与国际产学研合作，合理打造开放共享、协同高效的区域创新平台。

（三）注重产教融合

高校联盟在实施中，紧紧围绕科技第一生产力的发展、人才第一资源的培育以及创新第一动力的增强，并将三者相结合，推进产学研深度融合，促进创新链和产业链精准对接。主要举措有：一是通过组建校际导师团队、设立专项培养基地，来不断深化校际合作、产学结合与科教融合；二是加强校企合作，共建研究生联合培养基地；三是加强学校与科研机构合作，实施联合培养重点项目，构建科教协同育人新模式。如东北大学与内蒙古大学围绕语言资源利用与机器翻译系统研发，开展协同攻关；哈尔滨理工大学与域内6所高校实施"振兴东北光电先行"计划；中国医科大学联合组建"东北产科联盟"；沈阳药科大学联合组建"创新药物产学研战略联盟"等。

基于以上，近年来东北三省一区高校联盟建设取得了长足进展，对于深入推动高等教育一体化发展的作用越发明显。但是，与东北振兴以教育为支撑要取得新突破的要求还尚有不足：主要是缺乏统一的顶层设计和一体化管理，整体性与系统性不强，不能充分满足东北振兴协同创新的需求。究其原因，主要是高校资源仍是条块化，大都以"民间自发"方式展开，"零打碎敲"为主，缺少统一的、跨地区的合作规则和机制；高校管理权限多元化，在人事配备、薪酬管理、财政经费拨付、科技计划项目申报等方面，很难形成统筹、高效；各省高校实际考核标准各有侧重，协调难度较大；区域内还没有建立起实质性的高等教育信息资源共享平台等。

二、推进高校联盟建设的主要优势条件

（一）党中央高度重视以教育支撑东北地区振兴发展，为深入推动高校联盟建设提供难得发展机遇

习近平总书记着重强调，"教育是发展科学技术、传播先进文化、培养优秀人才、推进人类社会文明进步的基础，在现代化建设中具有基础性、先导性、全局性作用""以培育壮大新动能为重点，激发创新驱动内生动力。创新驱动，实现东北地区经济高质量发展，关键是要依靠创新"。东北全面振兴、全方位振兴，教育十分关键。2019 年 2 月，高等教育"融合发展、共建共享"的理念在《中国教育现代化 2035》中被提出，推进教育现代化区域创新试验成为区域教育发展新格局的战略重点。2019 年 11 月，教育部等七部门联合下发的《关于推进新时代东北教育发展新突破 增强服务全面振兴战略能力的实施意见》明确提出，要全面贯彻党的教育方针，落实立德树人根本任务，以加快推进教育现代化为主线，以提升服务全面振兴能力为目标，坚持外部推动和内生动力相结合，提升东北地区教育发展活力，教育发展整体水平进入全国前列，走出一条具有东北特色的新时代东北教育服务区域发展之路。2018 年 8 月，教育部等三部委联合印发《关于高等学校加快"双一流"建设的指导意见》，提出形成高水平育才格局，构建一体化课程、科研、管理、服务、组织等育人体系。以上表明，党中央已为进一步做好高校联盟建设明确了方向、目标、途径和办法。通过高校联盟这一方式来团结构建的高等教育一体化育人体系，能够有效提升区域高等教育服务地区经济社会发展的能力。从高质量发展经济以及推动东北全面振兴，为高校联盟建设提供了非常有利的条件。

（二）经济发展走向日益向好，为高校联盟建设提供有力支撑

2021 年辽宁、吉林、黑龙江地区生产总值分别为 27584.1 亿元、13235.5 亿元、14879.2 亿元，同比增长 5.8%、6.6%、6.1%。在东北全面振兴政策的不断推动下，东北三省一区改造升级"老字号"、深度开发"原字号"、培育壮大"新字号"的进程逐渐加速，加快构建多点支撑、多业并举、多元发展的高质量产业发展新格局。城镇常住居民人均可支配收入也不断增长，2021 年辽宁、吉林、黑龙江城镇常住居民人均可支配收入分别达到了 4.31 万元、3.56 万元、3.36 万元，同比提高 6.6%、6.6%、8.0%。

（三）高等教育资源丰富，具有明显的比较优势

东北整体教育水平居国内领先地位，高校数量较多、质量较好。根据教育部公开数据显示，东北三省普通高校数量 258 所，"双一流"建设高校 11 所，其中辽宁、黑龙江、吉林分别拥有高校 114 所、78 所、66 所；分别拥有"双一流"建设高校 4 所、4 所、3 所。东北地区拥有"双一流"建设高校、"双一流"建设学科数分别占全国总数的 7.48%、6.29%。对比国内其他区域的"双一流"建设高校、"双一流"建设学科数，长三角地区分别占全国的 21.09%、25.93%，成渝地区分别占全国总数的 6.8%、3.73%。通过数据对比可以看出，虽然在总体上东北地区高等教育资源和质量与长三角地区相比还有不小差距，但结合人口数量来看，长三角三省一市人口约 2.2 亿，东北地区三省人口 1.0 亿，两地区的人均高等教育资源基本相当，相对于成渝地区等其他区域东北地区还有比较明显的优势。

（四）学科建设门类齐全，基本覆盖了重点产业或重点行业

东北地区工科类院校有东北大学、大连理工大学、哈尔滨工业大学、沈阳工业大学、哈尔滨工程大学等；师范类院校有沈阳师范大学、东北师范大学、辽宁师范大学、吉林师范大学、哈尔滨师范大学等；医药类院校有中国医科大学、辽宁中医药大学、大连医

科大学、哈尔滨医科大学、长春中医药大学等；农业类院校有沈阳农业大学、东北林业大学、东北农业大学、吉林农业大学等；综合类院校有辽宁大学、吉林大学、黑龙江大学等。特别是，东北三省一区在学科—产业匹配上具有相当优势，如辽宁石化产业与大连理工大学、沈阳化工大学、辽宁石油化工大学等；吉林汽车制造业与吉林大学、长春工业大学等；黑龙江机械制造业与哈尔滨工程大学、哈尔滨理工大学、齐齐哈尔大学等。

20年东北振兴实践表明，没有高校的深化改革，东北就难以形成充满内在活力的新体制和新机制；没有高校的科技引领，东北地区的自主创新和科研成果转化能力就不可能大幅提升；没有高校的开拓创新、"双一流"学校、学科建设，东北的产业结构就不可能迈向中高端水平；没有高校的高质量人才培养、人才集聚，东北就不可能形成支撑产业结构优化调整的内生动力；没有高校的发展壮大，东北全面振兴发展新突破的目标也就难以实现。

基于此，要充分发挥高校联盟建设在高等教育一体化进程中的生力军作用，尤其是要使其率先成为东北全面振兴、全方位振兴的突破口。要持续加大三省一区内部教育资源省级、校际合作的力度，构建东北地区教育协作发展新格局，为东北全面振兴取得新突破贡献高等教育新的支撑力量。

三、推进高校联盟建设的对策建议

（一）强化顶层设计，完善长效机制

创建高校联盟，开展合作办学，能够最大程度发挥区域内高等教育资源的优势和效能。应进一步明晰高校联盟建设在高等教育一体化发展中不可或缺的助推作用，把建立高校联盟作为实现区域教育资源互补共享、"抱团发展"的有效途径。应从区域实际出发，加强教育协同共建的顶层设计，激发高校集群和协同效应，提升区域高等教育竞争力。具体来说，合理分配三省之间以及高校之

间的教育任务，推动区域内部教育资源合理分配，形成功能定位明确、贴合实际、教育教学分工合理、与学科体系设置相互配套、与人才资源培育相互衔接的育人体系。同时在已具有实体化、规范化、高效化发展的基础上，要继续推动高效联盟相关工作，鼓励东北三省一区内设立有相同或相近学科专业领域发展的高校开展新的高校联盟。方向、目标明确了，建立健全东北地区高校联盟建设的协同保障机制更为重要，尤其是建立和完善省级层面的高校沟通协调机制，如建立常设的联席机构，加强制度化的磋商机制建设，全力推进东北地区高等教育一体化的协调、有序发展。

（二）强化优势发挥，突出产教融合

"双一流"建设支持方案实施五年来，形成了一大批重大标志性成果，并呈现学科竞争力持续增强、优势特色更加彰显、服务振兴发展能力显著提升的良好态势。高校新增国家级人才 253 人，获批省部级以上创新团队 7 个；新增国家重大重点项目 243 项，获得国家级科研奖励 26 项，获批省部级以上平台、基地、中心 40 个，东北大学、大连理工大学、哈尔滨工程大学获批教育部前沿科学中心；牵头制定了 22 项国家和行业标准。辽宁省属高校科研成果省内转化率连续三年超过 70%。东北大学、大连理工大学、大连海事大学在教育部首轮"双一流"建设成效评价中被评为"成效显著"，东北大学冶金工程学科进入国家新一轮重点建设一流学科。如 2021 年东北三省一区积极推进高校交流协作，落实 792 个省级重点项目、542 个国家级产学合作协同育人项目等。鉴于此，东北三省一区应充分发挥区域内高校与科研机构的集聚优势，通过"联盟"打造产教融合的高等教育集群，加快推进产业行业与高等教育的融合，为东北经济一体化发展提供强劲动力。具体来说，应鼎力推动"双一流"建设持续深度融入东北全面振兴战略，面向世界科技前沿、经济主战场、国家重大需求以及人民生命健康，重点建设一批具备优势特色的学科集群。如明确先进制造业、重大技术装备以及重要技术研发创新基地建设的战略定位，加速推动石化电力、农业工程、汽车工程等产业相关学科的发展，协同装备制造等传统产业提档升级；面向新产业新业态发展需求，在人工智能、光电信息、互联网、大数据、新能源等领域，加快战略性新兴产业布局，推动不同门类学科交叉融合，并进一步争取重大创新平台的建设，达成优质创新资源的合理配置。

（三）强化多方调动，构建立体网络

东北在推进高校联盟进程中，还需要调动除大学之外的其他主体，如社会组织等，支持和鼓励各方力量也参与到高校联动发展中来，提升东北地区高等教育合作质量。具体来说，可以通过契约协定让企业当"盟主"，打造企业、高校及科研院所三角利益体，形成效益导向、合作共赢的利益共同体，推动产学研一体发展；也可以企业需求为导向，解决产业发展"卡脖子"问题，依托学科优势强、特点突出的高校共建数字经济学院、旅游学院等一批现代产业学院；还可以加强社会组织对东北三省一区高校联盟建设的监督与评估等。

（四）强化外向驱动，提高竞争实力

东北地区的全面振兴和高水平开放，主要是指与日本、韩国、俄罗斯以及朝鲜等东北亚国家开放合作。同时要与京津冀协同发展、长江经济带发展、粤港澳大湾区建设等国家重大战略相互衔接。因此，一方面应紧紧抓住构建国内国外"双循环"机遇，强化与周边国外高校的交流合作，成立跨国高校联盟，联合培养高水平人才，构建"东北—东北亚"统筹发展格局，推动周边区域内国内高校与国际高校双向交流，增强在东北亚地区的竞争力和辐射力。另一方面，深度嵌入国内大循环，加强与国家重大战略对接和借力，推进东北高校加强南北合作，推动资源和市场要素自由流动。

三螺旋视域下高校服务区域经济社会发展研究

◎ 李月开[①]　王翰博[②]

[内容提要] 在区域经济社会发展的过程中，高校、行业和政府作为三螺旋中的创新主体，不断增加连通性以推动区域经济社会产生源源不断的创新动力。知识创造在工业经济和社会发展中的核心作用赋予了高校极其重要的责任。本研究围绕三螺旋视域下多个创新主体协调演化关系，从高校服务区域经济发展的内涵和理论基础入手，既关注高校在微观层面的行为和互动模式，也关注于宏观层面的演化和共生关系，分析高校服务区域经济社会发展的核心内容，探究增加创新潜力的有效路径。

[关 键 词] 三螺旋　知识基础　创新生态系统　区域创新系统

在我国不断推动形成优势互补、高质量发展的区域经济布局的实践过程中，各类创新主体分工明确、协同创新，为加快构建新发展格局提供了战略支撑和源源动力。2022 年在中国共产

---

① 作者单位：东北大学科学技术研究院。
② 作者单位：东软集团股份有限公司。

党第二十次全国代表大会上的报告中"完善科技创新体系"部分指出，优化各类创新主体定位和布局，提升创新体系整体效能。2021 年《中华人民共和国国民经济和社会发展第十四个五年规划和 2035 年远景目标纲要》中更是强调要"构建高质量发展的区域经济布局和国土空间支撑体系"。同时，现阶段科技发展也伴随着经济的剧烈变革，诸多"卡脖子"问题对区域经济创新环境和创新内容提出了更高的要求。因此，只有加快创新进程才能确保实施促进区域竞争力和发展知识经济的战略。

随着现代科技转型的进程，创新发展范式已经不再是基于市场拉动或技术推动的单边线性过程。原有的线性过程无法描述现如今复杂的关系、合作和竞争过程。目前区域经济社会发展体系超越了单一机构的界限，需要包括高校、研究机构、私营企业和政府在内的各种实体之间的动态互动和合作，共同促进作为经济增长基石的知识创造、吸收和利用。一直以来，学者和执政者为了进一步探究其中的创新基础和发展路径，从多个视角对区域经济发展进行描述。一个经典的讨论视角就是高校—行业—政府合作的三螺旋模型。三螺旋作为经典的刻画模型，可以很好地解释在不同制度环境下高校、行业和政府这三类创新主体协同促进区域经济社会发展的差异性问题。三螺旋模型表达的中心思想是，创新生态系统由三类创新主体组成，高校（包括高校、研究机构和技术机构）是吸引外地人才和刺激本地人才发展的磁石，也是商业科学和技术知识的来源；行业（包括大公司、中小企业和初创企业）是创造经济价值的关键，企业家精神是将个人、团队和公司的知识和才能转化为创新的关键。政府（包括地方、区域、国家和国际政府）是在科学、技术、商业和土地使用政策制定中发挥积极作用的第三方。

虽然三螺旋模型最初是为了研究国家层面的创新系统而提出的，但 Etzkowitz（2005）认为，高校—行业—政府的互动也是区域发展的关键驱动力，因此，除了将整个国家作为分析单位之外，该模型还可以用于分析国家以下一级的区域创新模式和过程。三螺旋视角下各创新主体间的联系、网络和组织的不断发展是在不断叠加和关联的，本质上是动态的和复杂的。其中最为关键的是创新进程的实施与知识的生产和转让密不可分，因此高校就成为螺旋结构中极其重要的角色。它不光提供着被认为是创造力和创新的关键要素的新知识，同时还具有将其实现商业化的特殊职能。高校的使命包括传统的教与学，还包括科学技术的研究，帮助企业启动市场创新创造价值、互动、共同创造，对区域、国家和全球发展产生深远影响。

基于此，本研究围绕三螺旋视域下多个创新主体协调演化关系，厘清高校服务区域经济社会发展的内涵和逻辑基础，探究高校服务区域经济社会发展的核心内容和路径选择，以期为区域经济振兴发展提供新的思路和实践路径。

一、高校服务区域经济社会发展的内涵

在目前的研究中，"区域"概念有多层次的解读，本研究中，区域倾向于国家内部行政区或经济区的划分。区域经济社会发展是各类创新主体与整体创新环境相互影响的整体性概念。近些年来，学者们不断提出各类区域经济发展下不同制度背景的模型，用来描述国家的经济及创新发展过程和区域性发展水平。这些模型都在强调不同参与主体及环境背景下的复杂作用和相互联系。为了更好地说明区域经济社会发展之中各类创新主体、环境、制度，各类活动间的复杂、动态和复合关系，参考生物学中关于生态系统的概念化含义，创新生态系统这一概念逐渐用于研究区域经济社会发展的相关研究之中。虽然创新生态系统的概念和思想开始广泛用于学者的相关研究，但是生态系统中各创新主体之间的动态演化过程的分析是不足的。为了补充这些不足，三螺旋视域可以更全面更系统地探究三类创新主体之间的关系。因此从三螺旋视域下对地区高校

服务区域经济社会发展进行分析，就是不仅关注高校这一关键创新主体在微观层面的行为和互动模式，也关注在宏观层面的演化和共生关系。

（一）微观层面的行为和互动模式

区域经济社会的发展可以基于路径依赖，也需考虑资源潜力、可利用率、区域空间位置、经济增长的内部限制、文化特征等诸多因素。同时，公民文化意识的觉醒或者环境特征的转变都可能使得可持续发展新范式出现。区域经济社会的发展涉及经济、社会和治理层面三个基本维度。三螺旋视域下三个创新主体政府、高校和行业可以在每个维度发挥不同的作用。如果说研究的区域具有一定的特殊性或复杂性，可以从三螺旋视域拓展为四螺旋和五螺旋，增加相关的社会和环境的组成部分。

基于三螺旋视域观察政府、高校和行业这三个创新主体，就超越了之前基于政策创新需求（市场拉动）或供应政策（技术推动）的线性系统。这三个创新主体原有的传统功能还在继续发挥作用，包括高校的教学和基础研究、行业的市场运作和实验开发以及政府的多层次决策和规则制定，但是螺旋的主体是相互作用相互转化的，是由单一的功能向多个主体间共享转化的，在共享转化的过程中三个核心领域的人员、思想、资源、政策是在不断进行积极沟通的。也就是说每一个创新主体在单独行动的同时，也可以通过开发新的知识、部门、组织来协调行动以获得更高效的结果。每一个创新主体在促进区域经济社会发展过程中，除了完成自己所承担的功能，也可以参与承担其他主体的功能，还可以创建基于多个主体的合作关系进行联合行动的联合功能。

知识创造在工业经济和社会发展中的核心作用赋予了高校在三螺旋的三个创新主体中举足轻重的作用，其中高校是产生新知识、产品和创新计划的核心部分，也就是说在创新发展理念诞生的前中后期高校都参与其中。对于高校而言，在科学技术研究、基础设施建设、人才培养、科技成果转化、创新创业发展等多个方面可以参与改善区域经济发展状况。融入区域社会经济进程的高校对于其他行动者关系的强度和性质有明显影响，从而对知识扩散的过程产生更深远的影响。因此，在区域经济发展的过程中，高校是其中重要的行动者，同时因为其具备了可以涵盖从科学理念到商业产品的创新过程的所有阶段的影响力，它更是一个重要的协调者。

（二）宏观层面的演化和共生关系

区域经济社会发展是一个复杂的具有层次化结构的面向目的的生态系统。其中多个创新主体具有多样性和共生关系，这是它们生存和发展的必要条件。"高校—行业—政府"都紧密地交织在一起，共同进化发展。为促进区域经济社会发展，这三类创新主体需要将创新的理念转化为市场产品或服务的理念，经过整个生态系统的协调，将这些理念变成可能性。经过"高校—行业—政府"的逐步演化，区域经济社会发展变成一个自组织的生态系统，一个具有自我调节、自我发展、完全互动特征的开放系统。此外，学者们在研究创新过程或者经济发展的相关论文中，特别关注区域问题。因为区位效应对不同地区进行知识搜索以及商业化发展的可能性存在巨大差异。所以，本研究从区域经济社会发展入手具有一定必要性。区域的界定，使得创新生态系统中的多方主体进行创新发展的创造具有了较大的可能性。

区域经济社会发展需要"高校—行业—政府"三个关键的创新主体之间多层级、全方位的非线性自发展机制。在区域寻求增加连通性以推动创新动力的过程中，高校的中心地位就逐渐形成了。高校开始承担协调创新网络中诸多参与者的角色。在其他学者的研究中行业和政府认为高校及其成员非常适合作为这个"连接点"，因为他们是公正的、受进取心和长远眼光的驱动，而不是受商业利益和短期目标的驱动。为了有效地将这些创新主体连接起来，高校必须高度响应，提高适应性，积极转变，加强战略指导和自主管理，与其区域合作伙伴和外围创新网络紧密相连。同时，高校具有进行研究和培养未来学者和专业人士、领导者和创新者的关键职能，越来越多地在密集的知识创造网络过程中发挥作用。在区域经济社会不断发展的过程中高校能够不断从不同和不可预见的角度带来新的观点，这成为高校寻求引领潮流和可持续创新的重要特征。

二、高校服务区域经济社会发展的理论基础

（一）区域知识基础理论

想要制定具有竞争力的区域经济社会发展战略需要具备一定的资源和能力。知识被认为是产生卓越商业价值的最重要的战略资源。所在区域的知识基础、知识搜索环境和提供创新型企业发展所需的其他资源在强烈影响着区域内经济、政治和文化环境的发展。"高校—行业—政府"之间的三螺旋互动过程中所开展的知识创造模式是典型跨组织、跨学科的"模式 2"知识生产模式。技术变革和相关需求的极快节奏促成了对创新的渴望，从而增加了企业对外部知识的依赖。这种对新知识的需求反过来又强烈依赖于参与共同创造过程的创新主体之间的合作。在区域经济社会发展过程中负责知识发展、传播、转移、搜索、转化的主体是由"高校—行业—政府"共同组成的。由于三类创新主体是不断相互作用的，其中知识的创造和流动又至关重要，高校作为知识的主要来源就是重中之重了。三类创新主体之间产生的战略联系和它们所组建的螺旋网络是通过不断创造知识或者技术进而产生战略优势而形成的。当公司缺乏产生技术知识不足以满足应对生存挑战的能力时，就不得不从外部寻求这些知识。高校更像是使知识交流和开发变得更加有效的渠道。企业在与高校这类教育机构的合作中，提高了其对知识搜索、吸收、转化的能力和效率。正是通过"高校—行业—政府"的联盟促进了开放式创新和不同创新主体之间的知识流动，从

而有利于行业内企业的技术发展，为高校带来了经济利益和社会认可。三类创新主体之间的合作可能是知识共享、教育培训、正式或非正式协议下的资本和市场信息、人员交流、互惠原则下的交流等多种方式。同时，高校在与行业产生共享信息的同时，与地方政府在共同创新创造方面也发挥着重要作用，比如智慧城市建设、城乡改革、社会项目或者试点实验室等。各创新主体之间的合作可能是正式的也可能是非正式的。同样，产生的新知识可能是显性知识也可能是隐性知识。

（二）区域创新系统理论

现代区域创新系统理论是基于在地理位置邻近的基础上，不同类型创新主体之间不断进行学习、技术创新、非技术创新转移等行为进而形成一个以区域为基础的创新网络。区域创新系统理论为区域经济社会发展过程中的深刻变化提供了重要的理论依据。

第一，从封闭式创新到开放式创新。随着创新周期和技术复杂性的增加，企业越来越多地采用开放式创新的模式。开放式创新网络构建是互相依赖信任并拥有共同利益的新的连接方式。这种模式强化了区域资源在有效创新过程中得到充分使用，因为高校能够提供其中重要的两类资源，就是人才和知识，同时高校还具有较高的进行科技成果的转移和转化的期望。这使得高校处于协调和联系的有利位置。

第二，从技术驱动到战略驱动的创新。随着数字化和可持续发展等挑战的来临，三螺旋的创新主体必须共同推动一致的制度框架的创新。将区域发展的创新战略着重放在环境、社会创新以及可持续发展方面，将技术背景嵌入社会背景中去。因为三类创新主体之间各自切身利益之间具有差异性，那么政府和企业就会有强烈的需求去表达对于系统创新的渴望，就需要高校以新的开放式合作形式帮助其完成统一。

第三，从自发创新到系统性创新。三螺旋的所有参与者都以系统和战略性的方式发展创新。在区域范围内，政府机构和高校、企业等其他相关者有组织有计划地进行交流，用来识别、分析和发挥这个地区可以利用的资源和可开发的优势。企业也会积极主动地选择具有较高潜力或者在关键科技领域具有相应优势的高校合作。最终的导向就是高校会把系统性创新的要求落实在学与教的改革中，以期获得对经济社会的影响以及学术成就和知名度。这些要求落实在高校的研究战略中是很明确的，例如在各高校"十四五"规划中都有明确服务地区和国家发展的相关要求。

第四，从创新项目到创新文化。随着长期合作框架中密度、经验和信任的增加，创新可能会超越具有不同议程和制度文化的独立行为者之间的交流。在学术研究中创新空间通常指一种文化环境，这种环境有助于创造一种对更大的创业议程的松散归属感。高校使用这种文化环境去培养人才，只有不断培养利于国家、民族、地区未来发展的人才，才能使越来越多的企业家、领导者用充足的能力和精力战胜一次又一次的挑战，打破原有的技术发展范式，解决紧迫的社会和环境问题。

三、高校服务区域经济社会发展的核心内容

对高校服务区域经济社会发展的内涵和理论基础进行梳理表明，区域经济社会发展主要通过自主创新和发展来恢复区域经济增加的动力，也就是说能够通过自主创新驱动区域经济社会发展。本研究中驱动区域自主发展的创新主体有三类，高校、行业和政府。其中高校承担着主要知识生产者、人力资源孕育者、支持性基础设施搭建者等多种特殊角色，为区域经济社会发展提供了三个支柱关键：知识、人才和连接多个创新主体的能力。

（一）高校促进三方合作对区域经济社会发展有积极影响

在三螺旋研究视域下，创新过程和成果不只关注单独个体以及两主体之间的合作驱动，还受到三个创新主体之间三方互动和合

作驱动的影响。三类创新主体之间广泛而紧密的合作有助于营造一个更有利的创业环境。三方合作还提供了人力资本、金融资本和技术方面的资源禀赋，这对该区域新企业的形成和增长至关重要。例如政府会围绕高校的地理位置，建立一批高新技术企业，与高校的合作显著提高了新企业在技术创新、转让和商业化方面的成功率。但是三方合作促进创业的有效性不仅取决于合作的范围，还取决于合作的强度。这就需要高校在其中发挥其重要的调节角色，主动寻求商业机会，提供丰富知识的环境，刺激所在区域内的创新活动，配套促进创新产品商业化的政策，最终促进区域内的企业家活动和新企业的创建。只有在三方合作的过程中，拥有和高校这类学术研究机构更广泛合作的经验才有更大概率成功地重新部署资源，找到更合适的外部合作者，减少信息不对称，更好地吸收获得的外部知识，并最终获得成功的合作成果。

（二）高校促进紧密网络关系对区域经济社会发展有积极影响

在三螺旋视域下，各创新主体之间根据各种关系连接形成一个系统，随着时间推移具有相对稳定的互动模式。因此，由高校、金融机构、政府和专业支持服务组成的社会网络成为创新的基石，以鼓励各种创新主体通过互动和交流获得各种重要知识和资源的融合和整合。

紧密的网络关系不仅可以重塑高校、行业和政府机构之间的制度环境，还可以激发组织创造力和区域凝聚力。紧密的网络关系促进了知识交流、产品创新和投资机会的产生。高校参与创新产品从研究、设计、产出到市场化的全过程，是这个网络中的全过程参与者。高校需要开放除基础知识外更多的跨学科的复合知识，在全过程、全领域推动紧密网络关系的构建，在教育和研究中积极推动技术、经济和社会发展的融合，为区域经济社会发展提供更广阔的创新视角。

高校推动的互动合作措施的范围从不同机构和部门之间的个

人流动（如学生实习、硕士和博士项目、兼职导师、高校实验室）到以更持续的组织结构形式进行，互动合作的方式从更正式的技术方式（如专利落地、联合培养、社会兼职）到以更潜移默化的非正式形式进行。

在区域经济社会发展的初期，紧密的网络关系可以使新企业尽快地识别自身知识基础和外部知识，更容易发现其中的机会窗口，聚集性的人力、技术、财力和政策支持更容易促进新企业的诞生；在区域经济社会发展的中期，企业家需要更多有用的知识来支撑企业进一步的发展，对人员和制度的需求有针对性和专业性，这就需要紧密的网络关系所建立起来的稳定联系的基础。更好地利用高校、同行和政府的关键资源，在保证合法性和持续性的基础上，获得最大的利益；在区域经济社会发展的后期，社会和企业的发展需要一些破坏性创新，开发新的市场空间，将每一个创新主体的网络联系进行完整嵌入，以整体的组织能力应对外部主体的变化。

（三）高校推动一致性文化对区域经济社会发展有积极影响

区域组织之间的不断作用，是为了优化相关知识的识别和吸收。在三螺旋视域下，创新主体之间基于互相依赖和密集互动形成网络关系，其内部的知识流动是内生的。但要注意的是知识除了正式的传播，还有很重要的一部分是通过非正式的社交网络进行传播的。由于知识是个人在社会环境中创造和分享的，因此知识的流动还需要相关的人员具备共同的规范和足够密度的网络关系，这样才能在这些网络中创造和分享知识。

知识转移和合作是区域内得到快速发展的一个重要因素，这就需要这个区域有共同的规范、叙事能力和文化价值观。也就是说，创造、应用和传播知识的人需要具备共同的目标感。只有在这个基础上，在物理空间上的合作才能形成良性互动。那么高校在这个区域中就发挥了极其重要的角色，首先，高校是这个区域内不断产生知识和培养利用这些知识的人的来源；其次，它为区域内的合作建立和传达了共同的价值观和规范意义的"文化资本"。

高校是一个协调者的角色，协同生态系统与其他知识行为者一起发展知识。因此高校对社会和文化创新的贡献及其发展具有共同规范、交流实践的集体"文化记忆"。高校推动一致性文化有助于在该区域建立信任和共同目标感的文化背景和价值观。无论在经济发展的任何时代，区域内的创新主体都需要平等的、无等级的交流和合作。具有大家共识的、低门槛的、具有信任感的一致性文化让任何有创新风险想法的人都很容易接近他人进行分享和讨论，使得新想法能够很容易地产生。高校可以通过在学生的培养、日常教学、沟通合作中逐步建立相应的文化环境，为区域的发展提供可接触性和顺畅的思想交流的一致性文化。

四、地区高校服务区域经济社会发展的路径选择

为促进区域经济社会的发展，需要采取措施促进高校、行业和政府之间的伙伴关系，并促进以创新为重点的网络的创建。高校是知识的中心，需要进一步探索路径，以期在提升知识优势和创造共同财富中发挥更积极的作用。

（一）为区域经济社会发展提供人力资本

在最为传统的思考中，高校对区域经济社会发展最重要的贡献就是教育学生，培养学生在社会的各行各业建功立业。但培养学生需要符合当今和未来的严峻挑战，那么高校就需要明确在充满变幻的时代背景下，培养什么样的人才能实现其全部潜力投入为社会为国家的贡献中去。首先，需要培养具备使用跨学科方法解决知识问题的人才。这就需要将跨学科方法纳入教学课程和方法中去。跨学科课程或跨专业的学习有助于培养既学习科学技术学科也学习人文社科背景的人才，以便将技术发展嵌入全社会发展的大背景中。将更多社会科学和人文模块纳入学校工程课程，加强所有学科

的数字化和创业技能。其次，通过额外的模块、特别项目或指导来促进创业技能和学生心态的培养。具有挑战的项目或竞赛可以培养学生协作性、领导力、沟通力、计划性等多个核心学习能力。

同时，让学生提前适应社会、技术和经济所带来的挑战性和破坏性，促进学生或年轻研究人员从根本上重新思考问题，并成为发现或适应颠覆性创新的创新者。此外，学生在校期间要与行业和社会中其他创新主体之间进行密集互动，强化关于领导技能和社会责任感的相关内容。在学生和青年教师成长的过程中培养其社会责任感和公民意识是课程之外极其重要的组成部分。青年人强烈的认同感具有一定理想主义特征，因此需要相关的内容给学生提供这种社会的关切。随着青年人分析和解决问题技能的提升，要有更多的主动提供的引导和应用分析理解社会问题及提高现实生活问题能力的教学安排。教学方法的改革就是要激活学习者选择正确的学习路径，解决来自现实生活中的问题，完成有挑战性的项目，发展具有创新性的技能。

（二）创造具有公共价值的知识

高校的研究必须在国际研究和地区相关性之间寻找交集或平衡。这些知识必须反映特定主题领域的国际研究前沿，以确保学术卓越，同时也要帮助公司或公共利益相关者解决现实挑战。高校的研究是区域创新过程中的知识来源，但是这些知识必须转化成为与区域发展相契合的内容，才能创造价值。

首先，高校需要追求广泛的创新，包括社会创新。高校既要从经济价值的角度去理解和参与区域创新的竞争，也要注重实践技术和经济创新带来的相关社会挑战。例如，除了考虑直接经济利益，科研机构也要优先考虑资源的可持续性或社会平等的问题。高校需要吸收和转化跨国家、文化、学科或机构背景下的创新思维，主动联手建立跨越机构和学科界限的桥梁，寻找新的合作形式和空间以应对共同的挑战，并在这一过程中塑造自己不断变化的角色。

其次，进行跨学科研究以应对重大挑战。无论是科学发展的必然性还是外部利益相关者的迫切性，跨学科界限的研究和教学团队是解决重大问题和现实问题的趋势。跨学科研究网络的建立需要高校在内部进行竞争性资助逐步培养。同时高校内部对新机构和重大项目的投资也有助于扩大跨学科研究优势和集群。

（三）从技术转移到多主体共同创造

许多高校将扩大技术转让服务作为知识转让的最突出部分。很多学者认为与狭义的技术转让（与知识产权相关的高校研究商业化）相比，帮助企业获得具有高创新潜力的研究是高校对区域经济创新更重要的贡献。这就需要高校及其区域利益相关者投入时间、精力和资源，通过优化此类政策来扩大高校对商业知识吸收的贡献。

首先，技术转移和创业孵化是极其重要的。对于一些中小企业来说，获得高校的知识和研究能力必须克服一个很高的门槛。其中高校的孵化机制就是一个很好的补充。高校需要对在孵化企业进行由具有商业经验的外部顾问为其量身定制的商业辅导，组织关于创业机会、公司创建、市场、融资相关研讨会，通过研究案例和公开课程，将对此表示支持的企业家和校友聚集在一起完成商业计划。

其次，从长远角度建立高校与企业的战略伙伴关系。在一些研究领域下高校研究者与商业创新者共同创造的过程使得学术研究成果更快更好地落地，架起了商业环境和学术研究中的知识、问题和挑战之间的桥梁。只有大力发展产学研，建立高校和企业的共同愿景，高校与企业才能蓬勃发展。公司逐步积累经验建立信任，企业的求助得到了帮助，需求和要求得到尊重。高校研究人员逐步积累经验，利用足够的时间、空间和基础设施来开展由学术好奇心驱动的研究。当双方的需求都得到了满足，就有可能从长远角度建立高校和企业的战略伙伴关系，就可以共同完成新领域新技术的探索。

再次，提供持续的教育和专业发展课程。高校的知识传播是不受时间、空间和位置限制的，因此要长时间地提供不同类型的持续教育机会。可以开展一些面向普通大众的继续教育课程、为企业或政府机构量身定制培训方案、与国际学校建立灵活的培训课程，等等。

五、结论

本文利用三螺旋视域分析"高校—行业—政府"的互动协作对区域经济社会发展的影响，并试图通过以更全面和系统的方式探索高校在服务区域经济发展过程中的内涵，梳理其中的理论基础，突出高校服务区域经济发展的核心内容。本研究认为，基于"高校—行业—政府"相互作用、合作的网络关系，高校的重要地位与其协调区域创新网络中众多参与者的功能性密不可分。原本传统的研究和教育型高校被赋予了新的功能，即促进知识创造的网络化过程。也就是说，高校服务区域经济社会发展是为区域发展增加创新潜力的过程。

综合论坛篇

东北振兴理论与政策研究

沈阳市"十四五"时期面临的机遇与挑战分析

◎ 刘伟奇①

[内容提要] 本文聚焦国际国内形势变化。新一轮科技革命、区域经贸机制发展、新发展格局的形成将为"十四五"时期沈阳的振兴发展带来前所未有的机遇,但复杂的地缘政治形势以及贸易保护主义逆流的冲击,将会给沈阳的外部发展环境带来负面影响,国内区域间发展不平衡、"双碳"目标技术门槛较高使得沈阳的产业发展面临着严峻挑战。

[关 键 词] 沈阳市 "十四五" 发展机遇 挑战

"十四五"时期,沈阳总体上仍处在"滚石上山、爬坡过坎"的关键阶段。但由于近年来世界进入百年未有之大变局,国际环境的不确定性、不稳定性急剧升高;加之国内经济结构进入深度调整期,改革开放又进入"深水区",国内外"经济棋局"难免会不同程度重新洗牌。沈阳既面临难得的发展机遇,又面临严峻挑战。

---

① 作者单位:中国东北振兴研究院。

一、发展机遇

（一）新一轮科技革命和产业变革将创造新的发展契机

近年来，全球互联网、大数据、云计算、5G 等重大颠覆性技术创新正在大幅创造新产业、新业态、新动能，显著扩大了产业与市场空间。仅以我国为例，"数字经济"迅猛发展，2019 年其规模已达到 31.3 万亿元，居世界第二位；"共享经济"快速崛起，2019 年其市场交易额达 8.1 万亿元，较 2016 年增长 1.3 倍；辽宁的营口还涌现出了"老边网红小镇"等。"十四五"时期，尽管全球安全风险趋向升高，但新一轮技术革命和产业变革仍将延续强劲发展势头。这既有利于发挥沈阳传统产业基础雄厚的存量优势，推进特色化产业升级，又很可能将沈阳同国内其他先进城市置于同一"起跑线"，使沈阳获得"弯道超车"机会。

（二）区域经贸机制阶段性进展助力沈阳走向世界

近年来，尽管全球化频遭"贸易保护主义""单边主义"冲击，但以我国发起或以我国为重要参与方的多边经贸合作机制在一定程度对冲了"逆全球化"的消极影响。我国倡导的"一带一路"建设取得积极进展，RCEP 成功签订，中东欧合作快速推进，中欧投资协定完成谈判，中日韩 FTA 谈判取得实质进展，预示着"十四五"期间沈阳参与国际经济循环将会有较好的体制机制保障。

（三）新发展格局有利于我国装备制造业摆脱低端困局

随着我国改革开放的不断深入，特别是我国加入 WTO，全面参与国际经济大循环以来，我国经济实力持续增强，尤其体现在能够发挥我国劳动力资源丰富、低廉比较优势的消费品工业得到了长足发展，但像装备制造业这样与发达国家技术水平差距较大、"比较劣势"明显的生产资料工业，却相当程度上被排斥于"国际产业链"之外，其发展举步维艰。近期国家部署"新发展格局"、强调

"以国内经济大循环为主"，势必要优化宏观政策取向，以"补短板""强弱项"改变我国装备制造业乃至整个生产资料工业发展的被动局面，沈阳的装备制造业发展可望迎来有力的提升。

（四）一批资本"大鳄"投资进军东北或将成为沈阳投资环境向好的新起点

得益于东北近几年高度重视营商环境建设以及国企"混改"等重大改革举措纵深推进，以及在经济转型升级背景下东北产业基础、科教资源、市场环境等投资价值持续提升，外资进入东北特别是沈阳的"热度"不减，宝马沈阳新工厂、大连英特尔二期等一批重大利用外资项目取得突破性进展。内资进入东北也快速升温，自2019年"万达""恒大"相继斥资布局辽宁、吉林以来，近期又有"利安龙""ST胜尔""哈工智能"等多家A股公司公告在东北实施并购。此外，一些大型企业、投资机构也在投资、收购东北目标企业。"投资不过山海关"的状况正悄然发生改变。近期，沈阳又被评为国内"新一线"城市也是投资环境改善的重要标志。

（五）国家顶层设计明确了沈阳高质量发展的总体框架

《中华人民共和国国民经济和社会发展第十四个五年规划和2035年远景目标纲要》围绕落实习近平总书记关于东北全面振兴的系列讲话、批示精神，站在兼顾发展与安全的战略高度，从装备制造业等传统优势产业改造升级到新兴产业培育壮大，从辽中南城市群发展到辽宁区域医疗中心建设等，多角度塑造支撑沈阳发展全局的"四梁八柱"并提出了重大政策，为沈阳"十四五"时期的高质量发展奠定了重要基础。

二、面临挑战

（一）"新冷战"挤压中外经贸合作空间

虽然和平发展仍是当今世界主题，但世界滑向"新冷战"的风险也在持续增长。以中美贸易战为起点，"显性"中美对抗已由经济领域迅速蔓延到意识形态领域、金融领域、地区主导权以及领土及领海领域。并且随着白宫"易主"，一改"前任"主要由美国"单挑"中国利益的对抗方式，转而拼凑诸如"美印日澳"等各种反华联盟围堵中国。相当数量的西方国家"看风"拿捏经济上靠中国、安全上靠美国"平衡"，使得新时期中国对外开放面临更多变数，辽宁参与"国际经济循环"面临更大困难。

（二）新旧"难点"阻滞中日韩"小循环"顺畅运转

尽管被我们寄予厚望的中日韩经贸合作迄今已取得显著进展，特别是在此次抗疫期间"三国"人民守望相助也强化了各自社会的友好氛围，但同时"三国"间"历史认知""领土争端"等传统矛盾有所激化，加之域外大国——美国"阴影"不仅挥之不去，而且离间分化力道还在不断增强、花样也在翻新，预计"十四五"时期"三国"间难免遇到更多的"政治""安全"纠纷，势必在一定程度上羁绊其经贸合作的拓展升级。借力"三国"经贸合作，促进辽宁高质量发展，难度非比寻常。

（三）供求结构失衡加剧国内产业发展竞争

在当今世界经济陷入新一轮低迷、总需求萎缩的大背景下，我国经济转型升级也将进入关键阶段。但随着国内产业规模的快速扩张，长期积累的产业"同构化""同质化""低端化"以及钢铁等大宗商品产能过剩等问题日益突出，短时期内又难以根本解决。预计"十四五"期间像装备制造业这样的传统产业领域，甚至像机器人这样的新兴产业领域，过度竞争乃至"厮杀""混战"现象还将相当程度存在，沈阳优势支柱产业仍将面临偏紧的市场环境。

（四）国内区域发展差距拉大有可能削弱沈阳的传统优势

多年来，国内区域间发展不平衡矛盾持续加剧。沈阳所在的辽宁乃至东北占全国经济比重在持续下降，而东部乃至南方比重持续上升。这种投资、发展环境"冰火两重天"的相对态势，不仅使东部乃至南方在"增量"资源竞争中占据上风，而且还会对辽宁乃至东北的"存量"资源产生相当的"虹吸"效应，使沈阳的"追赶式"发展处于相对不利的境地。

（五）"双碳"目标可能对沈阳发展提出了更高的要求

近年来，国家把绿色低碳发展作为经济发展模式转型升级的重要途径提上国家紧迫而重大的战略议程。实现"双碳"目标不仅面临较高的技术门槛而且也面临较高的投资门槛。尽管碳排放前两名的冶金、石化在沈阳的产业结构中几乎可略，但处在沈阳经济支柱地位的汽车制造业却面临转轨新能源汽车的严峻挑战。

总的看来，"十四五"期间，沈阳面临的环境仍然是机遇与挑战并存、机遇大于挑战，但环境的不稳定性、不确定性、风险性、复杂性明显增加。从国际环境看，虽然美国发动的对华遏制会给我国对外开放带来不少麻烦，但随着中美实力对比的"此长彼消"，其"拉帮围堵"终会力不从心，甚至名存实亡。从国内看，尽管时下沈阳所处的辽宁乃至东北还落后于先进地区，相信随着新发展格局的全面落实以及东北振兴战略的深入实施，沈阳定会脱颖而出、后来居上。

京沈高铁对沿线城市经济的影响①

◎ 庞卫宏② 杜 洁③

[内容提要] 高铁以其高效、舒适、安全的优点"压缩"了城市之间的时空距离，有力地推动人口、资本等生产要素的快速流动。本文利用城市引力模型，研究分析了京沈高铁经过的北京、承德、阜新、朝阳、铁岭、沈阳6个城市的经济联系强度，实证研究的结果表明，京沈高铁的开通在提高节点城市之间可达性的同时，极大增强了节点城市之间的经济联系，提高了节点城市的经济发展水平。

[关 键 词] 京沈高铁 引力模型 经济联系强度

一、引言

随着我国经济的快速发展，区域经济一体化程度越来越高，各城市之间的联系越来越紧密，城市之间高效率稳定的连接，成为区域经济快速发展的重要推动力之一。高速铁路作为目前最具有发展潜力的方式，在区域经济一体化和城市快速发展中发挥着越来越重要的作用。自2008年我国第一条高速铁路——京津城际铁路

① 本文受2020年度中央高校基本科研业务费项目"京津冀经济一体化发展经验及其对东北振兴的启示研究"（项目编号：N2024003-07）资助。
②③ 作者单位：东北大学秦皇岛分校经济学院。

开通以来，高铁经济在我国迅速发展，不仅带动了相关产业的发展，也在改变着由高铁连接起来的各个节点城市，相对于传统的铁路运输和公路运输而言，高铁快捷、方便、舒适、安全性高。开通高铁后，城市在空间格局上发生了明显的改变。高铁的开通不仅压缩了城市之间的地理空间，产生了时空压缩效应，城市之间的联系也越来越紧密，不同城市之间人力、资源、技术等生产要素的流动增多、增速，并进一步促进了城市之间的均衡发展，高铁在消除地区发展差异以及收入不平衡等方面，具有重要的作用，因此，高铁对城市经济发展和区域经济格局的影响，越来越受到众多学者的关注。

基于以上分析，本文以京沈高铁沿线的节点城市为研究对象，通过引力模型和区域紧凑分析研究京沈高铁开通后对于区域经济的影响，以及节点城市之间在经济上的联系，进一步分析京沈高铁对沿线城市所带来的机遇与挑战以及这些城市的应对策略。

二、京沈高铁沿线城市概况

本文所指的京沈高铁是国家《中长期铁路网规划》中"八纵八横"高速铁路网京哈通道中的京沈段，连接了北京、河北和辽宁三个省市，以北京朝阳区为起点，途经的主要城市有承德市、朝阳市、阜新市、铁岭市、沈阳市等。2018年12月，沈阳—承德段开通运营，2021年1月，北京—承德段开通运营，标志着京沈高铁全线完全开通，使得北京到沈阳的时间缩短到3小时以内。京沈高铁的开通在助力东北振兴、促进区域经济协调高质量发展方面具有不可替代的作用。

京沈高铁经过的节点城市2017—2021年的国民生产总值中，北京和沈阳的经济实力最强，两个城市在整个区域当中历年GDP占比达到91%以上、人口占到70%以上，可见北京和沈阳在区域经济发展中扮演着中心城市的作用（见表1）。

表1 京沈高铁沿线城市地区生产总值（单位：亿元）

	北京市	承德市	朝阳市	阜新市	铁岭市	沈阳市
2017	29883	1618.6	775	421.7	594.47	5865
2018	33106	1481.51	831.43	445.99	616.62	6292.4
2019	35445.1	1471	843.1	488.1	640	6470.3
2020	36102.6	1550.3	875.6	504.6	663.1	6571.6
2021	40269.6	1697	944.8	544.7	716	7249.7

三、经济联系强度分析

（一）引力模型

地理空间内不同地理实体之间的相互作用关系称为空间相互作用。常用的空间相互作用模型有引力模型、潜力模型和断裂模型等。其中引力模型已被众多学者不断扩展，运用于空间布局、旅游、贸易、零售、人口迁移、城市相互作用、腹地范围辨识等方面，并取得了非常有价值的研究成果。

引力模型的基础是物理学的万有引力定律，通过引力模型，对城市经济联系进行定量研究，揭示各城市间的经济联系强度及主导经济联系方向，认识城镇体的空间结构，可以明确城市—区域的空间隶属关系，从而为城市经济区的划分提供科学依据。通过计算城市间的经济联系强度，能够反映出区域经济中心对周边城市的辐射能力和周边城市对该辐射能力的接受程度。引力模型的表达公式为：

$$R_{ij} = \frac{\sqrt{P_i \times G_i} \times \sqrt{P_j \times G_j}}{T_{ij}^2} \qquad (1)$$

$$R_i = \sum_{j=1}^{n-1} R_{ij} \qquad (2)$$

其中，R_{ij} 为城市 i、j 间的经济联系强度，P_i、P_j 为 i、j 地区的人口数量；G_i，G_j 分别为城市 i、j 的 GDP；T_{ij} 为两城镇之间最短旅行时间。R_i 为城市 i 的经济联系总强度，由城市 i 与其他城市经济联系强度值求和得到。

（二）经济联系强度的分析与计算

选取北京市，河北省承德市，辽宁省朝阳市、阜新市、铁岭市、沈阳市 6 个典型城市为研究对象，选取京沈高铁开通前的 2017 年和完全开通后的 2021 年各方面数据（见表 2、表 3），计算各节点城市间的经济联系强度（见表 4）以及经济联系强度变化率（见表 5）。

表2　基本数据信息表（单位：万人）

	北京市	承德市	朝阳市	阜新市	铁岭市	沈阳市
2017年人口	2171	357	337	186	294	737
2021年人口	2189	335	287	165	238	903

表3　2017年各市间旅行时间（单位：分钟）

年份		北京市	承德市	朝阳市	阜新市	铁岭市	沈阳市
2017	北京市	–	188	382	461	588	381
	承德市	188	–	185	363	390	397
	朝阳市	382	185	–	199	233	240
	沈阳市	381	397	240	167	73	–
2021	北京市	–	51	113	150	194	194
	承德市	51	–	53	87	177	118
	朝阳市	113	53	–	31	100	98
	阜新市	150	87	31	–	113	64
	铁岭市	194	177	100	113	–	73
	沈阳市	194	118	98	64	73	–

表4 主要节点城市之间的经济联系强度

年份		北京市	承德市	朝阳市	阜新市	铁岭市	沈阳市	总强度
2017	北京市	–	173	28	11	10	134	356
	承德市	173	–	11	2	2	10	198
	朝阳市	28	11	–	1	4	18	62
	阜新市	11	2	1	–	5	21	40
	铁岭市	10	2	4	5	–	163	184
	沈阳市	134	10	18	21	163	–	346
2021	北京市	–	2722	383	125	103	638	3971
	承德市	2722	–	140	10	10	139	3021
	朝阳市	383	140	–	163	21	139	846
	阜新市	125	10	163	–	10	187	495
	铁岭市	103	10	21	10	–	198	342
	沈阳市	638	139	139	187	198	–	1301

表5 2017—2021经济联系强度变化率

	北京市	承德市	朝阳市	阜新市	铁岭市	沈阳市
北京市	–	1473%	1268%	1036%	930%	376%
承德市	1473%	–	1173%	400%	400%	1290%
朝阳市	1268%	1173%	–	16200%	425%	672%
阜新市	1036%	400%	16200%	–	100%	790%
铁岭市	930%	400%	425%	100%	–	21%
沈阳市	376%	1290%	672%	790%	21%	–

通过以上分析，可以得出以下结论：

（1）对比各个节点城市 2017 年和 2021 年经济联系强度，2017 年京沈高铁未建成的条件下，6 个城市的经济联系总强度的均值在 198，而到 2020 年京沈高铁完全开通后，2021 年经济联系总强度的均值达到 1662，是高铁开通前的 8.4 倍。总体上京沈高铁的建成不仅提高了节点城市间的可达性，还增强了城市之间经济方面的联系。

（2）在 2017 年京沈高铁开通前，经济联系强度前两位的城市是北京和沈阳，其中北京的经济联系强度为 356，沈阳的经济联系强度为 346，两个城市占到 6 个城市总体比重的 59%，充分证明北京和沈阳在区域经济发展中居于核心的地位。排名最后的阜新市经济联系总强度仅为 40，占总体比重的 3.37%，与北京、沈阳之间的差距较大。2021 年京沈高铁开通后，经济联系强度前两位的城市分别为北京和承德，沈阳在高铁开通后经济联系总强度虽然出现了增长，但是不如承德增长的幅度大，这主要是因为沈阳在京沈高铁开通之前与其他辽宁省内节点城市之间交通本就很便利，而承德在京沈高铁完全开通之前与其他节点城市联系并不是很便利。

（3）对比 2021 年各个节点城市的经济联系强度的变化率，可以看出京沈高铁的开通使得各个节点城市经济联系强度均得到了提高，尤其是承德，虽然本身处于"京津冀"经济圈，物理空间上距离北京很近，但限于交通等方面的影响，北京的快速发展对其经济上的带动作用效果有限，高铁建成后北京对承德经济发展的辐射作用得到进一步放大，在除了北京之外的节点城市中，承德与其他节点城市的经济联系强度变化率都非常大。

（4）与其他节点城市相比，由于北京的经济发展水平高很多，而经济发展水平是计算经济联系强度的关键指标，因此在讨论各个节点城市的经济联系强度变化时若不考虑北京的影响，京沈高铁开通对其他 5 个节点城市的经济联系强度影响依然十分明显，除了沈阳与铁岭之间经济联系强度变化较小之外，其他城市之间的经济联系强度的增加都在 100% 以上。

四、京沈高铁对沿线城市经济发展的影响

通过经济联系强度的实证分析，可以看出，京沈高铁开通后增强了各节点城市之间经济、生活等各方面的交流与合作，具体对各城市的经济发展的影响主要表现在两方面：

（一）京沈高铁对节点城市的积极影响

1. 优化城市空间结构

高速铁路的发展对中小城市内部空间结构会产生明显的影响。空间结构的改变主要表现在为城市功能分区，高铁的通达将提升沿线节点城市功能。高速铁路的开通大大提高该城市内部交通及对外交通的水平，为城市带来大量的人流和物流，同时围绕高铁站点的邻近城区会形成一个明显的功能性商贸中心，产生汇聚效应。

京沈高铁的开通，会推动周边城市的人流、物流聚集站点，有利于节点城市建设"临站经济发展带"。站点城区成为展示整个城市形象的地标和窗口。同时，伴随着京沈高铁的开通，高铁站将产生"汇聚效应"，提升周边地区的商业开发价值，有利于推进商业基础设施建设，形成以高铁车站为中心的商圈，聚集现代服务业，为商贸的发展提供动力。

另外，各节点城市围绕高铁站点制定新的城市发展规划，对城内、商贸区、教育、医疗、娱乐等各个方面进一步优化，随着站点周边地区人口、贸易、交通等产业不断融合，节点城市经济得到进一步发展。

京沈高铁建成开通，有利于带动辽西地区经济发展，在改变辽西北地区交通落后状态的同时，为沈阳经济发展提供更多周边资源，充实沈阳经济圈，使沈阳对辽西地区经济发展的辐射作用得到进一步加强。同时，也有利于改善沈阳经济圈中辽西地区发展不平

衡的问题，优化阜新这一类"资源枯竭"城市的产业结构。

2.促进人口、资源等生产要素自由流动

京沈高铁完全开通后，使得东北增加了一条快速入关的通道，有利于京津冀经济圈和东北经济圈之间人员、资源等生产要素的流动。尤其是喀赤高铁与京沈高铁连接并开通运营后，使京哈高铁与邻近地段快速铁路有机衔接，形成了贯通辽宁、辐射东北、延伸内蒙古、通达全国的快速客运网络，极大缩短了沿线节点城市与"京津冀"邻近高发展城市群的时空距离，能更好地参与经济走廊建设，"高铁经济"带来的客流、物流、资金流、信息流为推动地方经济发展，尤其是改善地区之间的不平衡发展及促进经济一体化发展方面具有重要的作用。

京沈高铁沿线城市经济联系程度的增加，有利于形成土地、农业、矿产、服务业的深度融合，并逐步形成区域经济一体化的发展趋势，将各个城市的特色产业转化为优势产业，并拓展经营空间和发展空间，也为产业提供强大的人力资源，拉动资金流动及经济发展。

3.有利于旅游业等服务业的发展

京沈高铁所连接的北京、承德、朝阳、阜新、沈阳等城市，旅游资源丰富、历史文化悠久，各个城市景区、景点吸引来自全国各地的游客，不仅能够带动当地餐饮、宾馆及服务业的发展，还能够促进各地文化的交流；政府通过改善公共服务水平提升人们对东北老工业基地的良好印象，也有利于吸引更多的投资。

（二）京沈高铁对部分节点城市的不利影响

1.城市之间竞争加剧

京沈高铁的开通给沿线城市带来很多新的机遇，例如承接北京、沈阳中心城市的部分产业。为此各个节点城市会借机大力发展经济，制定各项优惠政策吸引人力、资本等各种生产要素，若不能合理规范和引导，会带来恶性竞争。激烈的竞争会提高各城市发展的经济成本，引入本地不具有比较优势的产业，或引入高耗能、高污染产业，由于这种竞争效应，可能会带来反向效应，降低本地经济的发展水平，不利于人民收入水平提高和生活质量的改善。

2.产生虹吸效应

高铁是一把双刃剑，其开通为城市带来机遇的同时也会带来诸多挑战：高铁的建成加速了生产要素流动，促使资金、人才、信息、技术向经济高地聚集，可能会使部分小城市的要素资源流失到大城市，这样也会加剧各个地区经济发展不平衡；由于之前发展水平存在很明显悬殊，地区生产总值相差甚远，尤其是相对于北京、沈阳等大城市而言，其他小城市发展环境相对较差、影响力远远不足，还可能会限制小城市的进一步发展，甚至出现经济不断衰退的局面。对于要素的自由流动如果不能很好地把控，很可能出现"虹吸效应"，大城市进一步发展，小城市的发展反倒得到制约。

3.资源分配不均加剧地区间发展的不平衡

没有管控的自由发展模式会使高铁在带来便利的同时，也带来资源分配不均、经济发展不平衡等诸多问题。当更多资源被大城市"虹吸"之后，会导致大城市的人口膨胀、交通拥堵、空气质量下降、房价居高不下等一系列的问题，也会导致小城市出现金融中心分化、流动和转移，缺乏劳动力，项目流失等问题，加剧地区间发展的不平衡。

五、研究结论

利用引力模型对京沈高铁开通前后其沿线节点城市的空间经济联系的演变进行分析探讨，研究发现：

京沈高铁开通后，本文所分析的 6 个节点城市之间的旅行时间都得到明显缩短。通过计算节点城市间的经济联系强度，研究发现，一方面，节点城市间经济联系强度均得到明显提升；对比京沈高铁开通前后各个节点城市的经济联系强度的变化发现，京沈高铁的开通运营不仅完善了我国的高速铁路网络，也能大幅度地带动其相关地区经济的发展，促进区域经济发展的平衡，对国家推进东北振兴战略具有重大意义；另一方面，要防止因高铁开通后产生的"虹吸效应"而加剧周边地区内部经济极化效应等消极作用，相关政府机构应采用相关措施尽力减少其负面影响，同时合理规划和布局，改善本地营商环境，为承接北京部分产业的转移做好服务和准备。

深化改革开放与创新，破除体制机制障碍，实现东北全面振兴

◎ 王幼学[1]

[**内容提要**] 本文首先梳理了东北地区围绕体制机制、经济结构、开放合作、思想观念四个短板方面取得的成绩，然后指出制约东北经济高质量发展的体制机制弊端和结构性矛盾，最后提出实现东北全面振兴的对策建议。

[**关 键 词**] 东北振兴　改革开放　体制机制

习近平总书记在深入推进东北振兴座谈会上指出，东北振兴面临着体制机制、经济结构、开放合作、思想观念四个方面短板。习近平总书记指出，东北地区的战略地位十分重要，肩负着维护国家国防安全、粮食安全、生态安全、能源安全、产业安全的重任，更关乎着国家发展大局。这对东北来说，既是战略定位，更是使命。

---

① 作者单位：中国东北振兴研究院。

一、东北围绕补齐"四大短板"的成效

目前，东北老工业基地振兴已取得明显的阶段性成果，主要表现在：经济总量实现质的飞跃，国有企业改革顺利推进、竞争力增强，结构调整稳步进行，重大装备行业研制、发展位于全国前列，粮食综合产能大幅度提升，生态环境持续优化，社会事业全面发展，民生福祉不断增强。与此同时，由于东北地区的历史遗留的体制机制弊端和结构性矛盾，以及周期性、国际国内需求变化等因素，东北地区经济增长各项指标都在不断地降低，部分行业与企业生产经营状况不佳，特别是各行各业人才流失严重，要进一步深化改革开放创新，强化政策保障，着力驱动内生发展动力，确保东北全面振兴取得新突破。

（一）着力推进结构调整

在明确东北地区的振兴发展不是简单地让已经衰败的产业和企业兴旺起来，而是要充分利用区域优势资源，着力集中力量攻坚重点地区、重点优势产业和企业发展的前提下，坚持有所为、有所不为，让市场机制在竞争中发挥决定性作用，通过优胜劣汰避免盲目重复的建设与发展带来的产业结构趋同。积极做好"老字号""原字号""新字号"三篇大文章，着力改革产业体系，摆脱当前单点发力的工业产业依赖于结构单一的"二人转"产业体系，渐渐朝着多点支撑、多业并举、多元发展的产业化转型发展新格局奋进。

（二）切实巩固国家粮食"压舱石"地位

东北地区作为中国最大的商品粮基地，三省粮食产量远超全国的1/5，商品粮产量约占全国的1/4，粮食调出量更是达到了全国的1/3。可以看出东北地区在我国粮食产量以及供给量方面发挥着举足轻重的作用，不单单是产量巨大，品质优良，更为重要的是可以实现大量的商品粮外运，真正实现维护国家的粮食安全。

（三）持续深化改革重点领域

近年来，东北地区一致坚持优化三省的营商环境，率先出台省级《优化营商环境条例》，多措并举打造营商环境政策库，大力推进诸如"最多跑一次"、告知承诺机制、"双随机、一公开"监管等优化营商环境的政策举措。沈阳市更是连续开展"金融助振兴"系列活动，并入选了全国营商环境标杆城市。除此之外，在深化国有企业改革方面，东北三省也通过逐步实施国有企业政策性关闭破产、豁免历史欠税、剥离不良资产、所得税优惠、厂办大集体改革等政策，积极应对国有企业可能存在的管理混乱、资产流失、效率低下等问题，专项整治历史遗留问题，促进企业良性运转。同时，不断推动国有企业混合所有制改革，坚持公司产权与治理层面的"混改"，并积极完善公司法人治理结构和市场化经营机制，增加民众信赖，加强企业盈利能力，提高企业收入。

（四）创新驱动内生动力不断激发

党的十八大以来，东北三省持续强化创新能力，牢牢抓住科技创新这个牛鼻子作为东北地区全面振兴的根本途径，坚持产业结构转型升级，改造升级"老字号"，深度开发"原字号"，培育壮大"新字号"，战略性新兴产业、高技术产业提速发展，新动能加快集聚。10 年间，国产首艘航母、水下滑翔机、跨音速风洞主压缩机、航母舰载机等一大批"大国重器"在辽宁研制成功；奥迪一汽新能源汽车、吉化 120 万吨乙烯、中车松原新能源产业基地等一批重大项目在吉林全面开工建设；哈电集团研制的百万千瓦水电机组在白鹤滩成功发电、大庆古龙页岩油勘探获得重大战略突破。生物医药、数控机床、精细化工、卫星应用产业、工业机器人、石墨新材料等战略性新兴产业已经发展成为东北振兴的新引擎和新优势，有效改善了东北地区"一柱擎天"的产业结构，为奋力开创东北振兴发展新局面提供坚实支撑。

（五）经济开放水平逐步提升

近年来，东北地区充分发挥东北地区沿海沿边的区位优势，不断完善沿海经济带开发与沿边开放两大文章，充分发挥自由贸易试验区、边境经济合作区等开放合作平台作用，在各个合作平台的建设开放过程中，东北地区积极建设了一批包括大连金普、长春、哈尔滨在内的国家级新区，沈抚改革创新示范区主要经济指标更是基本实现"五年大变样"，逐渐成为新的区域增长点。同时东北地区还相继批复设立了中日（大连）地方发展合作示范区、中韩（长春）国际合作示范区、中德（沈阳）高端装备制造产业园，深度融入"一带一路"建设，深化东北亚经贸合作，努力推进东北亚经济走廊建设，打造我国向北开放的重要窗口和东北亚地区合作中心枢纽。

（六）经济发展后劲不断增强

东北地区一直以来都十分重视基础设施、能源石化、新动能培育等领域的发展，并谋划实施了一批重点项目。在基础设施方面，一大批高铁项目开工建设，陆续开通了北京至沈阳、哈尔滨至牡丹江、通辽至新民的高铁运营。在能源石化与新能源培育方面则是齐头并进，不仅建成运行了庄河Ⅲ（30万千瓦）海上风电场，相继开工或即将投产的还有清原抽水蓄能电站、徐大堡核电站3号和4号机组、红沿河核电二期工程等，在相关项目建设的能力方面也得到了极大的提升，恒力石化2000万吨/年炼化一体化项目建成用时仅19个月。

（七）促进协调理念下的绿色发展

在环境整治方面全面围绕"绿水青山就是金山银山"展开，加强东北地区河道整治，彻底清除辽河干流劣Ⅴ类水质断面，渤海辽宁段水质得到显著提升；促进生物多样性的协调发展、保护野生动物，东北虎豹国家公园中虎豹定居数量稳中有升；加快实施生态修复治理等重点生态工程，持续巩固北方生态安全屏障，例如"小兴安岭——三江平原山水林田湖草保护修复试点"以及"京津风沙源治理"等。同时在脱贫攻坚方面也取得了决定性胜利，据统计，东北地区建档立卡贫困人口 158.2 万户 427.7 万人全部脱贫，50 个国家级贫困县全部摘帽。

二、东北全面振兴的不足之处

体制机制弊端和结构性矛盾依旧制约着东北经济的高质量发展。当前，东北地区正在实现三个方面的转型升级：经济发展从主要依靠投资拉动的增长方式正在逐步向着消费、投资、出口的均衡增长方式转变，在产业结构方面从以重化工业为主导的产业结构正逐步向着轻、重工业和服务业均衡的结构调整，在市场机制方面从以国有企业为主的市场主体逐步向着国有、民营均衡市场主体转变升级。但与此同时，政府自身治理及其对营商环境的影响依旧关乎着东北地区对外开放与产业结构调整和民营经济发展的结合，这些问题具体体现在东北经济下行压力大，并阻碍了东北经济社会发展。以产业结构为例，东北地区的产业结构转型虽初见成效，但仍有难题亟须解决，以重化工业和工业品生产为主的发展模式未得到根本改变，区域经济发展缺少大规模新兴产业尤其是消费品工业的支撑，经济增长乏力的困局难以打破。

具体来看，这些不足主要表现在以下几个方面：一是市场化程度不高，政府和市场的关系未完全理顺，国有企业活力不足，民营经济发展不充分；二是政策优势向解放生产力、发展生产力的现实势能与动能转化受阻；三是工业基础优势没有充分发挥、创新资源没有得到有效整合，产业供给能力和产业链水平有待提升；四是经济增长的内生动力与活力不足，缺乏新产业、新业态、新模式与市场有效结合的机制。

三、实现东北全面振兴的政策建议

面对百年未有之大变局，有效应对，纵深推进、全面深化改革开放创新是突破体制机制束缚的一剂良药。面对俄乌冲突升级、中美摩擦扩大、疫情连续影响等因素，提出以下建议。

一是进一步加大国有资本在国防安全、粮食安全、能源安全和公共服务领域的布局。二是要把制造业转型升级作为重要方向，依靠创新把实体经济做实、做强、做优。三是要进一步深化"放管服"改革，把制度优势转变为治理效能的重要抓手，最大程度地吸纳国内外先进生产要素和资源的市场环境。四是要尽快完善有利于民营经济发展的经济社会环境，引入激活市场的"源头活水"。五是要特别关注人才流失现象，应创造拴心留人的条件，加大人才政策支持力度。六是要切实保障科技成果市场转化和配套承接能力。七是要加强与国家重大战略对接和借力，深度嵌入国内大循环。八是要着力推进东北在发展规划、产业布局、开放开发、基础设施建设、环境保护等方面一体化建设。

超越德国鲁尔的辽宁产业振兴之路

——从工业文化游到文旅康养①

◎ 张晓飞② 李 慢③ 吴文浩④ 吕东珂⑤

[内容提要] 曾经的"德国工业心脏"鲁尔工业区，经历了近三十年的区域振兴建设，目前已经成为全世界的老旧工业区改造的范本，特别是其工业文化旅游发展极具特色。在总结和借鉴鲁尔工业区工业文化旅游发展经验的基础上，结合"东方鲁尔"辽宁地区工业文化基础和特征，提出辽宁如何充分利用多样且各具特色的工业遗产资源，在"健康中国"的大背景下，促进工业文化旅游与大健康产业融合，形成新型的文旅康养产业和工业文化旅游区域协同合力，促进东北与辽宁振兴。

[关 键 词] 鲁尔振兴经验 工业文化 文旅康养

① 本文受中央高校基本科研业务费项目"德国《国家工业战略 2030》对东北的启示"（项目编号：N2224003—08）、辽宁省科学事业公益研究基金（2022 年软科学研究计划）智库专家 A 类项目"'校企医'康养协同创新示范基地的平台整合效应研究"（项目编号：2022JH4/10100003）资助。
②③⑤ 作者单位：东北大学工商管理学院。
④ 作者单位：北汽集团新能源市场部。

一、引言

"德国工业心脏"鲁尔工业区，在 20 世纪 70 年代面临着与世界其他老工业区一样的结构性危机，为此鲁尔区步入了振兴之路。20 世纪 80 年代以来，鲁尔区通过产业经济结构优化和发展工业文化经济等措施，实现生产中心与消费中心的双轮驱动，逐步实现产业有机和生态有机的良性互动。鲁尔工业区的旧物再利用，不仅有效保护了工业区物质与精神文明，而且丰富了人们的文化生活内容和扩展了历史记忆空间，重新挖掘出工业废弃地的价值。鲁尔工业区经历了曲折漫长的振兴过程，为世界旧工业区改造提供了范本，更为我国的东北与辽宁地区振兴，起到了重要示范作用。

能理解多远的历史，就能看到多远的未来。工业文化是人类文明和历史发展的见证，已经在世界范围内受到普遍重视。近十几年来，工业文化旅游在中国得到了一定发展，但是工业文化旅游如何与城市旅游、自然风光生态旅游结合起来，特别是融入人们日常健康生活，由此提高其使用价值、文化价值和精神价值，并实现其再投入回收，这已经成为新的问题。

二、德国鲁尔区的工业文化旅游形成过程

工业文化旅游最早源于英国，是工业革命运动的沉淀物，是工业化到逆工业的矛盾产物。其主要形式是利用和保护废弃的工业旧址，通过因地制宜的设计和改造，打造吸引人们的工业文化和文明观光与休闲的新型旅游方式。德国鲁尔工业区的工业文化旅游发展与英国一样，都是工业文化文明与现代生活融合过程的典型。

一般认为，工业文化旅游的发展经历了否定—迷茫—尝试—系统化的四个过程。20 世纪 80 年代初期，鲁尔区的人们普遍认为工业文化旅游是一种不切实际的妄想，因而对工业遗迹以清除为主进行更新和改造。直到 80 年代中期，鲁尔区的人们认识到单

一地清除工业废弃地不仅成本高昂，且环保问题难以解决工业遗迹问题，很多人陷入迷茫与徘徊之中，不知道如何解决工业遗迹问题，特别是那些被遗弃多年的工厂和矿山。80年代末和90年代后，随着新兴经济的出现，特别是环保理念与技术的发展，德国鲁尔区的人们开始重新审视和设计工业文化旅游振兴路径，特别是1998年鲁尔区以开放的方式，设计制定了区域性工业文化旅游系统规划，并在2007年全面落地，由此鲁尔区的工业文化旅游，从零星景点的独立开发，到形成区域性的专题旅游线路，促进了鲁尔区工业化旅游的一体化和系统化。

三、德国鲁尔区工业文化旅游的开发模式

德国鲁尔区的工业文化旅游开发模式主要包括四类：

（一）"博物馆＋活动"模式

鲁尔工业区把废弃钢铁厂改造成露天博物馆，把废旧的火车皮改装成游览工具，并充分组织原有工业企业员工转型为旅游服务人员，设计和开展了一系列面向儿童家庭的亲子活动。工业区内部的废弃铁路和旧火车被改造成社区儿童艺术学校的表演场地，焦炭厂被改造成儿童餐厅和游泳池。在设计中充分利用了工业区典型的建筑风格，结合现代灯光和雕塑等艺术感染力，在带来游客、提升人气的同时，也促进了艺术型企业的创业和就业，目前已经逐步发展成为工业艺术和现代设计产业中心。

（二）"公共游憩＋日常生活"空间模式

著名的蒂森钢铁公司原厂址和厂房，被改造成以"煤铁"工业景观为背景的北杜伊斯堡大型景观公园。在整个设计与改造利用过程中，因地制宜和因时就势地把废旧厂房、墙体、附近森林和草地及湖泊等整体规划，不仅为旅游者提供了个性化的体育运动等活动支持，同时也为附近居民提供了生活休闲场地。其中自行车生产场地内改造为自行车爱好者自由骑行空间，而生态爱好者则可以随

处欣赏到厂区内独特的自然生态景观。最具生活气息的是把煤矿废弃地改造成的北极星公园，与著名的埃姆舍尔河连为一体，治理后变成了工业文化与水上文化交融的新型空间，成为社区居民生活不可或缺的栖息地。

（三）"购物＋旅游"开发模式

为了把旅游与商业联系起来，充分释放游客购买力，鲁尔区变工业用地为商业用地，重新打造的奥伯豪森大型购物中心和工业博物馆，把购物旅游与工业文化旅游紧密结合起来。就地保留百米高的巨型储气罐，成为地方标志和登高点，内部配套建有咖啡馆和酒吧、现代购物游览中心、餐饮中心、娱乐中心，与废弃矿坑改造的人工湖等形成完整的商业体系，已成为鲁尔区乃至欧洲的知名购物旅游中心。

（四）"线路游＋区域整合"模式

整个鲁尔区的工业文化旅游开发的整合特征，特别表现在1998年开始策划实施的工业文化旅游路线。该线路把工业文化旅游景点、工业技术和社会史博物馆、购物旅游点串联起来，并建立了系统的BI、VI与MI的识别与传播宣传体系。

鲁尔区工业文化旅游资源的整合进程，突出了主动规划和逐步细化的振兴发展过程特征。鲁尔区的区域协同和资源协同整合开发模式，不仅大大促进鲁尔区在工业文化旅游资源之间的互动，形成了一致和兼顾特色的对外宣传，而且通过空间的扩展与时间的延伸，形成了资源的协同效应与旅游者消费的连锁效应。

四、鲁尔区工业文化对区域振兴的作用和价值

（一）从精神文明价值出发，保护工业文化价值

鲁尔工业区的振兴，主要得益于德国政府长远且务实的振兴政策，特别是鲁尔工业区的协同管理委员会组织，在振兴和工业文化建设中起到了重要作用。他们尽可能地对原有工业建筑物进行精

心梳理和改造留存，不仅保留了工业文化，同时让工业文明和精神得以延续。

（二）从创新发展价值出发，在工业文化基础上发展新业态

北威州政府的"鲁尔发展纲要"系列优惠政策扶持，以及各级政府大力改善当地交通基础设施、兴建和扩建高校和科研机构、集中整治土地等举措，为鲁尔区工业文化发展奠定了基础。鲁尔区在优化产业结构的基础上，突出了高新技术产业和工业文化产业，把握住了发展的重点，有效提高振兴效果和产业竞争力。

（三）从多业态融合价值出发，发挥科研机构和高等教育对工业文化发展的支持

作为欧洲大学密度最大的工业区，鲁尔工业区充分利用和支持各个大学的"技术转化中心"，由此大大促进了从技术到市场应用转化速度和支持力度。此外，以政府政策和基金支持方式，有力地促进了产学研之间的协同效应。

（四）从生活价值出发，促进工业文化区与城市和旅游的融合

鲁尔区的成功转型得益于区域一体化的综合整治与振兴计划发展战略，特别是坚持了规划过程中的科学性、细致性和民主性，实施过程中的工业文化文明延续性、创新性和发展性，日常生活中与城市生活的融合性、可用性和易达性，经济评价中的产学研用互动性、一致性和系统性。鲁尔新区在完好保存原有景观的前提下，已经发展为融工业文明观赏、旅游度假、文化娱乐、科学展览、体育锻炼、培训教育、商贸购物和社区生活于一体的区域。

鲁尔工业区在实施工业区的文化开发、生态恢复建设与环境保护等过程中，同时为失业职工创造再就业机会，促进了环境保护产业和文化旅游产业的发展，并带动了新兴小区建设，增加了大量服务人员就业，这些特别值得辽宁学习。

五、辽宁工业文化特征与目前开发措施

辽宁作为中国重工业的发源地，拥有着百余年工业发展史和近千个新中国工业第一，不仅为共和国的独立完整的工业体系立下卓越功勋，而且在工业历史上沉淀下了具有独特魅力的工业物质财富和精神财富。

（一）辽宁工业文化特征

辽宁省的工业遗产保护与工业文化旅游发展还处于初级阶段，未来有重大的机会和发展空间。辽宁各城市的工业遗产，既有共性，又有个性。

（1）资源独特，量大面广。辽宁曾经创造过1000多项共和国工业史上的"第一"，全面反映了中国近现代工业发展不同阶段的面貌。从贡献看，辽宁占全国很大比重。

（2）特点鲜明，历史悠久。近百年的辽宁工业遗产沉淀，造就了各具特色的工业城市。如煤都抚顺、钢城鞍山、油城盘锦等，辽宁形成了较为系统的工业门类和较为雄厚的产业基础。

（3）区域分布，集中度高。以城市为单位，产业特色鲜明，形成了沿河流、沿铁路线、沿海岸线三条发展路线分布的特征。辽宁工业遗产的特色以重工业为主，一直有着"共和国工业长子""新中国工业摇篮"等美誉。

（二）辽宁工业文化目前开发措施

十几年来，辽宁在工业遗产保护和工业文化建设方面，有明显进展，并且正在学习发达国家，进一步升级转型，在全面振兴东北和振兴辽宁的大潮中，独具特色。

（1）从社会角度出发，发动多方参与保护和利用。现在人们对工业遗产保护的意识日渐增强，但在创新利用方面仍有许多工作要做。工业遗产的创新利用不可能只由政府出资，鼓励包括旅游开发在内的多种形式的运营，是增加造血机制的有效手段。工业遗产

的保护与再利用需要社会各方的广泛认同，政府、企业、市民等都应提高认识。由于大部分工业遗产产权归属企业，因此充分支持和发动企业在工业遗产保护和工业文化旅游中的主体地位，依靠市场解决问题，是振兴和发展工业文化旅游的根本。

（2）从平衡角度出发，研究保护与实践利用综合并重。作为具有历史印迹的新型文化遗产旅游，工业文化旅游具有重要的物质与精神传承要素，并且很多工业遗产还具有再生产和科研实验的功能，具有重要的经济研究、历史研究、文化研究、技术研究和产业研究价值。因此，目前的工业遗产保护和开发项目，一定要鼓励科研院所部门参与，充分发挥其研究价值和实践利用价值。从实践角度来看，很多工业废弃工厂和设备，完全可以与高校和中职院校联合，成为学校的实习工厂和科研实验室，并且能够充分发挥其教育功能和游客参与功能，大大提高游客的体验感和消费意愿。

（3）从现实角度出发，与城市生活密切结合起来。目前的很多工业遗产不仅需要保护和开发，已经启动的工业文化旅游资源，更需要与社区和城市居民的生活密切结合起来，以此提升城市品质和人们生活休闲品位。一方面需要认识到工业遗产保护的目的是传承和保护曾经的生产和生活方式，给曾经的年长工业企业工作者以时光记忆支持，另一方面需要考虑现代城市年轻一代的生活需求和精神文化建设的重要性。鼓励社区居民共同参与保护和开发、学校在参与中能寓教于乐、旅游者在游玩过程中身心得到启迪和洗涤，由此工业文化旅游才是真正落地，并且会融入城市日常生活和发展中，从而得到城市居民和旅游者的长期认可与支持。

（4）从系统角度出发，注重区域一体化开发原则。借鉴德国鲁尔工业区的振兴典范，从工业遗产保护和工业文化旅游入手，是一个重要的突破口。当然，区域振兴和工业文化旅游发展本身就是一个长期的系统工程。这项工程需要充分发挥市场机制，以企业和社会投资者为主体，做好规划和调研设计，在落实的过程中，充分考虑社会需求和资源特色，以资源特色突出系统特色，以系统服务能力服务社会需求，助力辽宁工业经济高质量发展和精神文明建设，特别是需要省级部门牵头，有规划地组织各城市工业骨干企业和高等院校科研部门，参与区域一体化工业文化旅游，形成特色线路和全域旅游，实现单个工业遗产资源开发所无法比拟的区域联动效应。

（5）从长期角度出发，发挥好工业文化的精神价值。辽宁的工业遗产文化不仅包括大量物质财富，更包括宝贵的无形精神财富。弘扬工业文化的奋斗和奉献精神，是振兴辽宁的核心工作。精神问题解决了，很多事情也就不是问题了，精神上来了，很多问题也就容易解决了，有了精神内涵吸引，人气也就容易聚集了。

除了以多种形式发挥工业文化的生活和生产价值，更要突出行业特色，辽宁每个城市的工业文化都有自己的独特历史和故事，都记录了辽宁人不畏艰辛和无私奉献的工业精神。政府与社会，以及企业，通过工业遗产激活文化基因和奋斗基因，留住振兴的"根"与"魂"，在改造升级"老字号"和深度开发"原字号"，以及培育壮大"新字号"中，不断创新形式和传承工业文化的精神血脉。

六、辽宁工业文化与旅游康养融合的创新路径

文化和旅游具有天然的融合性，文化以多种不同形式融入旅游产品中。文化不仅是旅游的灵魂与核心价值，而且是旅游的内涵所在。通过文化和旅游的融合，促进文旅康养产业发展，是普及物质消费和精神享受协同的健康生活方式的重要市场手段。

（一）工业文化旅游融入"健康中国"建设的大趋势

文化产业和旅游产业虽然属于两个不同的产业，但很多类别均互相融合、互为补充，两者统一于大健康产业和"健康中国"的建设过程中。这需要对产业融合的思路、方式、结构等方法论体

系进行深入分析。文旅融合是在精神和身体两个方面，促进人们从个体到整体，提升健康水平。"健康中国"的建设，不仅需要每个个体的参与，更需要充分发挥现有资源，充分利用自然与社会资源，以环保和健康的理念，一方面促进工业文化与自然生态融合，促进人们在自然环境中尽情释放压力，提高身体的健康水平，一方面促进人们在工业人文环境中陶冶精神与情操，继承历史文化，沉淀精神价值，升华精神追求和心理认知。

（二）工业文化旅游与康养融合具有传承与创新双重价值

从需求角度来看，人们旅游度假是为了获得身心健康，旅游与大健康产业的融合与发展，成为大势所趋。在工业文化旅游与康养融合过程中，既要继承文化资源的精神传承需要，又要满足健康与养老的产业创新需要，重点在于创造性转化和创新性发展。在工业文化旅游与健康产业的结合过程中，始终要把握好如何把工业文化与传统文化结合起来，如何把工业文化旅游与现代旅游结合起来，如何把工业文化旅游与人们的身体健康、心理健康、精神健康等结合起来。只有在传承与创新中，才可能通过一致的健康目标，激活供应端与需求端的智慧和活力，促进市场与文化的结合，实现精神文明与物质文明同步创新发展。

（三）工业文化旅游与自然生态结合游满足了人民日益增长的高质量生活需求

工业文化对城市底蕴和城市生活具有重要的熏陶作用，能够保持人们在城市空间内以便捷方式获取文化记忆，并且赋予人们在城市生活圈内合适距离的文化旅游和休闲服务。工业文化旅游区非常有利于把城市生活、自由休闲、工业文明、自然生态、健康养老等有机链接和整合，同时促进城市工业文明和自然生态逐步形成协同。工业文化与自然生态的有机结合，不仅能创造新形式的休闲养生环境，同时也为就近的社区生活和工业化市民生活，带来具有记忆的烟火气。工业文化旅游地作为高校学生的静态实习工厂和科研院所的科研工厂，不仅会大大提高其利用率，而且可能在历史文化与技术的继承中，实现创新。很多辽宁当地人以及曾在东北和辽宁工作过的人，都希望能回到自己曾经工作过的工厂看看，寻找往日的工作与生活印记，这是一个巨大的客户市场，工业文化旅游不仅能满足这些人对工厂工作地的依恋和回忆，同时通过情感的沟通，能够更大地提升辽宁的人气。

辽宁工业文化旅游资源优势明显，转化为旅游产品优势的关键在于落实项目场景和情境，特别是面向"大健康"新兴市场客户群体，以城市生活体验游和文化生态游结合的模式，融合城市公共服务资源，让本地城市居民、就近社区居民、外地团客和散客，都能参与工业文化旅游对健康生活的促进体验，大大提升流量和人气，由此逐步促进辽宁与东北振兴。

辽宁长城多元化文旅发展路径研究

——以长城国家文化公园建设为契机①

◎ 吕东珂② 张晓飞③

[内容提要] 长城国家文化公园建设工程是国家"十四五"期间推出的一项旨在加强文物保护与利用，促进地方经济发展的重要举措，对于长城沿线经济发展具有重要战略意义。本文从分析古北水镇、嘉峪关长城等国内长城文旅资源活化的典型案例入手，详细分析了辽宁省长城资源现状和存在问题。结合长城国家文化公园发展战略，尝试从长城展馆、媒体宣传、长城研学、区域融合、数字再现和长城宿集等六个方面构建多元长城文旅发展路径，以期盘活长城文化资源，促进辽宁经济的发展。

[关 键 词] 辽宁长城 长城国家文化公园 叙事体系 乡村振兴

习近平总书记曾多次强调，"讲好中国故事，传播好中国声音，展示真实、立体、全面的中国，是加强我国国际传播能力建设

① 本文受中央高校基本科研业务费项目"长城国家文化公园建设视角下京津冀辽乡村旅游协同发展路径研究"（项目编号：N2124003-07）资助。
②③ 作者单位：东北大学秦皇岛分校。

的重要任务"。长城凝结着中国古代劳动人民的心血和智慧，积淀着中华文明博大精深、灿烂辉煌的文化内涵，体现着中华民族的精神品质和价值追求，是中华民族的精神象征。2019 年 12 月 5 日，中共中央办公厅、国务院办公厅印发了《长城、大运河、长征国家文化公园建设方案》。国家文化公园是国家推进实施的重大文化工程，目的是进一步彰显文化自信和民族自信，带动长城沿线经济发展。近年来，随着长城国家文化公园建设的开展，各省市纷纷打响"长城"品牌。辽宁省长城资源丰富，其中辽宁段明长城总长度 1235.99 千米，是明万里长城的精华地段。笔者选取古北水镇和嘉峪关等典型长城资源成功案例，总结其长城资源活化和文旅融合的经验，以期为辽宁省充分利用国家长城文化公园建设的重要契机，讲好长城故事，实现辽宁长城资源的创造性转化与创新性发展，为提振辽宁经济提供路径参考。

一、长城文旅资源活化经验

（一）古北水镇

古北水镇景区与著名的司马台长城毗邻，是一个集观光、休闲度假于一体的综合性旅游项目。

1. 多元旅游业态，实现消费闭环

对景区业态进行"三三制"划分，三分之一的门票收入，三分之一的酒店收入，三分之一的景区综合收入。门票只是进入古北水镇的门槛，游客在景区里的二次消费才是经营者更为看重的收入来源。景区还包括索道、温泉、餐饮、住宿、娱乐、演艺及展览等项目，收入渠道多样，同时各项目间能彼此促进，在充分满足游客多种旅游消费需求的同时，极大地降低了门票在整个经营收入中的比例，取得了破解"门票经济"的巨大成功，提升整体收入规模。

2. 严格保护长城，体现原汁原味

司马台长城是国家级文保单位，景区从规划初始，便邀请北

京市文物保护专家现场指导，并在景区内设立三个区：禁建区、控制区以及保护区。景区内的景点、酒店以及建筑群均是在文物保护政策控制条件下建成的。为保证游客安全和有效控制长城游览人数，司马台长城的游览采用预约登记制，控制每日参观人数。让广大游客充分领略北方民俗文化及特有的长城兵民戍边守塞历史文化。

3.聘请村民入职，实现良性互动

古北水镇景区是对原有三个自然村整治改建、重新规划建设的一个完整的景区。原有村民安置在 5 公里外的司马台新村。景区正式开放后，通过吸引附近地区居民应聘民宿房东和景区各类服务岗位及与"司马台安置新村民俗旅游村"互动的方式，共同参与打造一个北京京郊具有历史民俗文化特色的旅游目的地。

（二）嘉峪关长城

嘉峪关长城素有"天下第一雄关"之称，与山海关"天下第一关"遥相呼应。几年来嘉峪关在长城保护与利用方面成果显著，值得借鉴。

1.利用政策红利，推进数字保护

嘉峪关加强与国家、省级相关部门的沟通，积极争取政策、资金和项目。推进"数字长城"项目，做好嘉峪关全境长城资源数字化采集存储和展示利用。坚持"保护为主、抢救第一、合理利用、加强管理"的方针挖掘长城文化资源，以关城文物景区为龙头，积极申请创建全国文物保护利用示范区，打造世界级长城文化体验基地。

2.依托长城资源，大力发展新兴旅游业态

优化提升交通服务，推进房车露营地建设，打造全域、全季、全线长城文化旅游品牌和示范区。规划建设一批长城文化主题驿站、影视城、酒店等。利用好戈壁大峡谷等旅游资源，开展长城文创情景体验等活动，精心谋划一批高品位的长城文化、绿色生态、民俗旅游项目。

3.深度挖掘文化资源，发展长城文化创意产业

深入推进市场化运作，积极推动《天下雄关》等剧目的开演。推进与文旅集团的合作，加快"嘉有好礼"等文创产品的研发、生产、销售。依托嘉峪关市非遗项目，把嘉峪关烤肉打造成地方特色美食名品。依托长城文化，打造研学基地，推出"我到嘉峪关修长城"等系列研学、游学产品。

二、辽宁长城资源特点及问题分析

（一）辽宁长城资源特点

1.历史悠久，类型丰富

辽宁历代为陆海边境交汇之处，是各个历史时期的防御重点。长城辽宁段现存战国（燕）、秦、汉、辽、明等五个时代的遗存，仅次于河北、山西和内蒙古，历史悠久，时间跨度大，且辽长城为全国现存唯一一处。长城类型也十分丰富。就建造材料而言，除明长城特有的砖墙外，各时期长城中均发现有土墙、石墙、山险墙、自然山险、河险等多种类型。就长城防御要素而言，不仅保存有完整的墙体及沿线防御设施，还拥有堡城、所城、卫城及镇城等构成明九边重镇军事卫所防御体系的各类城池遗存。

2.体系完整，价值突出

兴城古城（明代宁远卫城）是国内现存最完整的明代卫城遗存，虎山长城与周围烽火台、堡城构成了明长城最东端的防御体系，九门口长城是国内保存最好且防御体系最完整的明代水上长城遗存，等等。辽宁长城形成了陆地防御和沿海防御相结合的独特防御体系。这一体系突出表现在以明代宁远卫城（今兴城古城）为中心的山、海、城、岛一体化军事防御枢纽及以明代虎山长城和宽甸六堡为中心的鸭绿江—叆河交汇口防御枢纽，与山海关呈现的

陆、海间点、线连接的防御体系不同，长城辽宁段呈现的是陆—河—海带状或面状防御纵深，是古代陆海一体化军事防御体系建设成就的集中体现，具有重要的科研价值。

3.文化厚重，景观优美

辽宁长城沿线分布了大量中华优秀传统文化资源，包括各级文物保护单位、名城名镇名村等历史文化资源以及非物质文化遗产。其中，世界文化遗产6处，全国重点文物保护单位78处，省级文物保护单位242处，国家级历史文化名城1座。长城沿线还保存了大量相关遗址、纪念地、展馆等红色旅游资源，6处全国爱国主义教育示范基地和5处国家经典红色旅游资源等。辽宁长城与自然生态环境紧密融合、和谐统一，共同组合成壮美宏阔的长城景观，如虎山长城、兴城古城、九门口长城、锥子山长城等，无不是长城与自然山水相得益彰的文化景观典范，沿线拥有9个国家级风景名胜区和50个国家AAA级以上旅游景区。

（二）存在的问题

1.长城资源保护压力大

辽宁省目前已编制完成了《辽宁明长城保护规划》和《辽宁省早期长城保护规划》。但是辽宁长城遗存类型、形制、结构和材料丰富，分布区域广泛、地形地貌多样、保存状况差异大，各种价值承载要素自身及其与遗产价值整体的关联程度不尽相同，在长城整体展示利用方面尚有待进一步完善。

2.专业管理人员和经费缺乏

受地区经济社会发展水平制约以及地域辽阔人员少等条件限制，各级文物管理机构存在管理层级不统一、没有专设的长城保护管理机构等问题。辽宁没有设置专门的长城保护机构及专职保护人员；各市县文博单位从事长城保护和科学研究的专业业务人员更少，专业背景差异也较大，技术力量严重缺乏；此外，长城所在地虽设有长城保护员，但覆盖面不全，人员经费缺口大。

3.保护与资源开发结合不足

现阶段的长城除旅游观光外，文化教育、公共服务、休闲娱乐、科学研究等功能相对缺失，长城价值研究和阐释深度不足，现代科技手段，特别是数字信息技术应用滞后，展示水平不高，文化带动作用发挥不充分。

三、辽宁长城多元化文旅发展路径

（一）以长城文博院馆为平台讲活长城故事

长城国家文化公园建设的重要任务之一是提升长城文化的宣教功能。辽宁长城文旅发展要利用好现有长城相关文博院馆，以及新建的展览馆（绥中长城博物馆），将长城故事讲活。坚持多元化相统一的原则。在展陈设计元素中应充分考虑互动体验环节的设计（开发"共筑新长城"互动体验游戏）。在叙事性上，坚持逻辑与趣味的结合；在艺术性上，坚持艺术与历史文化的交融、理解（以博物馆为场景开发长城历史剧本杀）；在科技性上，使用最新的数字长城技术，实现寓教于乐，令人流连忘返。在遵循博物馆管理需要的基础上，设置一定的拍照区域和文化小品，适应"人人都是自媒体"特别是促进长城文化传播的需要，使博物馆成为顶流文化打卡胜地，将长城文化博物馆打造成为长城精神、长城文化、长城沿线非物质文化遗产等特色资源的集中展示平台，长城学的研究基地。逐步形成长城红色故事（长城抗战的爱国精神）、长城绿色故事（绿水青山的时代精神）和长城蓝色故事（滨海长城的开拓精神）的故事体系，讲活辽宁长城故事。

（二）以多元社交媒体为阵地实现动态精准宣传

长城文化的宣传要紧跟当下流行趋势，尤其是用喜闻乐见的形式抢占广大受众获取信息的网络主渠道，达到促进长城文旅发展的目的。

通过短视频、社交媒体讲好长城故事。构建自己的专业制作团队或是通过与成熟自媒体平台合作的方式进行长城故事构思、摄影、制作。在宣传过程中注意两点：一是利用好已有的辽宁省本土自媒体资源。这些群体根植于辽宁，也乐于传播辽宁长城文化。二是在视频制作过程中避免千篇一律、一劳永逸的单一思维。深入研究各平台特点，针对不同平台精准投放，达到有效传播长城文化和消费引流的效果（表1）。

表1　主流视频平台特点

视频平台	特点	制作
快手	女性顾客占六成	注意情感的运用
抖音	学历较高，年轻客户占90%	高端，大片效果
火山/西瓜	年龄30—55岁	视频较长，能把故事讲清楚

由辽宁省委宣传部主导，各地市文旅局负责评选。每年评选出宣传影响力大、流量多的媒体平台进行表彰，激发创作团队的热情，从不同角度宣传长城文化，实现点—线—面的联动，逐步形成具有辽宁话语特色的长城文化传播体系。

（三）以长城研学为引领打造中国长城文化高地

讲好长城故事，提升辽宁长城知名度，还需要从文化高度上下功夫。首先，聘请国内知名长城学专家开展线上和线下长城故事研学。从长城历史、典故、英雄事迹到新时代长城国家文化公园建设的成就等方面开展经典讲座。聘请长城沿线保护员现身说法，请广大观众走进长城，倾听长城保护员讲长城故事。其次，组织辽宁省高校编撰长城系列图书，设计长城研学课程和路线。激活大中小学客源走进长城，让青年一代亲身感受长城的雄浑、文化的厚重和精神的传承。第三，依托绥中丰富的长城资源举办"中国长城文化论坛"，并使其成为永久性会址。利用大型节事活动吸引国内外长城知名学者参与研讨，形成长城文化保护与传承的智库，打造国内长城文化高地。

（四）以区域联动为纽带实现京津冀辽长城文旅协同

京津冀长城资源最为丰富，拥有高规格的建筑类型和精湛的建筑艺术，是明代长城的精华所在，其中八达岭长城沿线已经开展旅游多年，拥有成熟的长城旅游运营经验。依托长城国家文化公园建设，辽宁应加强与京津冀长城文化旅游协同。以长城资源本体的线性特点突破行政区域限制，开展跨区域协同。一是充分整合京津冀的明长城资源、葫芦岛的海防长城资源，构建起长城文化带，推出参观游览联程联运经典线路，沿着朝代发展的脉络追寻长城文化的根与魂。同时科学规划长城文化旅游产品，在长城周边以塞上风光为特色发展长城文化游、生态文化游、乡村休闲游等。二是以长城沿线关堡、卫城、村寨为基础开展乡村旅游。提炼总结北京八达岭长城、金山岭长城和古北口长城开展乡村休闲度假旅游的模式，应用于辽宁省长城旅游的开发，整体品牌塑造和营销推介。

（五）以数字化再现为手段丰富长城文化视角

长城国家文化公园建设中一项重要内容就是数字再现。在5G技术飞速发展的今天，我们在长城叙事手段方面也要与时俱进，勇于创新。时至今日，万里长城仍有99%的资源未进入公众视野。数字技术得以让观众感受到长城的古今魅力。根据文物保护规定，很多长城遗址无法修复，但是我们可以通过数字化的手段将历代长城资源通过良好的交互方式展现在观众面前。辽宁省长城资源历史悠久，可开发《飞跃长城》大型4D影片，通过AR、VR技术让观众穿越时空纵览不同时代、不同地域长城的风貌，提升文化自信心和自豪感。

（六）以长城宿集为业态激活长城文旅资源

文旅融合工程是国家长城文化公园建设的四大工程之一。民宿集群（简称"宿集"）是指在特定区域内，由竞争与合作关系的民宿及民宿上下游服务产业链接，在地理上集聚而形成的群落，这种群落往往有着广泛的影响力和强大的资源整合力量，能够吸引更多自然属性客流。虎山长城是明长城最东端，绥中九门口长城资源禀赋优良，长城文化品牌都是世界级的。我们要紧紧围绕辽宁长城的两段，打造长城特色景观和戍边卫后裔文化相结合的旅游综合体。深入挖掘山海关长城的历史、军事、民俗等特色文化底蕴，引入国内知名民宿品牌打造长城文化宿集。在建设过程中，将长城村落的原住民吸纳进来，形成原汁原味的长城文化。成熟宿集品牌业态包括餐饮品牌、SPA品牌、酒吧品牌、营地品牌、书店品牌等，通过合理分配和统一规划，相互之间形成业务互补、协同经营、整合营销、消费群共享的优势特点。这种集群效应能够通过协调一致形成对外的壁垒，实现区域经济集聚效应，带动更多的相关产业发展。当然这个过程中需要政府在土地租赁、基础设施建设等方面提供支持，形成压舱石，以便吸引优秀的头部企业轻资产运营，从而推动集群快速成长。建议发改委、住建厅和文旅厅组成联合工作组，调研可行性，组织论证和招商，届时长城宿集形成叠加吸引力，促进辽宁省长城文旅经济快速发展。